U0929352

中国学前教育研究会“十一五”立项课题

“促进职初期幼儿教师专业需求与主动发展的策略研究”成果

成长在路上

——幼儿园新教师必读

何桂香　主编

农村读物出版社

图书在版编目（CIP）数据

成长在路上：幼儿园新教师必读/何桂香主编. —北京：农村读物出版社，2009.9（2018.7 重印）
ISBN 978-7-5048-5270-0

Ⅰ. 成… Ⅱ. 何… Ⅲ. 学前教育-教学参考资料 Ⅳ. G613

中国版本图书馆 CIP 数据核字（2009）第 146022 号

责任编辑 张 志 黎春花
出　　版 农村读物出版社（北京市朝阳区农展馆北路 2 号 100125）
发　　行 新华书店北京发行所
印　　刷 中国农业出版社印刷厂
开　　本 787mm×1092mm 1/16
印　　张 13.75
字　　数 300 千
版　　次 2009 年 9 月第 1 版 2018 年 7 月北京第 8 次印刷
印　　数 47 001～52 000 册
定　　价 32.00 元

成长在路上

主　　编　何桂香

指导专家　梁雅珠　郎明琪

副 主 编　陈培燕　张文杰

编　　委　（以姓氏笔画为序）

任树娴　刘晓颖　刘　婷

米　娜　李　红　胡贵平

编　　者　（以姓氏笔画为序）

马晓曼　王海红　付　雁　任树娴

刘　伟　刘晓颖　刘敬伟　刘　婷

齐　彤　米　娜　安　静　孙丽芳

孙　秋　孙　洁　杜　楠　李　丹

李　红　李　静　何桂香　张文杰

张　伟　张华博　张　杰　张秋丽

张　洁　张雪莲　张　媛　张　静

张慧姿　陈冠楠　陈　琳　郑　爽

胡贵平　柳　娜　贾静嫣　徐　冉

徐海娜　高　蕊　郭胜楠　戚　伟

常安娜　颜　晨　魏天骄

点　　评　郎明琪　何桂香　周爱玲　刘晓颖

愿你顺利起航

——写给职初期教师的一段话

谁都拥有过年轻，谁都经历过职业入门的那一刻。

当年轻的教师走向新的工作岗位时，激动、兴奋、新鲜以及紧张、陌生、不安的心情会夹杂在一起，伴随在他们步入职业初期的每一天。

“孩子为什么听不懂我在说什么？”

“我在学校里学到的理论为什么到实践中找不到对应点？”

“为什么事先想好的计划与现实发生的情况有那么大的距离？”

“为什么我极力想把工作做好，可总是事与愿违？”

“难道我真的不适合做这项工作？”

“难道我选错了职业？”

……

面临职业的挑战，年轻教师或多或少会遇到以上一些困惑。如何帮助他们走出这种困境？如何帮助他们减轻来自心理、环境、专业上的各种压力？何桂香老师带领的一支由职初期年轻教师组成的群体在短短的两年多的时间里，通过共同探索、研究、体验、总结、提升，整理了一整套关于帮助年轻教师尽快适应工作需要，顺利度过职业生涯初期，迅速成长的具有指导性、操作性及工具性的系统策略。这本书的形成是何老师带领宣武区青年骨干教师，在教育教学实践中积极探索、大胆实践、勇于创新的基础上编写的，其中优秀的经验、经典的案例、认真的反思以及深刻的领悟，都是来自于一线年轻教师的成长经历，这里有专家精彩的点评、有年轻教师集体的智慧、有何老师精心指导的辛苦付出。

两年前我曾参加过何老师关于“提高职初期教师专业化水平”的课题开题会，经过两年多的实践探索，已初见成果。我怀着一种期盼的心理翻开这本书，一气呵成读完了所有的章节，给我最突出的感受有三点——感激、感动和感悟。

感激

我设想自己是一名刚刚走上工作岗位的年轻教师，当我面临职业初期的各种尴尬时，我的内心会很茫然，职业的本能要求我尽快地进入角色，但我的确面临着许多的不适应，我如何迈出艰难的第一步？有了这本书的指导，我踏实了许多，我苦苦的求助都可以在这里找到满意的答案，我心中的困惑都会从中得到解决，“怎么带班?”“怎么和孩子们交往?”“如何观察幼儿需求?”“怎么设计教学活动?”“怎样进行有效的反思?”……一个个鲜活的案例、一个个具体可操作的策略，都会给我最直接的指点。我会万分感激这本书中带给我们一个个经典的教育案例，是这些有价值的经验让我尽早摆脱困境，体验成长，期盼成功；我会万分感激这本书中每一个有效的教育策略，是它们让我少走弯路，实现成长，体验成功；我会万分感激这本书中每一位专家的精心点拨，是他们的教诲让我看到希望，迅速成长，获得成功。

感动

从事学前教育研究多年，我越来越感到教师工作的平凡而伟大。只有从事过幼儿园教育实践的教师才会有这样的体会，每一天都是在忙碌中度过的，工作中的繁忙、琐碎容不得我们有丝毫的懈怠和半点马虎。孩子们围在你的身边，需要你付出足够的爱心、细心和耐心，与此同时还需要你有方法、有策略、有智慧，引导着他们去活动、去体验、去发展。处在职业生涯开端的年轻教师要驾驭这个过程，的确是很不容易的。

何老师带领的团队，以她们自身的成长经历总结出的具有工具性、操作性、实用性、指导性的《成长在路上——幼儿园新教师必读》这本书，集中地反映

了他们集体研究的实力，这里有探索，这里有智慧，这里有创造。这本书是青年教师的良师益友，她会伴随着教师的成长，帮助教师在职业生涯初期顺利启航；她是教师成长的阶梯，引领着教师尽快走向成熟。有了这样的指引，教师的惶恐会变为淡定；教师的稚嫩会逐渐转化为成熟；教师的紧张会变成幸福。读过这本书，留给我的是感动，我被他们崇高的敬业精神、严谨的职业态度、脚踏实地的工作作风所打动。我敬佩他们的勇气、他们的胆略、他们的付出、他们的贡献。

感悟

教师是一个要求人终生学习和进取的职业，没有任何一个师资培训机构能培养出完美的教师。职前教育只能为他们打下一个良好的基础，而日后的成长与发展要在工作实践中不断的体验、感知、积累。只有不断经受磨砺，才会有跨越式发展。一个优秀教师的诞生不取决于职初期知识的多寡与能力的强弱，而在于他能否从每天的教育实践中、从每个孩子身上、从同伴和师长那里不断汲取新的知识和经验，内化成为自身的职业发展动力。这种好学上进的进取精神是造就优秀教师的根本。我们期待着，在这些宝贵经验的引领下，有更多的年轻教师迅速成长，尽快实现自身专业化的发展。

人们都习惯于把学前教育专业比作人间最美丽的职业，衷心祝愿所有从事幼教事业的年轻人，用我们心灵的美丽、智慧的美丽、人格的美丽去铸就学前教育事业新的辉煌！

北京教育科学研究院早期教育研究所 梁雅珠

2009 年 7 月于北京

前　言

追求与享受职业幸福感

踌躇满志、满腔热情的新教师即将走向工作岗位，他们要施展才华、大展宏图，他们的理想都是：一定做个好老师。

然而，做好老师并不是一件容易的事。理想与现实之间总有一段距离，随着这段距离的逐渐缩短，你将体验到自我价值实现带来的职业幸福感。

职业生涯第一步如何走好，是职业初期新任教师面临的主要问题。刚刚走入职场的新教师，会面临许许多多的问题和困难。

有迷茫，有焦虑，有困惑，有期待……

《成长在路上——幼儿园新教师必读》将引领你走出困境，它汇集了众多职初期幼儿教师的问题与困惑、优秀教师的答案与对策、幼教专家的意见与建议。通过实用、实操、实效的方法，帮助你顺利度过关键期，尽快步入正轨，实现你的理想。

我们的目标读者是：

即将走出校园、走上幼教工作岗位的准教师们——面对即将到来的职业挑战，本书会帮你做好充足的准备。面对今后将出现的那些“意料不到”，你将不用临时抱佛脚，游刃有余地去应对。

刚刚走上工作岗位、却不知工作从何入手的新教师——本书会使你在短时间内对自己的工作有一个比较全面的了解，从幼教工作的多方面为你答疑解惑。前辈的引领，将使你迅速进入角色。

工作中有困惑的青年教师——不是只有孩子喜欢提问，当你走上工作岗位后，你也会像孩子一样，有无数个“为什么”、“怎么办”。本书记录了一个年轻教师在成长过程中可能遇到的各种问题和答案，相信它会令你茅塞顿开。

有理论知识、但缺乏实践经验的教师——尽管上学时学了许多理论知识：心理学、教育学、卫生学……可实践中遇到问题，理论与实践还是结合不上。本书就像理论与实践之间的一条纽带，让理论鲜活起来，具体而实用。

接手一项从未做过的新工作的教师——一项项从未涉及过的任务，一个个排解不开的烦恼，常让你感到无助。有了这本书，就像身边多了一个随时可以请教的良师，一个随时可以给你安慰的益友，给你启迪，给你鼓励。

也许此时你已把这本书当成一条通往成功的捷径，但世界上并没有捷径。它只是你前进路上的一个朋友。真正的捷径是你的勤奋，你的勇气，你的智慧。

好的开始预示着美好的未来。如果这本书能够让你在从教的道路上，拥有一个好的开始，一个更高的起点，我们已是无限欣慰。

本书共七章，结合新教师的实践需要，从角色转换如何做，面对幼儿、家长、同事的问题怎样应对，常规培养的灵巧方法，备课、说课、听课、评课的技巧，如何写计划、总结、观察记录和反思，如何开展主题活动和新教师经验几个方面给了老师许多参照。内容全面而实用：有新教师真实的想法，有对基本概念的界定，有可参照的样本，有实践验证过的优秀案例，还有教师在实践中积累的经验。总体说来，本书既有理论支撑，又有教师的实践智慧。有了这本书，你将走向通往优秀教师的幸福之路，然而这个过程需要不断学习，不断反思，不断积累，不断锤炼。

“累而乐之，苦而爱之”是很多教师工作的真实写照。经历了艰苦的蜕变过程，方显成长的美丽。

生活是美好的，事业同样可以美好。让我们共同追求和享受职业带给我们的幸福感。祝愿所有刚参加工作的新教师都能顺利走好职场第一步。

编　者

2009年7月

目 录

杂乱无章与井然有序，束手无策与游刃有余，喋喋不休与简单明了，这就是新教师与成熟教师带班时两种截然不同的状态。难道仅仅是因为新教师缺乏带班经验吗？不，这不仅仅是经验的问题，用心观察，你就会发现，成熟教师比我们多了一样法宝，那就是——常规。

一名优秀教师必然是一名教学有方的教师，只有追本溯源，了解幼儿、了解学科特点、了解教育规律，不断积累，灵活运用，才能锦上添花。本章展示了涵盖五大领域的21个优秀案例，供教师们参考。每个案例都有其闪光点，或者设计思路新颖，师幼互动高效，或者提问设计巧妙等。我们相信，教师们一定能从中有所启发，有所收获。当然，我们更希望教师们能够结合自身教学的实际情况，举一反三，进一步创新教学。

“写”是很多新教师最头疼的问题之一。面对各种各样的计划、总结、观察记录、反思，新教师们不善写、不爱写、不能写、不会写……本章提供了各种计划、总结、观察记录、反思的样板，供教师们学习。相信我，文字其实是你的朋友，当你有了实践的积淀，当你迎难而上，有所付出时，你的文思也会如泉涌般，取之不尽。

第一章 小“鬼”当家——初入职场

有这样一句话，不知你是否听过：人类的智慧就在于明白一切都会成为过去。是的，初入职场的你，无论此时此刻是怎样一种心情，怎样一个状态，你要做的就是“忘我”，忘记自己是爸爸妈妈的宠儿，忘记自己是老师面前倔强的学生。请记住：从今天起，你是老师。

带着憧憬、带着梦想，新教师迈着轻松的步伐走上工作岗位。他们对新生活充满了向往，终于可以不用考试了，终于可以自己养活自己了，终于可以自己做主实施自己的想法了，终于当上可以管“别人”的老师了，尽管“别人”只是小孩子！啊！生活太美好了，小“鬼”要当家了。

（一）角色转换的心情

- 刚上班，一切是那么新奇，孩子们很可爱，可有些不听话。自己很想把工作干好，可又不太知道该干些什么。
- 很喜欢幼儿园的环境，幼儿园真干净，干净得哪里都亮得可以照见人。
- 感觉幼儿园挺艺术的，儿童的作品充满童真、童趣。老师们的手真巧，简单的物品改变一下就能玩能用了，太羡慕了。
- 有点儿不适应，原来的我非常自信，觉得自己什么都不差，上班后忽然觉得自己什么都不行，需要学的东西太多了。
- 家长工作是我觉得最困难的事，因为年轻，家长对我很不信任。总说是“孩子”带孩子，家长有问题从来不找我，郁闷！
- 带活动时孩子很听我的，可是只要停下来，孩子就不听话了，害得我老是不停地组织活动，孩子累，我更累。
- 组织活动前心里总是没底，因为把握不好孩子的年龄特点，不太会说孩子能接受的话，有时说话孩子还听不懂。
- 园长和老师们会喜欢我吗？孩子会听我的话吗？我能带好一个班二三十个孩子吗？

刚上班，在高兴的同时，心里难免也会产生忐忑和疑虑，就像幼儿刚刚从家庭走向幼儿园的分离焦虑一样，会有不适应和不习惯的地方。不要着急，种种焦虑和疑问大家都曾经历，它会伴随着时间的推移和自身阅历的增加逐渐减少。这时需要给自己定个目标，第一年工作只要称职就行。放心吧！园长和老师们不会拿优秀教师的“尺子”来衡量你，只要你尽心工作，无论做得好与不好，孩子们都会全心全意拥护与爱戴你。因为你是老师，在他们心目中，你就是偶像。

虽然说角色转换了，从学生成为一名光荣的教师，但心理和行为上还是潜意识地把自己当学生，愿意别人告诉自己该干什么，应该怎样干。愿意别人出主意，自己去做。有种依赖，有点不自信，甚至于如果班上另一位老师不在，自己带班都觉得不踏实。就像学开车的学员总希望教练在身旁指导。不过你总有自己上路的一天，因为你已经是老师，需要调整自己的依赖心理，增加工作的主动性。这种主动表现在：

1. 主动学习

第一，主动学习老教师经验。经验是一种宝贵的财富，老教师的经验能帮助我们少走很多弯路，同时也需要自己在实践中不断积累经验。

第二，主动学习其他老师带班的具体方法。当你遇到困难，看一看其他老师是怎么解

决的，哪怕是一个环节，老师说的一句话，都有可能从中学到有效的方法。不会不懂的地方需要主动向其他教师请教。

第三，主动了解幼儿的年龄特点。要想带好班，组织好各种活动，了解不同阶段儿童发展的特点和需要是必修的内容。各年龄班幼儿的年龄特点到底有哪些不同，适宜选择什么活动方式是指导实践工作的依据。

2. 主动思考

要把思考当成一种习惯，遇到事情多想一想为什么，原因是什么，成功的经验有哪些，问题怎样解决会更好等。如果你爱思考问题，那么你的进步就会比别人大，成长的进程也更快。

3. 主动尝试

成人学习也是需要亲身体验的，自己亲身经历的事能更好地转化为自己的经验。别人成功的活动可以尝试着模仿，别人好的带班方法可以尝试着去做，还可以按自己的想法尝试创新，在多种体验中你会获得很多意想不到的收获。

4. 主动争取机会

有的老师常抱怨没有展示的机会，其实机会就在你身边。偶尔请园长或老师们听听你的活动，说说你的想法，请教些问题等，也许就会让别人发现你的闪光点。机会有很多，学习的机会、观摩的机会、展示的机会等等，自己要主动争取呀！

需要主动的事很多，想一想，试着做一做，你会发现主动是引领你不断进步的法宝。因为主动，你的工作状态会更积极；因为主动，你会更早得到同行们的认可；因为主动，你会收获更多经验；因为主动，你的成长空间会更广阔。请记住，"海阔凭鱼跃，天高任鸟飞"，能否跃得高，飞得远关键靠自己。

（二）角色转换中会遇到的问题

- 本以为一上班就可以当老师，但由于幼儿园的现实情况（不缺老师，缺保育员），一上班我就当了保育员，天天搞卫生、端饭、洗毛巾。这不是大材小用吗？
- 中午看午睡，我实在是太困，趴在桌子上睡着了，正好赶上园长查班看见了。刚来就给领导留下不好的印象，园长会不会戴着"有色眼镜"看我？真不知以后的日子该怎么过。
- 和我一个班的老师，总是觉得我能力不行，老向园长打"小报告"，估计说不了我什么好话。我该怎么办？
- 班里的毛毛今天回家后发烧了，毛毛妈妈非说是因为我让毛毛坐在窗户边上的座位着凉了，这到哪里说理去呀？
- 园长不喜欢我穿着时尚，总以"老土"的眼光告诉我"买衣服和裙子要长点"。都什么年代了，工作干好了不就行了吗？这会儿不美，老了就美不成了啊。

刚参加工作的教师有许多理想与憧憬，对工作充满热情，精力也旺盛，但现实生活和理想是有差距的。当自己的想法别人不理解、当自己的能力别人不认可、当自己的努力没有成效、当你遇到各种挫折的时候，你会委屈、生气、抱怨，甚至……谁都会有不如意的状况发生，需要自己静下心来，妥善处理。

1. 要调整自己的心态

要多看到事情乐观的一面，早发现问题，还能早预防、早解决呢。比如，当园长批评你户外活动没关注所有孩子时，你要庆幸，幸亏园长发现及时，否则一旦幼儿发生意外，可就为时已晚，后悔都来不及了。

2. 要找自己的原因

要好好想想是不是自己有做得不对不好的地方。比如，自己带了半天班，正盼望得到老师们的赞赏时，却被指出带班太乱。想一想，其实特级教师也有过带班乱的情况，也曾被人背后指点过，这些都不算什么，因为挫折就是一种磨砺。当你改变不了环境、周围的人和事时，要逐渐学会适应，对别人的误解有则改之、无则加勉，对自己做得不好的地方，更要虚心改进。

3. 要学会换位思考问题

有些"理"是讲不清的，为什么就应该按自己的意愿去做呢。凡事都不是绝对的，宽容些、大度些、想办法化解矛盾，你会发现退一步真的会海阔天空。比如，自己上早班已经很辛苦了，原本想中午好好休息一会儿，班长却让自己帮助准备下午的教具。换个角度想一想，班长给了你更多锻炼与表现的机会，何乐而不为呢？

无论遇到什么不如意的事情，最重要的是自己有个坚定的信念：一定要做个好老师。相信自己，努力完善自己，你就能够成为一名优秀的幼儿教师。

（三）过来人的忠告

1. 时刻想着自己是老师

（1）遵守制度很重要

刚上班因为是新人，幼儿园的园长和老师都会用审视的眼光观察你，是不是勤快、懂事，是不是爱孩子、喜欢这个工作，是不是有能力有特长，是不是有个性，是不是会处理人际关系等等，这些都是园长和老师们对你考察的范围。但最基本的是幼儿园的各项规章制度一定要严格遵守。这是走向工作岗位应走好的第一步。

■**忠告**：

* 遵守幼儿园制度包括上班时尽量早出来一会儿，避免迟到；
* 没有到下班时间不要忙着收拾东西、着急化妆；
* 不要在带班时间聊天或让孩子不在自己的视线内；
* 不管领导在不在，自己的工作状态应一致；
* 处理好生活和工作的关系，不要因为"交朋友"或家里的事等分心，影响工作；
* 不要在背后议论幼儿园领导或其他老师，记住要"多干活，少说话"。

（2）平等公正待孩子

来到幼儿园一下接触这么多的孩子，有长得"有人缘"的、有聪明伶俐的、有乖巧懂事的等等，其中肯定有老师自己喜欢的类型，并且会表现出搂搂抱抱、给点好吃的、

玩游戏优先、过分亲近逗孩子等行为。当然，这也是人之常情。但是，这些表现会带来很多负面影响：孩子和家长会觉得你偏心，逗孩子的话孩子会当真。比如，看到孩子穿件新衣服，说你的衣服真好看，明天给我穿吧。孩子吓得第二天不敢来幼儿园了。看着孩子嫩嘟嘟的脸摸一下，孩子回家会说老师掐我了。另外，老师们无论是穿着打扮还是言谈举止方面，必须时刻想着自己是老师，孩子会像镜子一样处处模仿你。

■**忠告**：

* 不要和孩子开玩笑；
* 喜欢孩子爱在心里，不要表现出过分亲昵的行为，否则孩子会不听你的话；
* 好看的衣服下班再穿，上班时间尽量穿着活动方便的衣服；
* 不要佩戴饰品，孩子会模仿；
* 虽然做不到像妈妈一样无微不至地关怀照顾每个孩子，但要做到每个孩子在你心中的分量是一样的，一定要平等对待；
* 不要和孩子较劲，多包容、理解，想想自己喜欢什么样的老师，照着做就是了；
* 慢慢了解每个孩子的个性和特点，做好老师的前提和基础是要"读懂幼儿"。

(3) 热情适度待家长

因为年轻，家长不信任、不放心是很正常的。因为家长的文化素质、家庭背景都各不相同，所以你要做好心理准备，你会遇到各式各样的家长，包括不配合工作、不理解老师、提无理要求、找园长告状等，但只要你有一颗真诚的心，实实在在让家长感受到你是为孩子好，一切都会搞定。

■**忠告**：

* 自己的穿着打扮、言谈举止一定要像老师，不要让家长看低自己；
* 多看一些家长关注的幼儿教育问题方面的书籍，用自己的专业知识赢得家长的信任；
* 面对家长时，一定要调整好自己的情绪，不要把不良情绪传递给家长，否则家长会不放心将孩子交给你；
* 主动与家长交流孩子在幼儿园的生活、学习和锻炼的情况，多表扬孩子的进步，家长会很在意老师是否关注他（她）的孩子；
* 细心照顾孩子的生活，不要因为照顾不周引起家长的不满，如忘记给孩子吃药、孩子尿裤子老师不知道等；
* 和家长要适当保持距离，开玩笑要适度，和家长不要过于亲近，容易引起不良影响。

(4) 悦纳包容待同事

"在家靠父母，出门靠朋友"，在幼儿园和同事相处的时间会比家人还要长，因此，要把同事当作好朋友一样相处。自己不一定十全十美，所以对别人的要求也不要过高。

■忠告：

* 要有辨别是非的能力，无论和什么样的老师相处，都要能够忍让包容和理解；
* 多学习老教师的优点；
* 当同事提出自己的缺点或问题时，心里不高兴不要表现在脸上，只有接纳别人的意见，自己才能够不断进步；
* 发表自己的见解时尽量婉转一些，想一想话怎么说别人会愿意接受；
* 遇到不高兴的事不要光从自己的角度考虑问题，学会换位思考；
* 人人都喜欢听表扬，多夸夸身边老师的优点，学会欣赏别人；
* 不管同事在幼儿园是什么地位，都要能够以诚相待；
* 自己心里的想法别人不会知道，要多和身边的老师沟通交流；
* 时刻记住“做人比做事更重要”。

2. 态度决定命运

一个人要想取得成功，“聪明”和“勤奋”是两个必要的因素，同时还有做人做事的态度，态度决定命运。因为都是独生子女，在家都是父母的宠儿，也许在家什么都不用自己操心。上班就不一样了，不能总是等着别人让自己干什么再去做。新老师一定要勤快，眼里要有活，所有老师都喜欢与勤快的老师搭班。

■忠告：

* 工作要主动，有事抢着做，不要等着别人来提醒；
* 拿不准的事一定要问，不要脸皮薄；
* 主动争取机会，不要总是依赖班里的老师；
* 克服娇气；
* 主动要求带环节、多尝试活动，让别人知道自己想干什么，帮助出谋划策。

3. 做个有心人

新教师减少工作挫折的关键在于提高自己的专业素质。专业素质的提高需要教师做个有心人，勤学习、善思考、多实践，吸纳优秀教师宝贵的经验，增强自身底蕴，逐渐使工作得心应手。

■忠告：

* 对自己所带的孩子都要有要求有期望，有追求的目标才有前进的动力；
* 苦练教学基本功，包括弹、唱、跳、画、写、说等方面，艺多不压身，做到站起来能说，坐下来会写；
* 养成每天看二十分钟专业书的习惯，摄取多方面教育信息，贵在坚持。不积跬步，怎能行千里？
* 有时间多看看不同老师带班，将他人的经验在实践中转化为自己的能力；
* 多实践，不能光想着创新，先从模仿学习入手，看到好的活动，自己模仿着做做，想想为什么用这样的方法有效，要能够举一反三；

* 勤记录自己的教育故事，做出理性的分析，积累经验和材料；
* 不怕挫折，活动之前做好充分准备、减少失败，哪怕自己上的活动不成功也没关系，以一颗平常心面对挫折，风雨过后总能见到彩虹；
* 学会找规律性的东西，如过渡环节的组织方法、音乐活动如何培养常规等；
* 扬长补短，客观地分析自己优点、不足，适时制定补短的计划。

著名教育家叶圣陶曾说：“教育工作者的全部工作就是为人师表。”请时刻记住：你是教师，就要按教师的标准和行为准则要求自己。

胡锦涛主席曾在第23届教师节对教师提出这样的希望：

一是希望广大教师爱岗敬业、关爱学生。
二是希望广大教师刻苦钻研、严谨笃学。
三是希望广大教师勇于创新、奋发进取。
四是希望广大教师淡泊名利、志存高远。

让我们以此共勉，向着优秀教师的目标努力、努力、再努力。

第二章 知己知彼——百战不殆

面对教育对象——幼儿，面对服务对象——家长，面对合作者——同事，你准备好了吗？要知道，幼儿的世界不同于成人，作为一个“闯入者”你能顺利走进他们的世界吗？另外，那些比你年长的家长，你又能应付得来吗？还有那些陌生的同事，你能和她们相处好吗？别担心，知己知彼，必能百战不殆。

（一）幼儿园里的“小乌龟”——面对做事慢的孩子

班上有一个叫天天的小朋友，就像他标志上的那只可爱的小乌龟一样，无论是吃饭、穿衣，还是如厕、洗手，总是不慌不忙。别的小朋友要排队户外活动了，他还没有喝完水；别的小朋友准备集体活动了，他还没有吃完午点。真是拿他没有办法。

1. 天生慢性子？——理解和体谅

幼儿园是集体生活的场所，做事慢的孩子不仅影响自己的学习和生活，同样也给集体带来一定的影响。尽管如此，还是要提醒你，面对这样的孩子，无论如何还是不能着急，否则自己生气，对幼儿也无丝毫帮助，因为与生俱来的性格不是一朝一夕就能改变的。因此，教师首先要抱有一种理解和体谅的态度，再从点滴做起，帮助幼儿提高做事的速度。

2. 等着别人帮？——提高能力

有的孩子做事慢，实际上是一种不良习惯。比如，孩子穿衣服慢，家长看着着急，怕着凉，干脆一把拿过衣服给孩子穿上。长此以往，孩子的动手能力就越来越差，家长一边责怪孩子做事慢，一边仍旧替代孩子做事，孩子也就养成了磨磨蹭蹭等着别人主动帮助的习惯。因此，教师首先不要嫌麻烦，要不厌其烦地从最基本的生活技能开始，帮助幼儿提高动手能力。会做了，自然也就不磨蹭着等人帮了，速度当然就会快了。

3. 边做边玩？——随时提醒

有的孩子动作慢，实际上就是孩子的年龄特点，做事注意力不集中，容易被其他的事物分散。比如，边洗手边玩肥皂泡，边喝水边看活动室中的装饰物。这时候，你只要用语言提醒一下就行了。

4. 怕做不好？——及时伸出援助之手

有些幼儿是因为不自信，担心做不好被批评，看上去就好像是磨蹭，动作慢。这就要求教师要有一双敏锐的眼睛，及时发现幼儿的困难，告诉幼儿只要敢于尝试就是好样的，解除幼儿的后顾之忧，并适时地给予帮助和鼓励，树立幼儿的自信心。

（二）衣兜里的玩具——面对“偷”东西的孩子

就要午睡了，孩子们都在脱衣服准备上床，这时候，“当”的一声，有什么东西掉在了地上。老师低头四处寻找，原来是一个磁力棒。呈呈抱着刚刚脱下来的上衣，担心地望着老师。是呈呈将幼儿园的玩具装在了自己的兜里吗？

1. 无意的？——送回来

幼儿将随手玩的或地上捡的玩具无意间放进自己的衣袋里，这自然是难免的，只要让他知道不是自己的东西没有经过别人的允许不要拿，及时送回来就行了。

2. 太喜欢了？——借回家

幼儿园的玩具新鲜而有趣，幼儿自控能力不强，遇到特别喜欢的就装进自己的衣袋

里，教师要理解幼儿，不要乱扣帽子。告诉幼儿如果喜欢，可告诉老师，将玩具借到家里去玩，玩完以后再送回来。

3. 分辨不清？——学会分享

有的孩子年龄小，对物品的归属感不强，没有意识到幼儿园的玩具属于集体，不属于个人，因此会将玩过的玩具视为己有。教师要在日常活动中，注意通过同伴间互相分享彼此的玩具、图书，或向幼儿园借玩具等，增强幼儿这方面的意识。

4. 常常带回家？——和家长共同关注

一日生活中，幼儿有大量分散游戏的时间，某些时候可能不在教师的视线范围之内。有的幼儿将玩具装进衣袋里带回家，教师和家长都没有发现，慢慢地就会成为一种习惯。教师要让幼儿将玩具送回幼儿园，然后和家长共同配合，增强幼儿对物品归属感的认识，知道未经他人同意不能将其物品占为己有。

(三) 打人的明明——面对有攻击性行为的孩子

明明总是与周围的小朋友发生矛盾，基本上每天都会有好多小朋友到老师这里告状，“老师，明明抓我”，“老师，明明咬我”……有的家长甚至希望老师将明明劝退。难道明明不适合集体生活吗？

1. 受了委屈？——耐心倾听，共同分析

被老师批评，喜欢的玩具没有拿到，别的小朋友不愿意和自己玩……幼儿遇到这些不顺心的事情无处发泄，于是就和别的小朋友找茬，甚至动手打架。教师要先将其与集体“隔离”，待其平静之后，询问原因，切不可不问原因就批评，否则将适得其反。对幼儿所说的话要表示理解，再指出其错误，并和幼儿一起探讨更好的解决办法。

2. 不会交往？——教会幼儿交往的方法

家长往往用的是错误的教养方式，如打骂、训斥、体罚等，久而久之孩子也学会了用武力解决问题。因此，教师要及时与家长沟通，使家长了解孩子在交往中出现的问题，认识到同伴关系对幼儿的重要意义，及时调整家庭教育方式。另外，教师要给予幼儿更多的关注，及时发现幼儿在交往中的问题，就事论事，教给幼儿一些方法，使其体验良好的交往带来的乐趣。

3. 想引起别人注意？——改变其在同伴中的形象

越是有交往问题的幼儿越是渴望与同伴交往，但因为种种原因，造成同伴关系不好，被同伴排斥。于是，便以这种方式吸引同伴，同伴也就愈加排斥。教师可以改变自己的角色，与经常有攻击性行为的幼儿一起游戏、活动，既能帮助他们获得大量与同伴交往的实践经验，又能改变其在同伴心目中的形象，打破恶性循环的链条。

4. 受了冷落？——多关注

外表强硬的幼儿往往内心更敏感，教师要努力发现他们身上的闪光点，及时给予鼓励和赞赏，使他们感受到自己是被集体关注和认可的。当幼儿感受到受人喜爱带来的快乐时，才会主动地调整自己的行为。

5. 控制不住？——调整情绪

有的幼儿性格急躁，遇到不合自己心意的事情就会采取动手解决的办法。虽然自己也知道这样做不对，但是却控制不住自己的行为。对这样的幼儿，可以引导及时调整自己的情绪，用其它方式将自己的不愉快发泄出去。如，到班级的“心情小屋”平静地坐一会儿，将自己的不愉快告诉老师等。

6. 说不清楚？——提高语言交往能力

有的幼儿语言表达能力比较差，同伴之间发生争吵说不清楚时就会动手。用动作解决问题是幼儿的年龄特点之一，随着年龄的增长，语言表达能力也逐渐发展，幼儿开始越来越多地运用语言与同伴交往，解决同伴之间的矛盾。教师要注意引导幼儿用语言解决问题，提高幼儿与同伴协商解决问题的能力。当幼儿有进步时，要及时赞赏，强化好的行为。

（四）告状的康康——面对爱告状的孩子

“老师，叶子洗手没打肥皂”，“老师，他把我搭的房子踢塌了”，“老师，贝贝和平平吵架”……短短半天时间，康康无数次找老师告状。面对这样一个爱告状的孩子，应不应该理会呢？又应该怎样面对不同的告状内容呢？

1. 表现自己？——与同伴直接沟通

随着幼儿在园生活时间逐渐变长，幼儿的规则意识也逐渐提高，当幼儿发现他人的行为违反了教师的要求时，就会找老师告状，以此表现自己。教师要肯定幼儿能够判断出对与错，并鼓励他以后遇到这样的事情，可以直接向同伴指正错误。

2. 寻求帮助？——主持公道

有的幼儿胆子小，解决同伴关系的能力又比较弱，遇到困难，受了欺负，自然就会到老师这里寻求帮助。教师要耐心倾听双方的辩解，为受了欺负的幼儿主持公道，使他增强自信，提高自己解决问题的能力。

3. 随口说说？——随声附和

我们常常遇到这样的情况，有的幼儿告完状，还没等老师开口就走了。这样的孩子告的状都是一些再琐碎不过的小事，并不是希望老师有什么说法，只是随口说说，说完就走，老师随声附和一下就行了。

（五）我不会——面对胆小无自信的孩子

班上有一个叫萌萌的小女孩，她在集体活动中从不敢当众发言，也不敢当众表演。每次老师叫她参与活动，她总是说“我不会”、“我害怕”。这样的孩子难道可以置之不理了吗？怎样才能帮助她呢？

1. 妈妈不让动？——鼓励家长放手

现在的孩子，一家几口围着一个孩子团团转，真是含在嘴里怕化了，捧在手里怕摔着。这也不让动，那也不让摸，日久天长，幼儿自然胆小怕事。到了幼儿园，“妈妈不让这个，不让那个”也就成为孩子的口头禅。因此，教师要及时与家长沟通，告诉家长“孩

子是在活动中获得发展的”，限制过多就等于限制了孩子的发展。只要是为孩子好，家长肯定是能够接受的。

2. 觉得自己不行？——帮助幼儿建立自信

“如果孩子生活在鼓励中，他便学会自信”，胆子小的幼儿，大多缺乏自信。家长望子成龙、望女成凤的心情是可以理解的，但许多家长不了解幼儿的发展特点，让幼儿学习许多超越他们能力范围的知识，孩子掌握不了，难免被家长批评“这孩子怎么这么笨呀”。常听这样的话，孩子自然认为自己什么都不行，缺少自信。除了让家长了解幼儿的学习特点和年龄特点以外，教师还要帮助他们多体验成功，增强自信，告诉孩子“孩子，你能行”。

3. 天生胆儿小？——等他慢慢成长

有的孩子天生胆小，教师不要给孩子太大的压力，允许孩子慢慢成长、改变。另外，仔细观察你会发现，胆小的孩子也不是哪方面都胆小，有的孩子怕在集体面前讲话，但看见昆虫胆子却很大。每个孩子身上都有闪光点，都有自己的爱好，教师要认真地观察孩子，发现他的长处，并给予鼓励、肯定，给予他在小朋友面前表现的机会！

（六）孩子的谎言——面对说谎的孩子

区域游戏结束了，有的游戏材料没有收，老师反复询问是谁没收，得到的答案却是“老师，不是我”。户外活动玩拍球游戏，孩子们争先恐后到老师的面前展示自己的本领，有的说能拍十个，有的说能拍二十个，结果呢？最多的也不过五、六个。午饭前，欣欣高兴地说“老师，吃完中午饭奶奶就接我”。于是，老师让欣欣吃完饭以后拿玩具边等边玩。可是左等不来，右等也不来。打电话一问才知道，家里人从没说过早接的事。面对孩子的谎言，我们该如何处理呢？说破它还是置之不理？

1. 怕批评？——表示谅解

孩子或多或少都有因某种错误被家长或教师批评的经历，所以，当他们做错事时，出于对自己的保护，便采取逃避的办法，任凭老师反复询问他都矢口否认。因此，教师要反思自己的教育行为，同时也要向家长宣传正确的教育观念。孩子经验的积累、能力的获得都是在反复的探索活动中获得的，那么，错误就在所难免。从某种意义上说，孩子正是在不断犯错、不断修正的行为中成长起来的。因此，对于幼儿因犯错误怕被教师批评而编造的谎言，成人要表示谅解，鼓励幼儿敢于承认自己的错误。如果幼儿不愿承认，也不要强求。教师可以用语言暗示幼儿，告诉他，老师相信他一定能够改正等。只要幼儿知道自己所做的事情是不对的，而且愿意改正，也就达到了教育的目的。

2. 想得到赞赏？——给个台阶下

幼儿希望能够得到教师的赞赏和奖励，希望自己被同伴羡慕，也就是幼儿都有被人认可的需要。为了满足自己的需要，他们就会编造一些“谎言”迎合教师。比如，教师要求幼儿回家时观察路上的汽车，有的幼儿明明忘记观察，却说自己完成任务了，希望得到教师的赞赏。了解了孩子这种说谎的心理，教师就不要随便给孩子乱扣“爱说谎”的帽子。就像成人一样，孩子也爱面子，这时候，给孩子一个台阶下，未尝不是一个好办法。比如，孩子说不出教师具体的观察内容，教师可以说：“是不是记不清楚了，没关系，今天回家的路上你再仔细观察一下，明天再和我说，好吗？”

3. 把假想当现实？——要谅解

孩子的世界充满了想象，而幼儿又常常将假想与现实混淆。明明自己做不到的事情却说自己也行；自己没有玩具听到别人说有，就说自己也有。如果因此就认定孩子谎话连篇，那可就大错特错了。这是幼儿阶段的特点，成人要谅解。随着年龄的增长，幼儿会逐渐分辨出假想与现实的区别。

（七）裤子没穿反——面对倔强的孩子

午睡起床的时候，小朋友们都在抓紧时间穿衣服，石头却坐在小椅子上像是没睡醒似的，磨磨蹭蹭。小朋友们都穿完衣服离开睡眠室了，他才让老师检查衣服。老师一看，好不容易穿上了，裤子却是反的。“石头，裤子穿反了，快换过来。”他看了看，坚决地说：“没穿反。”“那你用手摸一摸，兜在哪里？”他摸了摸，自己也觉得很别扭，但仍旧坚持说没穿反。老师又说：“那你一会儿怎么小便呀？”这时候，他开始边哭边喊：“没穿反，就是没穿反。”石头的拧脾气又发作了。面对如此倔强的孩子，老师又该怎么办呢？

1. 拧有用？——共同分析性格中的利与弊

许多家长向老师介绍自己的孩子时，都会用到“倔强”、“拧”这样的字眼。其实，这与成人的教育方式有很大关系。面对幼儿的需要，家长不讲原则，一味地迁就，慢慢地幼儿会体验到“拧很有用”，家长会向他们妥协。因此，作为教育者，老师们要帮助家长了解自己孩子性格中的优势和不足，如倔强的孩子意志力一般比较坚定，做事执著，但交往中容易出现问题，比较偏激。从而赢得家长的配合，共同帮助幼儿。

2. 抑制不住？——延迟解决问题

倔强的幼儿一般都比较情绪化，一旦不好的情绪上来，就很难控制。如果硬来，只会让幼儿情绪更加失控。老师们可以给孩子一个台阶下，允许幼儿先按自己的意愿做事，然后，通过其他事情分散他的注意力，待其情绪好转时，再做工作。

3. 成心让你为难？——真心换真心

在工作中，老师们常常会遇到这种情况，别的老师带班时，倔强的孩子似乎也变得很温顺，轮到自己带班就变成另外一副样子。其实，孩子有时候会成心出一些难题考考你，让你为难。试一试，改变对那些拧孩子的看法，多发现他们性格中的优势，真心与他们相处，做他们的朋友，相信孩子是不会成心为难你的。

4. 都要听我的？——多征求孩子的意见

即使是温顺的孩子，偶尔也会出现逆反行为，你让这样，他偏那样。一般情况下，孩子在成长过程中会经历两个逆反期，而第一个逆反期正是幼儿园阶段的4～5岁。对于处在逆反期的幼儿，教师切忌以硬碰硬，遇到问题要多倾听他们的想法，凡事要多征求孩子的意见，发挥他们的聪明才智，思考解决问题的办法，少用命令的口吻发出指令，独断专行会让孩子愈加逆反。

（八）奇怪的明明——面对“人来疯”的孩子

离园前，孩子们安静地玩着玩具，等着老师叫自己的名字。然后，走到老师面前，非

常有礼貌地向老师鞠躬说再见。这时候明明的妈妈来了，“明明，快来，妈妈接你来了。”明明听到老师叫他的名字，立刻兴奋起来。在屋子里又跑又跳，大声喊叫。明明妈妈看到孩子这样，冲着明明说：“再不过来，妈妈走了。”明明一下便冲进妈妈怀里，搂着妈妈的腿不撒手。妈妈说：“快跟老师再见呀。”明明怪声怪气地跟老师说了再见，和妈妈嚷嚷着离开了幼儿园。老师觉得很奇怪，明明在幼儿园是一个很懂事的孩子，为什么一见到家长就像变了一个人呢？

1. 想发泄？——调整自己的教育行为

有的幼儿在老师面前乖巧懂事，是因为他想赢得老师的喜爱，所以努力地控制自己。而到了晚上见到家长，压抑了一天的情绪全部释放出来。面对幼儿这种表现，教师也要反思自己的工作，是否约束太多，让孩子失去了自由感，要注意调整自己的教育行为，尽量多给孩子提供自由、自主的时间和空间。

2. 容易兴奋？——提前提要求

有的孩子情绪非常容易兴奋，而一旦兴奋起来就很难控制。对于这种原因出现的“人来疯”，教师要提前提要求，和幼儿约定好，并在幼儿能够控制自己的情绪、有进步时及时进行表扬。

3. 想吸引他人注意？——平时多引导

有些平时比较乖巧的孩子也会出现“人来疯”的情况，他们通过哗众取宠的方式吸引同伴、教师、家长的注意，而这样的孩子往往是因为成人关注得比较少。因此，教师要给予这样的孩子更多的关注，并在日常接触中引导幼儿，使他们了解高兴和快乐有许多表达方式，而有的方式是不受人喜欢的。

（九）老师，我错了——面对知错不改的孩子

牛牛是个非常憨厚的男孩子，但常常因为自己的粗心大意、动作莽撞出现一些问题。每次跟他谈话的时候，他都非常痛快地承认自己的错误，并主动表示自己的决心：“老师，我错了，我下次一定不这样了。”“老师，您原谅我吧！我改了。”瞧！他还每次换着花样地承认错误。可是，错是知了，却没见他改，因此，常常犯同样的错误。难道知错不改是孩子的年龄特点吗？还是老师的教育方法不得当呢？

1. 习惯了？——追问一句“错在哪儿”

无论是家长还是教师，都容易犯一个错误，就是当孩子做错事时，都要求幼儿承认错误，而且很看重认错的态度是否积极主动。如果孩子嘴里不说出认错的话，成人一定不罢休，只有孩子嘴上认了错，成人才认定孩子是真知道错了。长此以往，孩子便熟知成人的心理，不管三七二十一，先承认错了，争取“宽大处理”。而至于“错在哪儿”孩子并不清楚。对于这种认错成习惯的孩子，教师要追问孩子一句“错在哪儿”，帮助孩子分析这个错误对自己、对同伴有哪些影响。

2. 我没错？——站在孩子的角度想一想

幼儿的世界不同于成人，这种不同也包含着“错误的标准”不同。比如，在孩子看来，书除了可以看，还可以玩的。而成人则将幼儿用书盖房子的行为当成一种错误去教

育。既然孩子不觉得这有什么不妥，那么即使被教育多次，仍旧还是记不住。因此，不要责怪孩子“屡教不改”，试着站在孩子的角度上想一想，也许不是孩子错了，而是自己理解错了。

3. 怎样是对的？——治标还要治本

知道了什么是“错”、“错”在何处还是没有从根本上解决问题，治标还要治本。可以和孩子单独谈一谈，给他机会，让他说一说同样的问题换个方法可以怎样做，并将自己的建议悄悄地渗透在你们的谈话中，让他了解以后再遇到类似的事情怎样可以处理得更好。

（十）幼儿园里的“自由人”——面对不遵守规则的孩子

特特聪明伶俐，可就是管不住自己，总是把老师提出的要求当成耳旁风。户外活动时，老师组织幼儿玩“老狼老狼几点了”的游戏，为了防止幼儿发生危险，老师要求幼儿在软地上跑，不要跑到硬地上去。可转眼间，特特就像一只敏捷的小动物一样，在硬地上飞速地跑起来。要回班了，小朋友们听到集合的信号，都快速地到老师身边站队，特特却旁若无人地在滑梯上玩着。午睡时，安静的睡眠室总能听到特特的说话声；集体活动时，他也是想说就说，从不举手。面对这样一个对教师的要求熟视无睹的“自由人”，老师又该怎么办呢？

1. 小自由？——逐渐提高要求

有的幼儿性格比较随意，不习惯条条框框的约束，同样的要求，别的幼儿觉得很自然，但他却觉得受管束。如果教师一味地要求幼儿遵守规则，和其他幼儿保持一致，也许还会激发孩子的逆反心理，增加教育的难度。试着在不违反原则的情况下，对他适当降低一些要求，并对他的进步及时给予肯定，然后逐渐提高要求。你会发现，他也能逐渐地约束自己，控制自己的行为。

2. 规则不合理？——及时调整

规则本身不是为了约束孩子的行为，也不全是为了方便教师的管理，最主要的是为了保证幼儿的一日生活更加有条理、有秩序地进行，而且规则本身不是一成不变的。教师要密切关注幼儿遵守规则的情况，及时发现其中的问题，进而进行调整，使其更适合幼儿，发挥其应有的价值。比如，老师们要求幼儿在睡眠室要安静，不能讲话。可是幼儿穿、脱衣服遇到困难时，完全可以同伴间互相帮助，这就需要言语间的交流。规则与现实发生矛盾，教师就要和幼儿一起讨论，制定新的规则。

3. 为什么要这样呀？——共同制定规则

有的幼儿对规则本身并不理解，一是不理解为什么制定这个规则，二是不理解规则的具体含义。因此，在制定规则时，教师尽量和幼儿一起商量，共同制定班级的各项规则，讨论没有规则会发生什么事情，使规则更加合理，方便幼儿活动。因为是自己参与制定的，所以幼儿的印象会比较深刻，执行起来也就更容易遵守。另外，教师可以通过请负责人或“小老师”的方法，加深幼儿对规则的理解，促进其主动遵守。

4. 自由惯了？——赢得家长的配合

有些家长片面理解西方国家的一些教育观念，认为孩子就应该无拘无束、自由地成

长，由此对孩子毫无要求，造成孩子从小缺乏规则意识。要想帮助孩子建立规则意识，教师首先应该做通家长的工作，赢得家长的配合，双方共同努力，才会收到良好的效果。

(十一) 老师，我也去——面对起哄的孩子

“孩子们，安静了，你们想不想听昨天没讲完的那个故事呀?”“想。”孩子们异口同声地回答。于是，老师开始讲故事了。可是刚刚讲了两句，嘟嘟就喊着要去厕所，老师没有停下来，而是冲他点点头，示意他轻轻地去。嘟嘟还没走到厕所，就有好几个孩子都说要去厕所。老师觉得很奇怪，讲故事之前，明明已经提醒他们如厕了。这不是起哄吗？老师是该同意还是该反对呢？

1. 就是想“溜溜”？——那就去吧

有时候，孩子没事就是想溜达溜达，教师完全可以满足幼儿这种需要，但为了逐渐增强幼儿集体活动的意识，教师还是应该适当有些要求。尤其是大班幼儿，为了帮助他们将来更好地适应小学的生活，教师要有意识地培养幼儿在分散活动时如厕的习惯，为集体活动做准备。

2. 凑热闹很好玩？——暂且放下眼前事

老师们都知道孩子喜欢模仿，所以老师们常常树立榜样，激励幼儿向同伴学习。要知道，孩子并不是什么都听老师的，也不是你想让他模仿谁就模仿谁，而是他们喜欢模仿谁就模仿谁。他们觉得谁做的事跟大家不一样，就喜欢凑个热闹，模仿一下。在他们看来，这是件非常有意思的事，能给他们带来不少乐趣。好吧，如果眼前的事也不是什么非做不可的事情，那就暂且放下，让孩子凑个热闹吧！

3. 欺负人？——考虑周全，提前提要求

现在的孩子都非常机灵，不同老师带班时会有不同的表现。比如，老教师带班时，他们很少起哄，那是因为他们知道老师有要求。而年轻教师带班时，就会成心起哄。当然，这也不能怪孩子，只要教师在活动前考虑周全，并说清楚要求，不给幼儿钻空子的机会，自然就不会被孩子“欺负”了。

4. 不喜欢？——选择适宜的活动

有时候，幼儿出现这种现象，是因为教师组织的活动不能引起他们的兴趣，幼儿不感兴趣，就会找理由做别的事情。因此，教师在设计活动时，所选择的教育内容、组织形式、操作材料要适合不同年龄班幼儿的特点，使幼儿积极参与，投入其中，自然就不会起哄了。

(十二) 追着老师的妮妮——面对“黏”人的孩子

“老师，你看我搭的房子好看吗?”“老师，我想让你跟我一起玩。”户外活动了，小朋友们早就像一群小鸟似的四散飞走了，只有妮妮拉着老师的手，老师走到哪儿她跟到哪儿。看着无时无刻不围绕在老师身边的妮妮，老师真不知如何是好。怎样才能不伤害她的

自尊心，又能培养她自理、自主的个性呢？

1. 离不开人？——正确分析原因

有的年轻老师以为孩子总是围绕在自己身边，是因为孩子喜欢自己，其实不然。孩子喜欢老师不一定时时刻刻黏着老师，尤其是随着年龄的增长，幼儿的向师性也应该缩减，他们更喜欢和同伴一起游戏、交流。如果孩子总是黏着你，就是一种过分的依赖。教师应该仔细观察，分析其中的原因。

2. 习惯了？——和孩子谈心

有的幼儿在家中习惯了备受瞩目，在幼儿园，老师不可能总是与他单独相处，孩子就会觉得不被重视，于是想方设法引起老师的注意。这时候，教师可以通过和孩子谈心，让孩子感觉到老师很喜欢他，只不过老师和爸爸妈妈不一样，老师会用眼睛关注他，并不总是会进行身体接触，或者进行语言交流。

3. 没有朋友？——帮他找个好朋友

有的幼儿交往能力比较弱，在同伴那里总是碰壁，感受不到与同伴交往的快乐，于是便到教师这里寻求安慰。教师可以带他一起参与其他幼儿的游戏，帮助他积累交往经验，还可以找一个善于交往的幼儿经常和他一起游戏，使他逐渐喜欢上与小朋友交往和游戏。

（十三）面对护短的家长

在做家长工作的过程中，老师们常常会遇到这样的情景：当你和家长反映幼儿哪方面能力还需要提高时，家长就会为孩子寻找各种理由，反复向你介绍孩子的优点，对缺点却避而不谈。还有的家长听老师说自己的孩子打了别的小朋友，就赶快说某某小朋友上回还打自己孩子了呢。有的幼儿常常迟到、不完成老师布置的任务，家长就为孩子承担一切责任，说是因为自己才迟到的，或者是自己工作太忙，忘记帮孩子完成任务。是什么原因，使家长如此袒护自己的孩子呢？教师又应该如何和这些护短的家长打交道呢？

1. 怕老师嫌弃？——说明自己的初衷

有的家长之所以处处维护自己的孩子，不是因为他们看不到孩子的缺点和问题，而是担心教师会因此嫌弃自己的孩子，不喜欢孩子。教师在和家长进行沟通时，如果发现家长有这种顾虑，一定要先说明自己的初衷，让家长感到老师非常喜欢自己的孩子，而每个孩子都有自己的优点和不足，教师不会因为孩子出现了问题就不喜欢孩子了，沟通只是想帮助孩子更好地成长。

2. 性格太好强？——单独谈话，解除顾虑

有的家长自己非常优秀，或者在单位里是领导，性格比较好强。当教师向家长反映孩子的一些问题时，好强的父母自然很难接受，他们自认自己很成功，孩子也应该和他们一样，处处比别人强才对。因此，教师和这样的家长沟通时，最好能避开其他家长，否则他们会有一种被批评的感觉，心中有所顾虑自然也就不会和你坦诚相见。

3. 认为教师在告状？——把握交流的艺术与分寸

有时候，家长之所以为孩子护短，与教师和家长沟通时的语气、态度有很大关系。试想如果你是家长，教师不分青红皂白，上来就说孩子今天又闯了什么祸，又出现了什么问

题，你的心情也一定不好受，本能地抵抗教师说的话。如果你能将告状变成谈心，先介绍幼儿的进步和感兴趣的事情，再说说幼儿在班上的表现，和家长一起分析孩子出现这些问题，有可能是哪些原因造成的。这时，家长就会感受到你是理解孩子的，是在就事论事，而不是挑孩子的毛病。另外，还要和家长一起商量，可以采取哪些办法帮助孩子。那么，阻隔在你和家长之间的那堵墙自然而然就会消失，家长也就愿意与你敞开心扉，无所不谈了。

（十四）面对不配合的家长

在实际工作中，教师常常会遇到这样的家长：开家长会、组织亲子活动几乎不参加，即使来，也都是爷爷奶奶或者保姆；向家长反映孩子挑食的情况时，家长会说："不爱吃的您就别给他吃了，他爱吃肉，您多给点肉就行了"；请家长配合吹泡泡活动制作吹泡泡工具，几天过去了，只有两、三名幼儿带来……面对这样不配合教育的家长，老师们该怎样做呢？怎样才能赢得家长的配合呢？

1. 没有时间？——换位思考，并采取多样化交流方式

当你埋怨某某家长不来参加幼儿园的活动、不帮老师们收集资料、很少与老师见面沟通……并把他们视为"不配合、不支持"的家长时，你是否想过，这个年龄阶段幼儿的家长，一般都是正当年，在单位里处于中流砥柱的位置，工作压力非常大。下班后，有可能还要带着工作回家，另外，可能还有繁琐的家务以及需要照顾的老人等着他们。因此，有些家长的"不配合、不支持"也是出于无奈。作为教师，可以通过调查问卷，了解每一位家长在哪段时间便于前来参加家长会和亲子活动，根据家长的具体情况安排好时间。另外，教师可以采用多样化的交流方式，比如，可以通过单独约谈、家访、家长园地、家园联系册、电话、短信、班级博客等多种形式和手段，与不能经常来园的幼儿家长保持沟通，使家长有更多的渠道了解幼儿园的工作，进而配合老师的工作。

2. 认为没必要？——帮助家长认识家园配合的重要性

有些家长不了解幼儿园开展的活动内容及意义，以为幼儿园每天就是玩，配不配合无关紧要。特别是现在的活动，不像从前以知识、技能为标准，而是更加关注幼儿能力、情感方面的发展，因此家长也不易直接观察到。在这种情况下，教师可以在开学初公布学期幼儿培养目标；在家长园地里每月公布月工作目标；每周公布一周活动安排。在开展新的主题活动之前，首先把主题教学的计划和网络图醒目地展示出来，让家长先有目的地进行关注。还可在家长园地中增设"最新动态"、"请您配合"等栏目，引导家长了解活动目标与内容，并一步步参与到活动中来。在半日开放活动前，可以先发给每位家长一份半日活动计划，计划中详细写清幼儿半日生活各环节的教育目标，辅以教师的讲解，使家长了解幼儿园的教育是生活化的，是包含在生活各环节中的，孩子的教育是需要家园密切配合的。通过亲子活动和家长观摩，让家长在参与体验中，感受孩子在活动中获得的发展，了解家园配合教育的必要性。对于家长配合完成的亲子作品、带来的活动材料，可以以作品展示或活动介绍、配合照片的方式及时反馈，表达感激之情，提升家长参与活动的积极性。

3. 能力达不到？——任务要恰到好处

有些时候，不是家长不想配合，而是教师布置的任务超出了家长的能力范围。因此，适合的活动内容与易于准备的游戏材料，是争取家长配合活动的有效保证。比如，老师可以请家长帮助搜集材料或参与制作。需要家长参与制作时不宜太复杂，教师可提供其中不易准备的部分材料，并在制作前提供作品成品，使家长一目了然，了解制作方法。教师还可以在制作亲子调查表等活动前，请个别家长和幼儿做出样品，以点带面，便于其他家长效仿。另外，教师应掌握家长的工作性质、家庭资源和特长等相关信息，布置任务时因人而异。在不便于全班家长配合的情况下，可充分挖掘个别家长的优势。这样家长不仅不会觉得是负担，还会自愿参与。

4. 需求不同？——提高自身的专业化水平，以理服人

家长的教育素养因人而异，有的高，有的低，而且往往表现出较大的差距。有的缺乏正确的教育观念，会认为“挑不挑食没什么大不了”、“孩子受了欺负就要还手”；有的家长能注重学习和了解新的教育理念，但是缺乏正确的教育方法，会存在“老师也知道孩子的问题，但是没办法”这样的问题；还有一些家长知识水平较高，认为教师的建议太“小儿科”就不去理会……这就需要教师不断学习，积累经验，并针对不同的家长，给予不同的家教指导，使家长能够认同教师的看法，并主动配合教育。随着社会的进步，家长的育儿水平普遍提高，教师也要放下架子，鼓励家长参与幼儿园教育，多肯定家长好的教育方法，积极采纳家长的合理建议。这样做不但可帮助教师拓宽思路，而且调动了家长的积极性、主动性，让家长拥有参与幼儿教育的兴趣，使家长感受到自己的价值，产生成就感和自尊感，有利于形成教育合力，促进家长对幼儿园工作的配合。

5. 地位不平等？——建立合作伙伴关系

部分教师不能正确认识教师与家长之间的关系，在与家长交流时，对家长的教育方式挑三拣四、指手画脚，让家长心里不舒服。因此，家长不愿意配合教师的工作。教师要正确理解教师和家长之间的合作伙伴关系，与家长平等对话，共同商讨符合幼儿特点的教育方法。

（十五）面对家长的不合理要求

“天太冷了，别让孩子出去参加户外活动了。”

“我家宝宝每天都要摸着妈妈耳朵才能睡觉，午睡时最好也让他摸摸老师的耳朵，谢谢了。”

“我家孩子不会蹲着大便，得把着他才行。”

“昨天老师请我家宝宝当了一次排头，他可高兴了，以后天天都让他当排头吧！”

“我家宝宝在家都是喝果汁，请老师也让他在幼儿园继续喝果汁吧。”

……

家长的要求显然是不合理的，作为教师，你该如何处理好这些不合理的要求呢？

1. 缺乏常识？——讲清利害关系

尽管你是一位年轻教师，也许自己并没有孩子，但你是一个专业的幼教工作者。家长

呢？虽然有了孩子，但他们并不是专门研究幼儿教育的，养育和教育孩子时缺少常识，就从自己的意愿出发。因此，许多家长提出的不合理要求往往是因为他们不懂，不知道，而不是成心为难老师。所以，当你向家长讲解清楚这些做法对孩子的不良影响后，家长也就很容易接受你的建议了。

2. 眼里只有自己的孩子？——使家长了解教师的工作性质

现在的孩子真的是众星捧月，家庭中孩子和成人的比例可以达到1∶4甚至1∶5。而幼儿园里，孩子与教师的比例却是家长很少关注的问题。他们眼中只有自己的孩子，根本没发现自己提出的要求在集体条件下是不可能实现的，相反，一味地埋怨教师对幼儿照顾不周全，不能满足他们的要求。这就需要教师通过多种形式和渠道，使家长了解教师的工作是面向全体幼儿和家长的。比如，通过开放，让家长观摩教师的工作，让家长参与班级活动，感受其中的辛苦等。

3. 都是应该的？——不卑不亢

有些家长以旧的观点看待幼儿园教师的工作，认为教师其实就是阿姨，家长提出任何要求都应该满足，这些都是教师应该做的。对于这样的家长，教师的态度要不卑不亢，使家长了解幼儿园是教育单位，教师与家长是平等的，两者是合作关系。另外，对于不合理的要求，教师一定要从为孩子好的角度，说清楚不能同意的理由，让家长知道教师之所以不同意是有理由的。

（十六）如何与隔代的幼儿家长沟通

幼儿园里，教师每天都会面对隔代幼儿家长，有姥姥、姥爷，有爷爷、奶奶，由于年龄的差距，有时候教师会感到他们没有年轻的家长容易交流，有时候还容易产生一些小的误会。怎样和他们沟通交流呢？

1. “隔辈疼”？——理解老人的心情

中国有句俗语：隔辈疼，这句话是有一定道理的。已经步入晚年的老人们将自己全部的爱都给了自己的儿女，如今，儿女长大成人，他们又将这份爱转移到孙辈身上。许多老人为人父母时，因当时的条件、环境自认亏欠儿女，就想在孙辈身上进行弥补，自然也就更加疼爱。作为教育者，老师们要充分理解老人的这种心情，不要动不动就说老人糊涂。

2. 心有余而力不足？——不要强求

有些老人，不是不理解老师的良苦用心，只是年事已高，心有余而力不足。因此，教师不要强求老人像年轻父母一样支持配合你的工作，要酌情而定。另外，教师也要根据老年人的特点，在工作中更加注意细节。比如，组织活动时，搀扶一下老人；出通知时，字写得大一些，方便老人看；跟老人交代事情的时候，语速慢点儿，音量稍大些。

3. 观念太陈旧？——重要事情和父母谈

有些老人更多的是关注孩子的身体情况，认为不哭不闹、不生病就行了。当孩子出现一些不良的行为习惯方面的问题时，祖辈往往不太关注。尽管老人文化低，一些陈旧观念对孩子有一定影响，但老师们并不能因此责怪老人，要学会让老人接受新观念，在教育理念和方法上跟上时代的脚步。如果有些事情实在无法和一些老人说清楚，教师可以和孩子的父母谈，请父母协助一起做老人的工作。

（十七）孩子受伤了，怎样让家长谅解

区域游戏的时候，老师正在建筑区和孩子们一起游戏，忽然听到娃娃家传来一阵哭声，跑过去一看，原来是丁丁和豆豆两个人因为争夺同一件玩具，打了起来，丁丁把豆豆的脸抓破了。虽然伤得不重，但老师该如何向家长解释呢？

1. 是能力和责任心的问题吗？——在所难免，放下包袱

面对这种情况，也许你会很紧张，很为难，但请你相信，这是在所难免的。教师应该知道，幼儿天性好动，交往能力有待提高，动作发展还很不协调，这些都是幼儿容易发生磕碰、同伴间争执的客观原因。所以，不要慌张，放下心中的包袱，赶快弄清楚事情的始末缘由是最重要的。

2. 家长能原谅老师吗？——实事求是，表达歉意和安慰

试想，如果你是家长，孩子高高兴兴来园，却没能平平安安回家，你也一定会非常心疼。所以，不要推卸责任，将事情的过程仔细地讲给家长听，并表达自己的歉意，同时还要安慰家长的情绪。

3. 怎样补救呢？——妥善处理并表达对孩子的关爱

事情已经发生，你要做的就是尽快给孩子处理好伤口。如果孩子伤得不重，可以晚上见面再向家长解释，如果很严重需要去医院，一定要赶快和家长取得联系，不要拖延。教师还要根据情况，打电话询问孩子的恢复情况，或者到家中进行慰问，表达自己对孩子的关爱。

4. 怎样尽可能避免？——培养幼儿的自我保护意识

尽管这些事情在所难免，但事后还是要仔细分析原因，发现工作中的问题，避免类似事情的发生。比如，有的幼儿动作发展不够协调，上下楼容易摔跤。教师可以让其排队时站在离自己比较近的位置，还要鼓励家长有意识地让幼儿多运动。对于那些经常因同伴矛盾而受伤的幼儿，在分散活动时，教师要多关注，及时制止并引导。同时，教师还要对幼儿进行安全教育，培养幼儿的自我保护意识。

（十八）如何面对同事的批评

开学前，各班都在布置环境，班长让小王老师照着书准备一个“我爱吃蔬菜”的环境。辛辛苦苦做完后贴在墙上，班长却说颜色搭配不好。户外活动做完操后，小王老师让孩子们自由游戏，班长却批评小王老师带班太随意。集体活动小王老师带孩子们唱歌，却因为她弹琴不熟练，另外两位老师在旁边，一边听一边窃窃私语。一天下来，小王老师觉得心里非常不舒服，她该怎么办呢？

1. 想得太多了？——哪有不犯错的

人无完人，世人哪有不犯错的，错了又怎能阻止别人批评呢？有些人在批评中成长，有些人从此一蹶不振。面对批评不要想“丢了面子”，而要想批评背后的问题，别人批评

错了吗？如果没错，那就高高兴兴接受，当成是老教师对你的帮助和指点。另外，虽然是批评，但大多数同事都是对事不对人，对于她们指出疏漏和失误，应该表示感谢。

2. 对自己要求太低了？——提高自我管理能力

有些教师是明知故犯，比如，园里明确规定“上班时间不许打手机”，可偏偏抱有侥幸心理，结果被领导批评。这就需要教师对园里的规章制度做到心中有数，时刻严格要求自己，牢记自己的角色和责任。

3. 没弄清原因？——主动询问请教

试想你是一个班长，既要管理好一个班的工作、协调好一个班的老师、教育好一个班的孩子，还要带一个年轻教师，这就等于在众多的责任之中又多了一个责任，负担由此增加了。因此，新教师要体谅同事，不要把他当同事看，就把他当成自己的师父，想着师父批评两句是正常的。不过，有些老师挨了批评却不清楚为什么挨批评，或者具体错在何处，以后再遇到类似的事情还是糊里糊涂。这样很不可取，建议新教师主动向同事请教，如：“为什么要这样搭配颜色呢?”“户外活动都有哪些内容呢?”“园里在这方面有什么规定吗?”知道得越多，越具体，就越能减少犯错误的几率，这样的话，同事的批评自然也会减少。

（十九）同事不信任怎么办

“王老师，我帮您做吧!”过几天，班里的王老师要做观摩课，看着她忙碌不堪的样子，小赵老师特别希望能够给她一点儿帮助。可王老师却一口回绝了：“谢谢你，不用啦!我自己慢慢做吧!”听了她的话小赵老师觉得特别尴尬，她宁肯让保育员老师帮她，也不让自己帮，难道自己就这么让人不信任吗?

1. 是看不上我吗？——不要过于敏感

有的老师处处追求完美，凡事喜欢亲力亲为，对他人伸出的援助之手，总是客气地回绝。因此，你不必因他人的个性而怀疑自己，也不要过于敏感，否则只会徒增烦恼，使你在和同事相处时产生隔阂。

2. 我不值得信任吗？——扬长“补”短

你在工作中的优势与不足，同事早已看在眼里。相信他一定是用人之长，对于你不擅长的自然也就不敢放手让你去做。所以，你首先要对自己有一个正确的认识，擅长的工作要多承担，自己不足的地方也不要避而不谈，相反，要多下工夫，因为幼儿园需要的是全才。

3. 工作态度不好？——抓住机遇，认真对待

有时候，不被同事信任并不全是能力的问题，还和工作态度有关。比如，交给你的任务，你总是拖沓、凑合，采取应付的态度。那么，即使你再有能力，也不会被他人信任，领导也很难再对你委以重任。因此，一定要抓住每次机遇，认真做好每件事情。

（二十）被同事误会了怎么办

“小孙老师，那张舞蹈的光盘你带了吗?”孙老师一阵紧张，因为她把这件事忘得一干二净了。实际上，吴老师已经说了好几次了，可她不是因为这个，就是因为那个，一直也没给人家带。“吴老师，真对不起，我又忘了，明天我一定带。”孙老师赶忙向吴老师解释。“算了，我下班去买一张吧，要不我们班的节目什么时候排完呀？”孙老师的心里很难受，她想吴老师肯定会误会自己，她一定以为自己不想借她，怕借给她两个班的节目会冲突……老师们之间总会产生这样或者那样的误会，那么怎样才能化解呢？

1. 需要解释吗？——日久见人心

年轻老师最担心和同事之间有矛盾，怕被人误会，但同事间朝夕相处，在一起的时间比和家人的时间还要长，误会也就在所难免。其实，并不是所有的误会都需要解释，如果自己觉得很坦然，那就不必急于去解释。只要以后多注意，相信日久见人心，大家会对你有一个正确的认识。

2. 需要立刻澄清吗？——合适的时候再说

有些误会需要当时解释，避免造成不必要的麻烦，影响同事关系。解释时，要实事求是，坦诚相见。有些误会不需要立刻去澄清，可以找个合适的时机，以一种更加自然的方式去说明。比如，一起外出开会或休息时，借着随意聊天的机会，回忆曾经发生的事情，将自己当时的情况讲述清楚。

也许你心中还有十个、二十个甚至更多的问题需要解答。但是，你知道吗？最好的答案需要你自己去获取，本书只是引领你走好第一步。也许你还会碰到许多关于孩子、家长，还有同事的问题，希望你记住，无论是谁，他们都不会因你而改变，只有不断地反思自己，调整自己的教育行为，才能找到解决问题的最好办法。

第三章 教你一招——活学活用

杂乱无章与井然有序，束手无策与游刃有余，喋喋不休与简单明了，这就是新教师与成熟教师带班时两种截然不同的状态。难道仅仅是因为新教师缺乏带班经验吗？不，这不仅仅是经验的问题，用心观察，你就会发现，成熟教师比我们多了一样法宝，那就是——常规。

老教师带班总是那么从容、自如，孩子们也像被注入了魔力，是那么乖巧，可爱。可到了自己带班，同样是一个班的孩子们为什么变得那么淘气、不听话？园长和老教师常常告诫刚工作的老师：对孩子要有要求，要收放自如就要养成良好的常规习惯。这个常规真的能起到这么多的作用吗？对于常规，新教师总有很多困惑。

- 不是说应该充分尊重幼儿的意愿吗？为什么还提那么多要求让幼儿遵守呢？
- 常规都包括什么呀？到底哪些时候该要求，哪些时候该放手呢？
- 常听老师们说起哪个班常规特别好，是不是说他们班纪律好呀？
- 那么小的孩子有必要管那么多吗？太限制孩子了。
- 除了让班级有秩序以外，培养常规对幼儿还有别的作用吗？

说起这个法宝，也许你们还有许多的问题和困惑，是啊！自认能唱、能跳、能画、能写的自己，怎会甘心因为这小小的“常规”败下阵来。别着急，让我们先对它有个比较全面的了解，然后再一起进入实战演练阶段——一日常规串串烧。

（一）什么是“常规”

常规是指需要经常遵守的规则和规定。学者们对常规的理解各有不同。有的认为常规是幼儿在幼儿园一日生活的各种活动中应该遵守的基本行为规范。也有的则将“常规”视为规定，具体包括三方面含义：（1）遵守各种活动和休息的时间及顺序的规定；（2）遵守一日生活各环节具体制度的规定；（3）遵守幼儿的一般行为规范的规定。还有的认为常规是指幼儿园日常生活和活动的规则，具体是指幼儿园对于幼儿什么时候应进行什么活动、活动中应遵守什么要求，哪些事情应该做、哪些事情不应该做，活动要采取什么方式等方面的要求。

《幼儿园教育指导纲要》指出，幼儿园应从实际出发建立必要的、合理的生活常规，并坚持执行。常规是保证幼儿园一切活动顺利开展所必需的规定，良好的常规既要给幼儿自主活动的空间，又要有一定的规范性要求。给幼儿自主活动的空间，不是让他们喜欢怎么样就怎么样、想干什么就干什么；规范性的要求也不是统一死板的指令。常规要求应有利于培养幼儿的良好习惯，有利于幼儿在安全有序、自然、自主的状态下进行活动，使幼儿逐渐理解并愿意遵守集体的规则。

幼儿园常规包括生活常规、游戏常规和学习常规。年轻教师刚刚走上工作岗位，最基本的是要组织好幼儿的各项生活活动，因此，本书主要介绍生活常规的培养方法。

（二）幼儿园为什么要有“常规”

幼儿园是幼儿共同生活的场所，为了保证各项活动有条不紊地开展，需要制定必要的常规来保证各种活动的顺利进行。但是，制定常规的目的不是要通过“捆住”幼儿的手脚来让他安静、听话，而是帮助幼儿在活动中专注于自己感兴趣的活动，互不干扰，做事

有序。

幼儿园班级常规的建立，无论对于班级保教质量，还是对于幼儿自身发展，都具有积极重要的意义。

1. 保证幼儿的安全

保证幼儿生命安全是幼教工作的首要任务，而幼儿活泼好动、喜欢探索，自我保护意识和能力欠佳。建立必要的常规能够帮助幼儿了解哪些行为是危险的，怎样做能够保证安全，从而提高对危险的预见性。

2. 建立良好的班级活动秩序

良好的班级活动秩序有助于形成和谐、温馨的心理氛围，使幼儿感到轻松、快乐；同时，它也是保证各项活动顺利进行的基础和前提。

3. 帮助幼儿养成良好习惯

习惯伴随人的一生，对人的发展具有重要意义，而儿童期是习惯养成的黄金期。常规培养各环节为幼儿提供了充分的实践机会，能对幼儿的正确行为加以强化，帮助幼儿养成习惯。

4. 促进幼儿自律能力的发展

幼儿园阶段是培养幼儿自律品质的最佳时期。幼儿情感、行为的冲动性强，自制力差，建立良好的常规能帮助幼儿逐渐学会约束自己的行为，适应集体的要求，提高自我控制能力。

（三）培养常规时应注意的问题

1. 要建立平等的师幼关系，发挥幼儿主体性

在常规培养过程中，教师应把幼儿及其发展摆在首位，不能把“控制幼儿”当作目的。在静态的、封闭的、高压的环境里，表面上不会产生这样那样的问题，但也让幼儿失去了学习交往、合作、解决问题的机会，失去了展现天真、灵性的空间，让他们不再向往幼儿园生活，这岂不是得不偿失？因此，在常规培养过程中，教师应从“领导者”、“指挥者”的位置上走下来，不要板着面孔“发圣旨”，要给孩子以平等、公平、合理的受教育环境。常规教育要发挥幼儿的主体性，就要让幼儿亲自参与制定常规，从而调动其遵守规则的自觉性。尤其对于中大班幼儿，教师可以与幼儿一起讨论或体验班级生活中的烦恼、安全隐患，与幼儿一起想办法制定规则，并让幼儿参与到规则行为的评价中来。

2. 教师间要协同一致，形成合力

让幼儿养成遵守规则的好习惯，是一种行为塑造艺术。规则要反复强化，最终才能转化为幼儿的习惯。因此，常规教育中切忌时而强化，时而放纵，“三天打鱼，两天晒网”。如果同班的教师之间缺少沟通，就会造成常规不统一，影响幼儿的规则内化，使常规教育的效果大打折扣，还会使幼儿养成“钻空子”的不良习惯。因此，常规培养不能是某位教师孤军奋战，需要教师间统一常规要求，形成教育合力。

3. 教师要以身作则，言传更要身教

在常规教育中，言传身教都很重要。言传让幼儿明白规则是什么，身教使幼儿有可以模仿的好榜样。有的教师重言传轻身教，直接对幼儿产生不良影响，使常规教育无形中多了障碍。因此，教师要言行一致，要求幼儿做到的事情自己先要身体力行。如，户外活动前要求幼儿将衣服穿好，不露小肚皮，自己也要做到。只有这样，才会拉近幼儿与教师之间的距离，促使幼儿将教师作为榜样，不断进步。也只有这样周而复始、循序渐进，才能建立稳固的班级常规。

4. 尊重年龄特点，方法要适宜

在培养幼儿的常规过程中，教师要尊重各年龄班幼儿的身心发展规律，采取多种方法，这样常规教育才会取得更好的效果。如，饮水时，小班教师和幼儿玩“干杯”游戏，而中大班教师则引导幼儿讨论喝水少对身体的危害，师幼共同设计“多喝水，更健康”的班级环境。

总之，教师应根据幼儿的需要，引导幼儿建立适合其年龄特征，促进其身心健康发展的科学、合理的常规。

（四）培养常规的基本方法

教师要根据各年龄班幼儿的发展水平、能力、经验和学习方式等方面的差异，灵活运用多种教育方法，在生动、有趣的活动中，建立良好的班级常规。培养常规的基本方法有七种。

1. 树立榜样激励法

树立榜样激励法是教师根据幼儿“爱模仿”的年龄特点，强化某些幼儿的正确行为，激励其他幼儿以此为榜样，从而教育影响幼儿的一种方法。如，最近班里迟到的幼儿比较多，教师对准时来园的幼儿进行表扬和奖励，从而激励其他幼儿以那些准时来园的幼儿为榜样，准时来园。

榜样的力量是无穷的，对幼儿更是具有极大的感染力和说服力。榜样还可以是父母、教师，以及文艺作品中的典型形象等。

2. 巧言妙语引导法

巧言妙语引导法是指教师利用生动形象、幽默有趣的语言，引导幼儿理解常规，遵守常规的方法。如，在培养小班幼儿饮水常规时，教师发现幼儿不爱喝白开水，于是便将喝水说成：“小汽车要加油喽，加得满满的，才能跑得特别快。”

3. 创设环境提示法

创设环境提示法是将班级的常规要求用绘画作品、照片、图示、文字符号等形式展现在幼儿面前，提示幼儿遵守常规的一种方法。如，幼儿进餐后常常忘记需要做的事情，教师可以将送餐具、擦嘴、擦桌子、漱口几件事情用照片记录下来，展示在环境中，从而提示幼儿按顺序做事。

4. 儿歌、歌曲巩固法

儿歌、歌曲巩固法是指寓教育内容于朗朗上口的儿歌、美妙动听的歌曲之中，使一些常规要求在反复的朗诵和歌唱活动中，达到巩固的效果。如，在培养漱口常规时，教师在日常生活带领幼儿反复歌唱《花花杯》（手拿花花杯，喝口清清水，抬起头，闭上嘴，咕噜咕噜吐出水），帮助幼儿掌握漱口的方法。

5. 游戏引发兴趣法

游戏引发兴趣法是指教师根据幼儿喜欢游戏的特点，用游戏的形式或采用游戏的口吻激发幼儿学习常规，把对幼儿的要求转化为幼儿的内部需要，从“必须这样”转化为“我要这样”。如，小班幼儿初入园时，教师利用“击鼓传花”的游戏来点名，鼓声停止时，花在谁手里，谁就起立告诉大家自己的名字。

6. 表扬奖励强化法

表扬奖励强化法是指通过及时的表扬和奖励，对幼儿良好的行为加以强化，使幼儿感受自己的优点和进步，同时使其良好行为得到巩固和发扬。如，有的小班幼儿初入园时总是让教师喂饭，不肯自己动手。当教师发现幼儿逐渐能够自己吃饭时，及时在集体面前表扬，并且送给幼儿一个小礼物，强化其良好行为。

7. 发现问题讨论法

发现问题讨论法是教师和幼儿针对班级常规中存在的问题，共同分析、讨论、修正常规的一种方法，此方法比较适合中大班幼儿。如，户外活动上、下楼时，幼儿大声喧哗、推推挤挤。教师针对这个问题和幼儿一起分析其中存在的危险，共同制定上、下楼的常规要求。

班级常规的好与坏，与教师所运用的方法有很大关系。方法得当，则事半功倍；方法不当，则适得其反。因此，教师要综合而灵活地运用多种方法，使幼儿在积极、快乐的情绪情感中，建立良好的常规。

（五）轻松教，巧培养——一日常规串串烧

怎么样，现在你对常规这个“法宝”有了一个初步的认识吧！接下来，我们还会告诉你，该如何做，就能轻松地让这个法宝快乐地运转起来。

常规一：来园——快乐的一天开始啦

接待幼儿来园也许是最让年轻教师手忙脚乱的环节，既要和家长进行沟通和交接，又要组织好班里幼儿的活动，有时再碰上个别幼儿闹情绪，还要处理一下幼儿之间的矛盾，真是再多一双眼、一张嘴也不够用。我们常说，好的开始预示着好的未来。来园时的不愉快和不顺利也许会让你一天的心情都非常沮丧。那么，怎样才能让“来园”变得轻松、有序呢？

＊常规要求

1. 准时来园。
2. 主动有礼貌地向老师问好，和家长说“再见”。
3. 有顺序地完成来园的常规活动，如洗手、漱口、搬椅子、晨间活动等。

＊问题及对策

1. 很难说“再见”？——不要太强求

初入园时，幼儿学会向老师问好并不难，难的是和家长说“再见”，这两个字往往能

勾起他们对父母的依恋。这时候，教师可以先不要求幼儿必须和家长再见，帮助幼儿减少分离焦虑。另外，教师可以通过情景表演的方法引导幼儿学习问好。如，将“娃娃家”变成“小动物幼儿园”，引导幼儿在角色游戏中，逐渐学会问好、说“再见”。这种方法既能帮助幼儿学会说“再见”，又不会引发幼儿的不良情绪。

2. 来园不高兴？——转移注意力

无论是哪个年龄班幼儿，都会出现早上来园情绪不好的问题，如果幼儿来的时候情绪就已经很激动了，可以请家长先和幼儿进行沟通，安抚好幼儿的情绪再送进班里来；或者教师直接将幼儿接进班里，使幼儿换一个环境，帮助幼儿缓解情绪。如果幼儿只是有一点不愉快，教师要赶快转移幼儿的注意力，如告诉幼儿“快到自然角和咱们班的小龟问声好”、“衣服上的小熊真可爱”等，这样就有可能避免一场不愉快的发生。另外，在教育活动或日常生活中，教师可以通过一些儿歌或歌曲来激发小班幼儿的良好情绪。

3. 不愿问好？——老师主动打招呼

有时候，幼儿心里有些小别扭，来园的时候不愿向老师问好，教师可以主动向幼儿问好，或者通过其他幼儿的榜样作用引导幼儿。

4. 丢三落四？——制作“提示图”

幼儿年龄小，往往不能记住来园后一系列需要做的事情，常常丢三落四。教师可以和幼儿一起将来园后需要做的事情用图画或照片的形式记录下来，布置在环境中，幼儿可在开展晨间游戏前对照提示图检查自己是否有所遗漏。中大班还可以请值日生进行检查，如，让值日生站在固定的位置检查其他幼儿洗手、漱口等。

5. 经常迟到？——环境暗示

幼儿迟到大多是家长造成的，因此，教师要与家长沟通交流，使家长了解“准时来园”的重要性。为鼓励幼儿准时来园，教师可以通过环境布置来激励幼儿。如在活动室的门上做一个漂亮的钟表，时间在 8 点前，并写上“准时来园我很棒”。这样，既提醒幼儿又暗示家长。

6. 无所事事？——开展晨间游戏

幼儿来园有先后，来园距离吃早饭又有一段时间，幼儿无所事事，使得教师不容易组织。如果教师提供便于收整的玩具材料，开展丰富而有趣的晨间活动，那么既能使这段时间得到充分的利用，又能减轻教师的负担。如，观察自然角的动植物、记观察记录；玩拼插玩具、拼图、迷宫、翻绳；开放图书区、交流区等。同时，教师应注意培养幼儿听到音乐或故事等信号，便抓紧时间收整玩具、洗手进餐的习惯。

7. 遇到“爱聊天的家长”？——再约时间

有些家长不着急上班，站在门口和老师聊起来没完没了。教师不好意思拒绝，可是聊吧，又顾不上。这时候，教师可以礼貌地说：“我也挺愿意和您沟通的，可带着班还真是不踏实，我先照顾孩子，哪天有时间我再和您详细地谈。”家长会的时候，教师可以抓住

机会向家长说明情况：早来园幼儿和家长都比较集中，不适宜进行长时间谈话，如果家长想和教师进行沟通可以和教师单独约时间。

附：

儿歌 1

宝宝来园不哭闹，
见到老师微微笑。
相互问声早晨好，
都夸宝宝有礼貌。

儿歌 2

公鸡叫，太阳笑，
宝宝来园不迟到。
问老师，早晨好，
大家夸他有礼貌。

歌曲

有 礼 貌

1 3 | 2 3 1 | 3 5 | 4 3 2 | 5 5 6 6 | 5 5 3 | 2 2 3 2 | 1— ‖
来 到 幼儿园，我 问 老师 好，老师 夸我 有礼貌，对我微微 笑。

常规二：点名——今天我来了

点名在许多老师看来可有可无，但实际上，在不同的年龄班，采取不同的点名方式，能发挥不同的教育价值。教师可以通过这个环节增进与幼儿之间的感情，帮助幼儿熟悉其他小朋友的名字，练习点数，激发幼儿的来园热情等。所以，切莫小看这个环节，开启你的智慧，牢记“一日生活皆教育”！

＊常规要求

1. 能够用好听的声音积极应答。
2. 喜欢用不同的方式表示自己来园了。
3. 逐渐关注班级的出勤人数，以及未来园的幼儿。

＊问题及对策

1. 不敢回答？——在游戏中点名

小班幼儿初入园，当老师叫名字时，常常不敢回答，或者声音很小，还有的幼儿不注意倾听，老师叫好几遍才回答。其实，轻松有趣的游戏化点名方式能有效地吸引小班幼儿主动参与。如，教师扮演兔妈妈，幼儿当兔宝宝。大家一起唱《兔妈妈有几个宝宝》的歌曲，教师带领幼儿边数边抚摸幼儿的头、耳朵、脸蛋、鼻子等部位，增进师幼感情。另外，教师还可以和幼儿玩《传话筒》的游戏，教师击鼓，鼓声停止时，话筒在谁的手里，谁就要告诉大家自己的名字。

2. 没意思？——换种方式来点名

在中大班，如果总是同一种点名方式，幼儿会感到没有新鲜感。这时候，教师要根据不同年龄班的教育目标和幼儿的能力水平，采用多样化的点名方式。如，中班可以通过报数的方法统计班级的出勤人数。对于大班幼儿，可以将点名的任务交给值日生完成，数数的方法也可以从一个一个，到两个两个、五个五个等成组数数。另外，还可以采取小组统计的方法，先统计小组的人数，再进行汇总。除了集体、小组的方式，教师可以和幼儿一起设计出勤人数统计表，幼儿来园后，在自己的名字后面做记录，如插花、画笑脸等，表示自己来园，并找出本班出勤最好的幼儿，进行表扬和奖励。

附：

歌曲

兔妈妈有几个孩子

兔妈妈有几个宝宝，快来和我数一数。一只、两只、三四只、五只、六只、七八只。

常规三：洗手——正确洗手更健康

洗手是幼儿一日生活中必不可少并且重复次数较多的环节。在盥洗室，幼儿经常会出现一些行为问题，如你挤我一下、我撞你一下，匆匆忙忙冲冲水就走，又或者是玩起水来忘记时间等等。这些问题常常让年轻教师不知所措。那么，怎样才能使幼儿充分认识洗手的重要性，变“要幼儿做”为“幼儿主动做”呢？

＊常规要求

1. 能够按正确的方法洗手，穿长袖衣服时知道卷袖子。
2. 饭前便后、手脏时能主动洗手。
3. 人多时，知道按顺序洗手。
4. 知道节约用水，洗手后将水龙头关紧。

＊问题及对策

1. 不会洗？——反复强化

小班幼儿常常按照自己的原有习惯洗手，掌握正确的洗手方法需要一个过程。教师可以将洗手的步骤和方法编成短小有趣的儿歌，通过说儿歌反复强化洗手的方法。洗手后，教师还可以运用儿歌来检查，如，“哗哗流水清又清，洗洗小手讲卫生，伸出手来比一比，谁的小手最干净”。然后让幼儿把手举高，教师亲自闻一闻幼儿的小手，激发幼儿认真洗手的积极性。

2. 不认真？——用事实说明问题

当幼儿掌握了正确的洗手方法，逐渐对这件事失去兴趣时，就会出现不认真的现象。这时，教师可以和幼儿一起讨论“不认真洗手的危害”，请幼儿观察肥皂沫的颜色，了解不认真洗手的后果。教师可以与幼儿一起制作洗手的流程图，提示幼儿洗手的方法及步骤。另外，教师还可以请值日生进行检查，因为同伴间的管理有时比教师要有效。

3. 边洗边玩？——加强引导

幼儿喜欢边洗边玩，常常忽略节约用水，教师可以通过专门的教育活动，如"小水滴旅行记"，帮助幼儿认识到水资源的珍贵。也可以通过环境创设强化幼儿的节水意识。如，在盥洗室明显的位置张贴一些干涸的河流、干燥的土地等节水宣传画。

4. 忘记排队？——贴个小标志

在洗手池附近的地面上贴个小标志，如小箭头、花、泡泡、石头等等，并采用游戏化的口吻，如，"我们都是小蜜蜂，找到小花快站好"，引导幼儿站在标志上排队洗手。

5. 忘记卷袖子？——先来玩个小游戏

穿长袖衣服时，教师要提醒家长不要给幼儿穿袖口过紧的衣服。对于初学卷袖子的小班幼儿，可以通过有趣的游戏吸引幼儿主动学习。如，教师和幼儿一起边说儿歌边卷袖子："卷，卷，卷卷卷，卷出一个卷心菜；卷，卷，卷卷卷，卷出两个卷心菜。"

6. 太集中？——分散进行

盥洗室往往比较小，同时容纳全班幼儿洗手会比较拥挤。教师可以组织幼儿玩个小游戏，使幼儿分散洗手（这些游戏在一日生活的各个过渡环节都可以使用），减少消极等待现象。

附：

儿歌 1

挽好小袖子，露出小手腕；
打开水龙头，冲湿小小手。
关上水龙头，拿起小肥皂；
手里转三圈，放下小肥皂。
先搓小手心，再搓小手背；
搓搓指甲缝，还有小手腕。
打开水龙头，泡泡冲干净；
关好水龙头，合手甩三下。
打开小毛巾，擦干小湿手；
小手洗净了，细菌跑掉了；
小手要勤洗，我们都健康。

儿歌 2

小朋友，来洗手，
打开水龙头，冲冲小脏手。
关上水龙头，肥皂做朋友。
搓手心、搓手背，
穿过小胡同，搓搓手指头。
清清水儿冲一冲，
小小水珠甩干净。
小毛巾，来帮忙，

擦手心，擦手背。
哈哈！我的小手真干净！

儿歌 3

一滴水，一个点，一只蚂蚁喝一年，
十滴水，一条线，两只蚂蚁能划船，
小朋友，不浪费，别让水龙头泪涟涟。

儿歌 4

排队洗手不拥挤，
挽起袖子不湿衣，
小小香皂手中拿，
指尖指缝都要洗，
洗完关闭水龙头，
节约用水记心底，
小手擦干要牢记。

儿歌 5

小猴爬大山

手心搓手心，搓呀搓，搓呀搓，搓出沫沫白花花。

手心搓手背，搓呀搓，搓呀搓，搓出沫沫白花花。（左右手各搓一次）

有一只小猴来爬山，爬呀爬，爬呀爬，爬到山尖了。（从手腕转圈向上转到手指尖，洗手指缝、手指尖）

扑通，掉进了山谷里，

跳呀跳，跳呀跳，跑呀跑，跑呀跑。

终于跑出了老虎嘴。（左右手各搓一次）

一只小猴来爬山，爬呀爬，爬呀爬，爬到山尖了。

小猴掉进了山谷里，跳呀跳，跑呀跑。（洗另一只手的手指缝、手指尖）

游戏 1

修理小汽车

教师当修理员，幼儿当小汽车。教师点名请到的幼儿学着司机开车的样子慢慢地开到老师身边，趴在老师的腿上。教师假装抬起幼儿的腿，边活动边说：“后车轮没坏。”再摸摸幼儿的耳朵，说：“螺丝也没松。”按按鼻子说：“噢！原来是喇叭坏了，不响了。”然后多按几下，假装修理的样子。修好的小汽车在屋子里开一圈，绕到盥洗室去洗手。

游戏 2

我是邮递员

一名幼儿当邮递员，其他幼儿当收信人。邮递员说：“当当当。”收信人问：“谁呀？”邮递员回答：“我是送信的邮递员呀！”收信人问：“哪里来的信呀？”邮递员说一个地址（教师可以规定为国家的名字，或者中国某个城市的名字，也可以是幼儿的家庭住址），收信人问：“信送给谁呀？”邮递员说一个小朋友的名字。玩过游戏的幼儿就可以先去洗手了。

常规四：擦手——游戏中把手擦干净

幼儿喜欢边擦手边将毛巾团成一团玩，也会因贪玩而忘记将手擦干，还会出现将毛巾挂错地方或拿错毛巾等情况。怎样让这样一个小之又小的环节变得既有趣又有益呢？

＊常规要求

1. 会正确使用毛巾。
2. 能够将手擦干。

＊问题及对策

1. 不会擦？——边玩边学

小班幼儿不会擦手，两只小手常常是湿的。教师可以用好玩的游戏引导幼儿学习正确的擦手方法，既形象又有趣。如“翻烙饼”，将毛巾当成大烙饼，平铺在一只手上，去擦另外一只手的手心、手背、手腕，然后翻烙饼，再擦另一只手。也可以设置有趣的游戏情境，如“我给小手盖被子”，先给一只手盖被子，把手擦干净，再盖在另外一只手上。

2. 毛巾团成团？——边擦手边说儿歌

幼儿常把毛巾团成一团，很难把手擦干，教师可以引导幼儿边擦边说“我的小花就要开，香味飘出来”。把毛巾当成小花，只有打开了，铺平了，香味才会散发出来。

附：

儿歌

小毛巾，好朋友，天天帮我擦干手。
用完把你送回家，干干净净不乱丢。

常规五：进餐——我要快快长大

进餐是一日生活中的重要一环，直接关系到幼儿的健康成长。良好的进餐常规，既能够帮助幼儿养成文明的进餐习惯，也能保持班级环境的整洁。

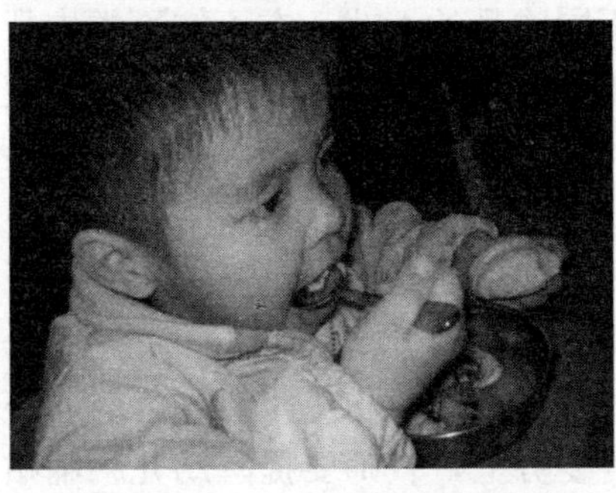

＊常规要求

1. 会正确取餐具：将勺放在碗里，一只手的大拇指压勺，双手端碗回座位。

2. 进餐姿势要正确：身体坐正，双脚放在自己的椅子前面，胸脯紧贴桌子，并正确使用餐具（一手扶碗，一手拿勺，小班会使用勺进餐，中、大班会使用筷子进餐）。

3. 安静、专心地进餐，尽量保持桌面、地面的清洁，做到“三净”（餐具、桌面、衣服都干净）。

4. 用正确的方法表示自己的需要（如，举手代表添饭、双手合起来表示要添汤）。

5. 餐后按顺序做事：清理桌面、送餐具、擦嘴、擦桌子、漱口。

6. 逐渐能够接受并喜欢吃各种食物，不挑食。

＊问题及对策

1. 等着喂？——用游戏化的语言鼓励幼儿

刚入园的幼儿，大多数都不会自己吃饭，等着教师喂，教师可以通过游戏化的语言鼓励幼儿独立进餐。例如，“看看谁最棒，能往‘大山洞’里送东西”，“赶快吃得饱饱的，让你的气球鼓起来，就能飞回家去了”，“小河流水哗啦啦，饭菜流到谁的家”，“我们都是跳跳虎，谁的牙齿最厉害”等。

2. 饭量小？——少盛勤添

有的幼儿一开始不习惯幼儿园饭菜的口味，或者受情绪影响，吃得很少。教师在给幼儿盛饭时，可以少盛勤添，吃完后征求幼儿的意见再添，不让幼儿有压力。

3. 不爱吃？——多种方式来引导

①幼儿对于不熟悉、不喜欢的食物通常都有抵触心理。教师可以给饭菜取个有趣的名字，激发幼儿的食欲。如，红白巧克力（红白豆腐）、太阳饼（玉米饼）等。

②幼儿不爱吃的菜要先盛、少盛，如，“谁先把菠菜吃完，小鱼就会先‘游’到谁的小碗里去”，逐步纠正幼儿偏食的现象。

③用游戏化的语言引导幼儿，如，“我是兔妈妈，我的兔宝宝最爱吃蔬菜，让我看看谁是我的好宝宝呀？”

④教师要以自己对饭菜积极的态度影响幼儿，如，“老师最喜欢吃胡萝卜了，真香啊！我的口水都流出来了，谁和老师一样喜欢吃胡萝卜？”

⑤对于幼儿不喜欢的食物，教师先给其分成两份，一多一少，鼓励其选择，让幼儿逐渐接受。

⑥开展相关的主题活动向幼儿介绍每种食物中的营养，使幼儿了解挑食会造成营养不良，影响身体健康。

⑦通过儿歌、谜语等文学作品，激发幼儿对食物的兴趣。

⑧引导幼儿向不挑食、吃饭香、桌面干净的幼儿学习，及时发现他们的进步并表扬。

4. 不会用筷子？——用幼儿感兴趣的方式来学习

除了在进餐时学习使用筷子，还可以利用幼儿游戏的时间进行练习，如，在“娃娃家”、“小餐厅”投放筷子，在“益智区”开展用筷子夹不同物品的游戏，在不知不觉中帮助幼儿掌握使用筷子的方法。另外，中班初期可提供筷子和勺供幼儿选择，逐渐过渡到使用筷子。

5. 掉得哪儿都是？——放个公用垃圾盘

幼儿加餐后，往往吃得是一片狼藉，衣服、桌面、椅子、地面到处都是饭菜。教师可以和小班幼儿玩“捡米粒”的游戏，引导他们将掉的饭菜捡起来，喂幼儿园里的小兔子。另外，教师还要为幼儿提供一个公用垃圾盘，放在桌子中间，供幼儿放骨头、鱼刺、虾皮、调料等杂物，使幼儿逐渐学会自己收拾整理。在进餐姿势上，教师要提醒幼儿胸脯贴着桌子，别让饭“跑”到桌子下面去。还可以用故事《大公鸡和漏嘴巴》、诗歌《下巴上

的洞洞》引导幼儿不掉饭菜，保持衣服、桌面、地面的整洁。

6. 不会收放餐具？——贴个标志

在收放餐具的地方，按照餐具摆放的顺序贴上标志，如，盘、碗、勺，引导幼儿学习自己收放餐具。另外，幼儿放碗时经常出现因码得太高而倒塌的情况。教师可以引导幼儿"盖楼房"，哪座楼房矮就要盖哪座，还可以采用分桌或按数量摆放。

7. 摸摸这，摸摸那？——玩手指游戏

幼儿洗完手等待进餐时，往往控制不住，喜欢到处摸一摸。教师可以组织幼儿玩一些手指游戏。还可以玩《我们都是石头人》，教师用手指当魔棒，点到谁的手，谁就被解除魔法，可以去拿饭了。或者用拟人化口吻说："把大门关紧（插好小手），千万别让细菌跑进去。"

附：

谜语

身体瘦又长，有绿又有黄，浑身都是刺，吃着脆又香。

（谜底：黄瓜）

小伞一把把，长在树下面，不能当伞用，做菜吃得香。

（谜底：蘑菇）

儿歌 1

我学小兔吃青菜，我学小鸭吃鱼虾，
不挑不拣样样吃，个子长得高又大。

（赵燕茹）

儿歌 2

宝宝乖，宝宝乖，
宝宝喜欢吃青菜。
绿菠菜，脆黄瓜，
胡萝卜，嫩白菜。
多吃青菜长得快。

（摘自：《幼儿启蒙益智丛书》）

儿歌 3

我是一个大苹果，小朋友们都爱我。
请你先去洗洗手，要是手脏别碰我。

手指游戏 1

爸爸是司机，开汽车，嘀嘀嘀！（双手大拇指单伸出来，向下按）
爸爸旁边是妈妈，妈妈洗衣服，刷刷刷！（双手食指单伸出来，做搓衣服的动作）
个子最高是哥哥，哥哥打篮球，砰砰砰！（双手中指单伸出来，向上做投篮动作）
哥哥旁边是姐姐，姐姐在跳舞，嚓嚓嚓！（双手无名指单伸出来，做绕圈动作）
个子最小就是我，我在敲小鼓，咚咚咚！（双手小指单伸出来，做敲小鼓动作）

手指游戏 2

兄弟十个分两组，（十指伸展手心向外）
生来各自有高低。（翻动两手手心向内）
老大长得最粗壮，（两手伸拇指）
老二生来有主意，（两手伸食指）
老三长得个子高，（两手伸中指）
老四生来没出息，（伸无名指）
老五别看个子矮，（两手伸小拇指）
拉起钩来本事奇。（小指互相钩）
老大碰碰头，（大拇指相碰）
老二碰碰脸，（食指相碰）
老三弯弯腰，（中指上下运动）
老五伸伸腿，（小指伸展）
东一捶，（右手捶左手心）
西一捶，（左手捶右手心）
南一捶，（右手捶左手背）
北一捶，（左手捶右手背）
大家拍手把歌唱，（两手拍掌）
握紧拳头有力气。（握双拳举双手）

手指游戏 3

老大睡着了，（两手心向上，拇指弯曲）
老二睡着了，（食指弯曲）
大个子睡着了，（中指弯曲）
你睡了，我睡了，（无名指、小指先后弯曲）
大家都睡了。（两拳向下翻转）
小不点醒了，（小指伸直）
老四醒了，（无名指伸直）
大个子醒了，（中指伸直）
你醒了，我醒了，（食指、拇指先后伸直）
大家都醒了。（两手相互拍）

手指游戏 4

两个大拇指，（两手成拳相对，大拇指伸直）
比比一样高，（两拳相合，大拇指并在一起）
相互点点点，（两手大拇指向前弯曲）
接着弯弯腰。（两手大拇指向前弯曲）
两个小拇指，（两拳打开，两手小拇指伸直）
一样都灵巧，（两手小拇指弯曲运动）
相互拉拉钩，（两手小拇指反复互钩）

点头问问好。(两拳竖起，两手小拇指相互弯曲运动)

食指，中指，无名指，(食指、中指、无名指各弹一下)

样样事情离不了。(两手食指、中指和无名指弯曲运动)

摊开双手数一数，(两手心向上，十指伸展)

一(左手大拇指弯曲)

二(左手食指弯曲)

三(右手中指弯曲)

四(左手无名指弯曲)

五(左手小拇指弯曲)

六(右手大拇指弯曲)

七(右手食指弯曲)

八(右手中指弯曲)

九(右手无名指弯曲)

十(右手小拇指弯曲)

都是我的好宝宝。(两手互拍)

手指游戏 5

小手拍拍，小手拍拍，(拍拍双手)

手指伸出来，(伸出食指)

眼睛(也可以换成其他任何事物)在哪里?(用一种夸张的语气问)

眼睛在这里，(指自己的眼睛)

用手指出来。(一边指着自己的眼睛一边用眼神鼓励孩子)

手指游戏 6

大拇哥，二拇弟，钟鼓楼，四兄弟，唱大戏，

小妞妞，(抓住孩子的小手，边点着他的手指边说)

爬呀爬呀爬上山。(食指从胳膊一步步点到肩膀)

耳朵听听，(捏捏耳朵)

眼睛看看，(点点眼睛)

鼻子闻闻，(点点鼻子)

嘴巴尝尝，(点点嘴巴)

咯吱一下!(停顿，突然把手伸到孩子脖颈处，咯吱一下，以后每次孩子都会惊喜地等着这一时刻)

手指游戏 7

爸爸瞧瞧，(左手从背后伸出，张开手指挥动)

妈妈看看，(右手从背后伸出，张开手指挥动)

宝宝的小手真好看!(双手一齐摇动)

爸爸瞧瞧，(闭合左手，往背后收)

妈妈看看，(闭合右手，往背后收)

宝宝的小手不见了!(双手都放在背后了)

爸爸妈妈快来看，

宝宝的小手出现了！（双手从背后再拿出来）

手指游戏8

手指上课，（两手五指相顶）

大门开了，（两手拇指分开）

小门开了，（两手小指分开）

二门开了，（两手食指分开）

后门开了，（两手无名指分开）

中门也开了，（两手中指分开）

小朋友都进来了！（两手十指交叉抱拳）

教室门开了，（两手拇指分开）

老师走进来了，（左手食指竖起）

全体起立，（交叉的十指全部伸展）

坐下！（两手交叉抱拳）

大家一起来做操，

一二一，（先伸展左手手指，再换右手手指，按口令左右手轮换伸展）

一二一！（先伸展右手手指，再换左手手指，按口令右手左手轮换伸展）

立定，解散！（立定时停止运动，双手成交叉状，解散时两手放开）

全体集合！

大拇指出列！（两拳相靠，大拇指竖起）

齐步走，一二一，一二一！立定，入列！（大拇指随口令向前弯曲，入列时拇指收回）

食指出列！（两手食指伸出）

齐步走，一二一，一二一！立定，入列！（食指随口令弯曲，入列时食指收回）

全体出列！

齐步走！一二一，一二一！（两手大拇指相顶，其他四指随口令弯曲）

跑步走！一二一，一二一！立定！解散！（手指加速做弯曲运动，立定时停止运动，解散口令时，两手分开）

手指游戏9

天上三只鸟在飞，（运动左手大拇指，中指，无名指）

地下三匹马在跑。（运动右手大拇指，中指，无名指）

上面树洞里睡了个小狗熊，（运动右手食指）

下面树洞里睡了个小松鼠。（运动左手小拇指）

两只小兔在一旁玩耍，（左手食指和右手小拇指互相敲）

时而向上敲，时而向下敲。（先用右手小拇指敲左手食指，再用左手食指敲右手小拇指）

常规六：擦嘴——不当“小花猫”

幼儿常常把口布或者纸巾放在嘴巴上，拉来拉去；或者放在嘴上吹着玩。因此，擦嘴

对于幼儿来说，更像个有趣的游戏。对于这件事，大多数幼儿都很喜欢，因为，他们可不想当“小花猫”，被“猫妈妈”带回家。

＊常规要求

1. 能够按照正确的方法擦嘴。
2. 擦嘴后，能将用过的口布或纸巾放回固定的地方。

＊问题及对策

1. 不会擦？——多提示

将擦嘴的步骤和方法编成小儿歌，在日常生活中多提示，帮助幼儿掌握正确的擦嘴方法，也可以将擦嘴变成折纸游戏。例如，“长方形手中拿，擦一次，变出一个正方形，擦两次，变出小的长方形”。

2. 擦不干净？——照镜子

有的幼儿常常忘记擦嘴，或者擦不干净，教师可以用环境提示幼儿。例如，在擦嘴的地方贴几面小镜子和一只“猫妈妈”的图片，设置“猫妈妈找宝宝”的情境。教师可顺势引导幼儿，“猫妈妈的宝宝不见啦，她来幼儿园找她的宝宝们，小朋友们可要把小嘴巴擦干净，千万别长出胡须来”。

3. 没有兴趣？——游戏口吻来引导

通过游戏化的口吻，使幼儿对擦嘴这件事感兴趣。如，“给自己戴个大口罩，大口罩变成小口罩”。

附：

儿歌

小小纸巾双手托，
对准嘴巴轻轻合，
变成一块方手绢，
擦擦折，擦擦折，
照照镜子看一看，
擦净嘴巴笑呵呵。

常规七：漱口——“咕噜咕噜”真有趣

许多幼儿刚入园时不会漱口，掌握不好接多少水，常常将水咽下去，或将水吐在镜子上。时间长了，又开始马马虎虎，不认真。怎样让幼儿对“咕噜咕噜”这件事感到有意思，注意保持口腔卫生呢？

＊常规要求

1. 能够接适量的漱口水，最少漱两次。
2. 漱口后，对准水池吐出水。

＊问题及对策

1. 不会漱？——多体验

幼儿掌握漱口这项本领并不容易，需要一个过程，要经过反复的体验才能够掌握。教师要向幼儿详细介绍漱口的过程，包括怎样拿水壶往杯子里倒水、倒多少水合适、怎样让水在嘴里“咕噜咕噜”、需要漱几次、怎样吐水等，并将漱口的方法编成儿歌，帮助幼儿巩固。

2. 太马虎？——亲自看一看

当幼儿出现马虎、不认真漱口的情况时，教师可以引导幼儿做个小实验，将漱完口的水储存在透明的玻璃瓶中，使幼儿亲眼看到水中的食物残渣，认识到不认真漱口对牙齿的危害。对小班幼儿，教师还可以用拟人化的口吻，引导幼儿当鱼宝宝，小鱼最喜欢吐泡泡的游戏，每回都要吐三次泡泡。

3. 吐到镜子上？——对准再发射

幼儿常常不小心将水吐到水池外面，有的幼儿把吐水这个动作当成游戏，结果吐得到处都是。教师可以利用幼儿喜欢游戏的特点，引导幼儿玩“滋水枪”的游戏，滋水枪一定要先对准水池中间的洞洞，然后再发射。

附：

儿歌 1

手拿小花杯，喝口清清水。
抬起头，闭上嘴。
咕噜咕噜咕噜咕噜，吐出水。

儿歌 2

饭后接杯清清水，
送到嘴里咕噜噜，
吐出饭菜小渣渣，
再把小嘴擦干净。

常规八：喝水——多喝水更健康

幼儿会因为不喜欢喝白开水、过于迷恋游戏、急于做某些事情、对充足的饮水量与身体健康的关系缺乏认识等原因，而造成饮水量不足。教师要根据各年龄班幼儿出现的不同问题，采取相应的方法加以引导。

＊常规要求

1. 知道正确拿水杯的方法，保持水杯的清洁。
2. 接适量的水，尽量避免将水洒在地上。
3. 人多的时候能主动排队接水。
4. 口渴了能够主动接水喝。

＊问题及对策

1. 不爱喝？——用游戏口吻来引导

许多幼儿刚入园时，都不喜欢白开水的味道，很长时间也喝不下几口水。教师可以拿

起自己的水杯和幼儿一起喝水，并和幼儿玩“干杯”游戏，鼓励幼儿和老师比一比“谁喝得多，喝得快”。或者对幼儿说，“这是谁喝水的声音？咕噜咕噜真好听，快让老师听听你喝水时的咕噜咕噜声。”还可以请幼儿当小汽车，玩“加油”游戏，哪辆小汽车加的油多，哪辆小汽车就跑得快。教师也可以扮演成“象妈妈”，看看谁是妈妈的好宝宝，吸水吸得最多。

2. 饮水量不够？——用环境来激励

幼儿常常想不起来主动接水喝，教师组织集体喝水时，有的幼儿也只接一点儿，教师不妨用环境来提醒、激励幼儿主动饮水。如，将幼儿的照片制成一朵朵可爱的花朵，准备许多“小水滴”，幼儿喝一杯水，就可以取下一个小水滴粘在自己的小花瓣上。既能激励幼儿，也便于教师掌握幼儿的饮水量。教师还可以引导幼儿讨论“喝水少会对身体造成哪些影响”，“出现哪种情况要多喝水（生病了、嗓子疼、出汗多、小便发黄、大便干燥等等）”，并根据讨论的内容制作成宣传画。

附：

儿歌

小水杯，手中拿，
咕咚咕咚喝水啦，
每天多喝白开水，
不爱生病笑哈哈。

（张燕华）

常规九：如厕——不要紧张哟

不同年龄班的幼儿如厕时会遇到不同的问题。初入园的幼儿往往因为紧张、不适应幼儿园的生活而尿裤子、拉裤子，而且不敢告诉老师。年龄稍大的幼儿则常常因为贪玩而憋尿或尿裤子，或者和同伴争抢便池等。这些问题往往不易被人察觉，需要教师敏锐观察，及时给予适宜的指导和帮助。

＊常规要求

1. 逐渐学会自理大、小便，避免将大、小便便到便池外。

2. 小班末期学习自己擦大便，中班开始能自己擦干净，并按规定取纸，不浪费纸张。

3. 便后记住冲水、洗手，并将衣服整理好。

4. 能用语言表述如厕时遇到的问题，大班幼儿在较长的集体活动前，能够主动如厕。

＊问题及对策

1. 不会擦？——家园配合共同培养

学会自己擦大便，需要一个反复实践的过程，幼儿才能够比较好地掌握这项本领。幼儿最初自己擦大便时，成人要用形象的语言教给幼儿具体的方法：从前向后擦，然后把纸包好再擦一次，将用过的纸扔掉，换一张纸再擦两次。幼儿自己擦完后，成人要帮助幼儿再擦一次，以免没擦干净让幼儿不舒服。

2. 忘记冲水了？——给冲水按钮加个小装饰

幼儿大、小便后就走，忘记冲水，既污染空气，又不利于形成良好习惯。教师可以将冲水按钮进行装饰，提醒幼儿便后冲水。如，在按钮上贴一只可爱的小猪，小猪的鼻子正对着按钮。或者贴个能发出声音的小玩具，有了它，幼儿一定不会忘记冲水了。

3. 不敢如厕？——提供必要的支持

小班幼儿初入园，有时会出现不敢、不喜欢在园如厕的情况，尤其是大便，一些中大班幼儿也会出现类似的情况。正是因为不敢，所以常有尿裤子、拉裤子的情况发生。教师可以在厕所的墙壁、挡板上贴一些鲜艳的装饰品、有趣的图片，使幼儿感到放松。有的幼儿不会或者不敢迈坑，教师要及时伸手扶一把，并告诉幼儿大便后主动叫老师。必要的时候，还要准备便盆，使幼儿逐渐适应蹲坑。教师还可以在挡板上安装小扶手，并在扶手上缠绕柔软、好看的布，使幼儿蹲坑时更加舒适。

4. 弄到外面了？——在合适的位置贴一对“小脚印”

幼儿经常会将大、小便不小心弄到便坑外面，此时幼儿会十分紧张，不敢在幼儿园如厕。教师可以在便坑旁贴上漂亮的小脚印，有了这对小脚印，幼儿就可以调整如厕时的位置，减少以上情况的发生。

5. 记不住？——做个记录表

大便是否正常能够反映出幼儿的身体状况，因此，家长十分关注这个问题。小班幼儿往往不能记住自己在园是否大便，教师可以做个大便记录表，这样，既能使家长一目了然，避免家长每日向教师询问；又能鼓励幼儿在园大便，减少憋大便情况的发生。教师还可以引导幼儿自己记录，这样就会对那些不敢在幼儿园大便的幼儿起到激励的作用。

6. 总是尿裤子、拉裤子？——保护自尊心，还要多关注

有的幼儿因生理或心理问题，总是尿裤子或者拉裤子，教师不要埋怨或批评幼儿，要注意保护幼儿的自尊心。同时，一定要多关注。户外活动、集体教育活动之前，教师要提

醒全班幼儿小便。对于常常因贪玩而尿裤子的幼儿，教师要多询问。有的幼儿尿了裤子不告诉教师，就需要教师多检查，引导幼儿了解“憋尿”对身体的影响，帮助幼儿逐渐养成自主如厕的良好习惯。

附：

儿歌 1

妈妈夸我本领大，拉完大便自己擦。
脏纸放进纸篓里，两手用力把裤提。
便后记住要冲水，最后把手洗干净。

儿歌 2

小花猫，喵喵叫，有尿贪玩不去尿。
小花猫，你别叫，贪玩憋尿可不好。
小花猫，眯眯笑，赶快跑到厕所尿。

常规十：午睡——做个甜美的梦吧

经过半天的活动之后，高质量的午睡能让幼儿疲劳的身体得到休息，精神得到放松，使幼儿精力充沛地迎接下午的活动。那么，怎样才能建立良好的午睡常规，提高幼儿的睡眠质量呢？

＊常规要求

1. 睡前上厕所，进入睡眠室后保持安静。

2. 逐渐学会自己脱衣服，并把衣物叠放整齐放在指定地方（上衣搭在椅背上、裤子放在椅子上、鞋放在椅子下面），上床前，将拖鞋摆放整齐。

3. 睡姿正确：侧卧式或仰卧，不俯卧或蒙头睡，不玩东西，不吮手指。

4. 安静起床，迅速穿好衣服和鞋袜，将拖鞋放回鞋架，找老师检查衣服。

5. 能够逐渐独立入睡，不影响他人。

＊问题及对策

1. 需要老师陪？——逐渐过渡

对于需要教师陪伴入睡的幼儿，教师可以先满足其要求，然后逐渐过渡。如，从坐在床边陪伴，过渡到远距离的陪伴；从长时间陪伴过渡到短时间的陪伴。对于依恋家长不能入睡的幼儿，教师可以让幼儿带一张家长的照片，让幼儿心理得到安慰。一些分离焦虑严重的幼儿，教师要与家长协商，让幼儿午饭后回家睡觉，从半日逐渐过渡到全天。

2. 带着玩具睡？——给玩具找个家

有的幼儿刚入园时，有抱着玩具睡觉的习惯，教师不要强求，待幼儿逐渐适应幼儿园生活后，可以请幼儿为自己的玩具找个家，让它一样睡午觉。或者放在幼儿能看到的地方，让玩具看着自己入睡。

3. 不会叠衣服？——用儿歌引导幼儿学习

教师可以将叠各种衣服的方法编成生动形象的儿歌，引导幼儿学习叠衣服的方法。如，“小衣服，躺平了，两扇大门要关好，左臂弯一弯，右臂弯一弯”。儿歌说完了，自己的小衣服也叠好了。

4. 衣服乱放，睡觉有声音？——游戏化的语言来引导

教师可以通过游戏化的语言，引导幼儿脱完衣服后整整齐齐地放好。如，“把小鞋脱掉，倒车倒到小椅子停车场里”，“把上衣给小椅子背穿上，小裤子给小椅子当被子盖”，“小鞋要回家睡觉了，衣服也要睡觉了”。

幼儿睡觉时常常和旁边的小朋友窃窃私语或者自言自语，教师可以引导幼儿说，“睡觉了，关门了（不说话）”，“猫妈妈在找宝宝呢，快别出声了”。

5. 原有习惯不好改？——转移注意力

对于有不良睡眠习惯的幼儿，可以用转移幼儿注意力的方法来进行。如，有的幼儿有睡觉咬手指的习惯，老师可以握住幼儿的手陪幼儿入睡。或者引导幼儿说，“睡觉啦，锁门啦（小手合起来），把锁放在枕头下”。对于趴着睡、吃被角的幼儿，教师可以说，“小脸和枕头是好朋友（侧身睡），两只小手是好朋友（握一起），和你的小手捉迷藏（藏被子里）”。有的幼儿精力旺盛，教师不要强求幼儿必须入睡，否则会让幼儿产生心理负担，可以对幼儿说，“睡不着没关系，闭上眼睛，躺好了休息一会儿”。

附：

儿歌 1

小花被，整理好，乖宝宝，要睡觉，
上床之前要排尿，这样才能睡得好。

儿歌 2

咪 咪 睡 着 了

咪咪睡觉静悄悄，
不说话来不吵闹。
我学咪咪来睡觉，
老师夸我是好宝宝。

儿歌 3

小风轻轻跳，小鸟低低叫，
小狗慢慢跑，小猫偷偷笑，
小屋静悄悄，小宝睡觉觉。

儿歌 4

吃过午饭漱嘴巴，
我要开始午睡啦。
脱掉外衣盖好被，
爸爸妈妈都不陪，
闭上眼睛自己睡。

儿歌5

套头衫，我会穿，
分清前后仔细看。
双手握住衣后片，
前片紧贴我胸前。
伸头钻过小山洞，
像飞机钻云天。
翅膀，快张开，
真像小小飞行员。
拉拉衣服整整袖，
对着镜子仔细看。
前后左右都整好，
看我会穿套头衫！

儿歌6

先把外衣撩起来，秋衣抻平塞进去。
拇指插进秋裤里，双手拽住往上提。
前前后后都提好，看我不露小肚皮。

（佚　名）

儿歌7

一件衣服四个洞，宝宝钻进大洞洞，
脑袋钻进中洞洞，小手伸出小洞洞。

（吴　瑸）

儿歌8

抓领子，盖房子，小老鼠，
出洞洞，吱溜吱溜上房子。

（张丽春）

儿歌9

两只小鞋，一对朋友。
穿错生气，撅嘴歪头。
穿对微笑，点头拉手。

儿歌10

穿裤子，要记牢，
分清前后很重要。
裤前开口有裤兜，
小熊小花对我笑。
双手拎起小裤腰，
呜——
脚丫火车钻洞了。

钻出山洞快站好，
拽住裤子提到腰。
抚平裤腿看一看，
嘿！前后左右都整好，
我的裤子穿好了！

儿歌 11

穿上衣，不算难，
手握衣领里儿向前。
扬起胳膊向后甩，
衣服一下披在肩。
双手伸进“小胡同”，
对齐衣襟把门关。
系好扣子门关严。
伸平衣服理好袖，
自己的衣服自己穿。

儿歌 12

衣服放平排整齐，先将袖子抱一起，
再把腰儿弯一弯，小小衣服叠整齐。
两条裤腿并一起，裤腰裤腿对整齐，
再向中间折一折，小小裤子叠整齐。

（丁丽萍）

儿歌 13

衣服宝宝要睡觉，
对齐门襟门关好。
两手放胸前，
像把娃娃抱。
弯腰看一看，
衣服叠好了。

儿歌 14

叠裤子，很简单，
展平裤子在前面。
裤腿兄弟心贴心，
裤腰裤脚面对面，
叠平裤子摆整齐。
妈妈夸我真能干！

儿歌 15

一双鞋，好兄弟，
头靠头，并一起。

左边哥哥右边弟，
和我一起做游戏。
咦？这双鞋，有问题，
扭着头，不理你。
穿在脚上好别扭，
噢，哥哥弟弟在生气。
一双鞋，是兄弟，
谁左谁右要牢记。
哥哥弟弟头靠头，
一二一二真神气！

儿歌 16

小扣子钻山洞喽！
钻过一个山洞，
钻过两个山洞，
……
哈哈！钻过了五个小山洞。

常规十一：坐姿——谁的样子最精神

正确的坐姿能反映出幼儿良好的精神面貌，有利于幼儿集中注意力，形成良好的学习习惯。而幼儿天性活泼好动，怎样才能够使他们形成良好的坐姿呢？

＊常规要求

1. 养成良好的坐姿：双脚自然并拢平放，双手自然摆放，后背靠在椅背上，眼睛看老师。

2. 能够注意安静地倾听教师及同伴说话，不随意打断别人。

＊问题及对策

1. 小自由？——玩中学好样

幼儿刚入园，不习惯坐在小椅子上，喜欢自由地走来走去。教师可以用一些小游戏逐渐引导幼儿坐在小椅子上听老师讲话。如，幼儿当葡萄籽，小椅子当花盆。教师为小葡萄籽浇水，比一比哪盆小葡萄长得最好。教师只为种得好、长得直的葡萄籽浇水。教师走到坐好的幼儿旁边亲昵地拍一拍他们的肩膀，摸一摸他们的耳朵。被摸到的幼儿都美滋滋的，没被摸到的幼儿也会马上坐好了。教师可以继续说，“浇过水的葡萄籽发芽了，长出了藤，结出了两个又圆又大的紫葡萄，快让老师看一看，谁的紫葡萄又圆又亮。”另外，教师也可以说，“两只小脚是朋友，两只小手是朋友，后背和椅背是好朋友”，引导幼儿逐步形成良好的坐姿。教师还可以和幼儿玩“关门”游戏，教师和幼儿一起说“关大门（小脚并齐），关小门（小嘴巴安静），咔嚓！上大锁（小手合好放腿上）”。然后，教师边检查边说：“让我看看，谁家的大锁最结实。”教师假装使劲拉拉幼儿的手，说：“真结实，打不开呀。”

2. 姿势不正确？——多提醒，多鼓励

发现幼儿坐姿不正确时，教师要多提醒，多鼓励。如，“让我看看谁像小学生”，“谁是老师眼睛里最精神的孩子”，“照相机里谁的样子最好看”，“谁的窗户（眼睛）最明亮”等等。

附：

儿歌

学　好　样

走路要学小花猫，脚步轻轻静悄悄。
不要像那小螃蟹，横冲直撞真糟糕。
坐着要学小白鹅，挺起胸膛精神好。
不要像那大龙虾，驼着背儿弯着腰。

常规十二：上下楼梯——小心别摔倒

上、下楼梯是幼儿在园生活中非常容易发生危险的环节。幼儿常常一步迈两、三个台阶，或者在楼梯上爬着走，有时候还连跑带跳，边走边聊。而教师常常只能关注到队首和队尾，看不到中间。那么如何才能培养良好的上、下楼常规，保证幼儿的安全呢?

＊常规要求

1. 能按照预定的规则上下楼梯，如，左上右下。
2. 注意力集中，保持安静，一个跟着一个走。
3. 上下楼梯逐级走，不跑、不跳、不推、不挤。

＊问题及对策

1. 动作不灵活？——抓住金箍棒

幼儿园一般都将小班安排在一楼，但幼儿动作不灵活，即使数量有限的几级台阶也容易发生危险，有的幼儿胆子小不敢上楼梯。教师可以引导幼儿将上、下楼变成一个好玩的游戏。如，“小朋友都当孙悟空，抓住金箍棒（扶手）”。既激发幼儿敢于尝试的愿望，又提供了必要的支持。另外，组织小班幼儿上、下楼时，速度要慢一些，边走边用儿歌或语言提醒幼儿注意安全。如，“小手抓住扶手，眼睛看清台阶，嘴巴保持安静，一个跟着一个走”。

2. 不会一个跟着一个走？——变成小火车

幼儿有时会在楼道里你追我赶，有时会故意停下来不走，教师可以用游戏的口吻来引导幼儿一个跟着一个走，不掉队。如，“我们是一列小火车，每节车厢都要跟紧前面的车厢，千万别让咱们的小火车坏了”。或者在每节楼梯上贴上漂亮的脚印或数字，引导幼儿边数边走，上楼是正数，下楼是倒数。

3.“小淘气”和“小不点儿”？——多关注照顾

有的幼儿好动，自律能力又比较差，常常出现危险的状况，或者年龄偏小，容易摔跟头，需要教师给予更多的关注。如，让这样的孩子排在队首或队尾。

4. 没有老师看着我？——多请几个负责人

中、大班的幼儿人数往往比较多，楼层相对比较高，教师可以通过群体讨论的办法，制定班级的上、下楼常规，培养幼儿的自我保护意识。如，让幼儿讨论“怎样上、下楼才安全”、“楼道里可能发生的危险”等。对于中间照看不到的幼儿，教师可以请几位小负责人排在队伍的不同位置，让每位负责人负责照看几名幼儿。

附：

小朋友，下楼梯，一个一个别着急，
你不推，我不挤，开开心心做游戏。
小朋友，上楼梯，一个一个别着急，
你不推，我不挤，高高兴兴回班里。

常规十三：排队——从小学会有秩序

排队是幼儿园一日生活中必不可少的环节。既能保证幼儿有序地活动，又能培养幼儿的规则意识。幼儿从不会排队到快速地排好队，从“九曲十八弯”到直得像条线，需要教师采取多种方法逐渐培养。

＊常规要求

1. 听到排队信号后，能以较快的速度安静地站成一队或几队。
2. 能调整自己的位置，逐渐将队排直。
3. 排好队以后不来回换位置。

＊问题及对策

1. 不会排？——找标记

幼儿初学排队时，受生活经验及空间方位感发展的限制，很难排成一排，常常需要教师帮助幼儿一个一个地排。教师可以在班级排队的地面上贴一些标志，给幼儿一定的支持。如，在地面上贴一条直线，引导幼儿用两只小脚紧紧地夹住中间的直线，队就排直了。还可以将直线当成飞机跑道，幼儿当飞机，站在跑道上，双臂打开。教师和幼儿一起说，“大飞机，伸翅膀”。

2. 排不直？——串糖葫芦

如果排队时，队总是不直，教师可以和幼儿一起说儿歌：“糖葫芦，细又长，一串一串真漂亮，哪串排得最好看，妈妈先去尝一尝。”说完儿歌后，哪位幼儿站好了，教师可以摸一摸他的头，假装舔一舔，说：“这串葫芦宝宝可真好，串的又直味又甜。”被表扬的孩子会站得更直了，没有站好的孩子也会赶快站好。教师还可以用拟人化的口吻，引导幼儿自己检查是否排好。如，“眼睛亮晶晶，像个黑葡萄，快把葡萄藏起来”。除了用语言，教师可以伸出一条胳膊，用动作提示幼儿站在直线上。

3. 晃来晃去？——扮演角色

有时候，幼儿晃来晃去，排好的队一会儿就乱了。教师不妨请幼儿扮演个角色，如，幼儿当“大钉子”，教师说，“我是一颗钉”，幼儿回答，“站得直又正”。还可以当“大雪

松”、“木头人”等等。

4. 等着没事做？——玩个手指游戏

如果排队时幼儿有先有后，教师可以组织先来排队的幼儿玩个手指游戏，减少消极等待。

附：

儿歌

1 2 3 4 5 6 7，7 6 5 4 3 2 1。
小朋友们动作快，大家一起来站队。
先稍息、再立正，半臂间隔来看齐。
我们大家准备好，看看哪队先站齐！

游戏

我的火车马上就要开

教师和幼儿一起说：嗨嗨！我的火车就要开，谁来坐？幼儿回答：我来坐。教师请幼儿逐一上车，后面的幼儿轻轻地拉着前面幼儿的衣服。可以分别组成几辆火车，也可以组成一辆火车。人到齐后，教师和幼儿一起模仿火车的声音发动起来，逐渐引导幼儿松开手一个跟着一个走。

常规十四：离园——快乐的一天结束了

离园环节的时间很短暂，工作却十分繁杂。教师要组织离园前的活动，提醒幼儿收拾自己的物品，同时要向家长反馈幼儿在园情况，进行交流和沟通。一天的幼儿园生活即将结束，幼儿往往会异常兴奋，这使教师的组织工作变得比较难做，怎样让一天的生活在快乐而有序中结束呢？

＊常规要求

1. 能够将自己的物品整理好。

2. 离园前，能自主地选择便于收放的玩具进行相应的活动，离园时能将玩具放回原处。

3. 教师叫到自己名字时，主动向家长问好，与教师、同伴告别。

4. 遵守幼儿园的规定，按时离园。

＊问题及对策

1. 消极等待？——自选易收的玩具

晚饭后，教师可以根据不同年龄班幼儿的特点，开展一些有趣的离园活动，减少消极等待，使离园有序而有益。如，可以组织幼儿玩集体游戏，安排中、大班幼儿在值日生的带领下玩手指游戏，讲故事等，也可以玩一些易于收放的玩具，观看适宜的动画片等。

2. 忘记收玩具？——把玩具送回家

幼儿听到家长来接，常常会高兴地跑出班去，忘记将手中的玩具放回原处。教师可以用游戏的口吻引导幼儿，如，“小朋友要回家了，玩具送回家了吗”。在日常生活中，教师

还可以带领幼儿学习一些收玩具的儿歌，帮助幼儿养成良好的习惯。

3. 衣服不整齐？——逐渐培养

对于小班幼儿，教师可以引导幼儿说：“小朋友要回家了，快把衣服整理好，让爸爸妈妈看看谁最漂亮。”教师要逐一检查，帮助幼儿整理好衣服。对于中大班幼儿，教师可以用语言提醒，重点检查没有形成整理习惯的幼儿，或者由值日生进行检查。

4. 自己跑出去？——和幼儿有个约定

有的幼儿看到别的家长来接孩子，就自己跑出班，或者看见自己的家人，还没等老师叫名字就冲出去。因此，教师要和幼儿约定好，只有听老师叫到自己的名字，和老师告别后才能离园，这样可避免因交接不清引发的一系列问题。教师还可以编一些小故事，如《妈妈哪儿去了》等，对幼儿进行离园的安全教育。对于个别幼儿，教师要多关注，或请配班教师专门照看。

5. 不愿意走？——明天再玩儿

有的幼儿看到自己的爸爸妈妈来了，却一点儿也不着急走，对手中的玩具恋恋不舍。教师可以提醒幼儿：“玩具就放在咱们班，明天还能玩。”也有一些幼儿不愿意走，是因为自己的好朋友还没接，想和好朋友一起走，教师可以提出建议：“你到院子里一边玩一边等你的好朋友吧，他马上就会去找你了。”

6. “我的孩子怎么样”？——制作“一日生活统计表”

幼儿初入园，不仅仅孩子会产生分离焦虑，家长也是如此。所以，家长特别希望教师能够向他们一一反馈幼儿各方面的情况。可班上这么多幼儿，家长同时来接，教师不可能满足每个人的需求。所以，教师可以设计一个“一日生活统计表”，记录内容不必过长，几个字或一两句话就可以。这样既能避免家长询问时说不清或遗忘，也能帮助家长了解幼儿在园的基本情况，打消顾虑，并能有针对性地配合教师的工作。如果遇到有的家长想跟教师进行比较详细的沟通，或者教师要向家长反馈幼儿某方面的问题，时间比较长，教师可以请家长先带幼儿到外面玩一会儿，等班里的幼儿差不多接完了再进行沟通，避免没接的幼儿因无人照看而出问题。

美国华盛顿儿童博物馆的墙上写有一句格言：我听到的会忘记，我看到的能记住，我做过的才能真正明白。以上一些常规培养的窍门只是起到抛砖引玉的作用，只有亲身尝试才能发现其中的奥秘。希望教师们能在此基础上不断探索，寻找更加有效的方法。

第四章

教学有方——追本溯源

“一日生活皆教育”，不过，教师有计划、有目的地组织集体教育活动仍然是幼儿园教育非常重要的内容之一。一名优秀教师必然是一名教学有方的教师，只有追本溯源，了解幼儿、了解学科特点、了解教育规律，不断积累，灵活运用，才能锦上添花。

（一）如何备课

备课是一个准备的过程，它是提高教学效率的前提，也是教师每天都要进行的一项重要的工作。准备得越充分，驾驭起来就越轻松。年轻教师常为每天准备什么活动而发愁，希望自己准备的活动得到幼儿的喜爱，却又不愿意花费太多精力在准备工作上。说起备课，新教师的想法是：

- “备课”是“背课”吗？是不是把要讲的内容、准备提出的问题全都背下来？
- 备课是不是找一篇好的教案，按教案去准备材料，熟悉一下活动过程就行了？
- 备课关键就是要想清楚自己该怎么教，至于孩子怎么学就考虑不了那么多了。
- 备课就是问问有经验的教师自己上什么内容，大概步骤是什么。
- 观摩活动时，备课一定得认真，尽量想得全面周到，千万不能出现疏漏。至于平时备课，差不多就行了吧。
- 备课时多想想集体教育活动怎么上就行了，其他活动，如区域游戏活动、生活活动和户外活动等，就不用想那么细了。
- 备课的时间常被教研活动、外出培训等事务打乱，真让人怀疑备课的重要性。

1. 什么是备课

备课是教师在活动前的计划和准备，是教师依据教育目标、幼儿年龄特点和各学科特点，选择合适的教学方式，设计和优化教学方案，保证幼儿有效学习的一系列准备工作。它是上好一个活动的前提条件，要想活动“出彩”，备课是很重要的一环。

幼儿园的“课”是指一个个生动有趣的活动。不仅包括教学活动，也包括生活活动、游戏活动和户外体育活动。它与中小学的课有着本质的不同。因为幼儿园没有统一的教学大纲、教材和教法，幼儿的兴趣、爱好和已有经验也各不相同，开展活动时不可预知的因素更多，所以相对来说，幼儿园备课的难度更大。

备课时要精心设计，周密思考。思考越深入、具体，活动成功的几率也就越大。特别是对新教师而言，备课越充分，底气越充足。活动成功更会使自己信心大增，充分体验到自我价值感和对职业的认同感。

2. 备课时的常见问题

新教师在备课时往往容易出现这样一些问题。

（1）过于在活动形式上下工夫

如，在一个活动中采用猜谜语、玩游戏、唱歌、跳舞等很多种形式。每种形式都只是走走过场，蜻蜓点水、一过了之，导致形式大于内容、喧宾夺主，达不到真正的教育目的。

（2）过于在活动材料上下工夫

如，为了吸引幼儿兴趣，准备很多道具，致使孩子的注意力仅仅停留在对材料的操作摆弄上，或准备的材料虽多，却没有层次性，幼儿探索空间不够。

(3) 过于在我“怎样教”上下工夫

如，设计活动“想当然”，将每个程序都想得很周全，但忽视儿童会有哪些需求，对活动程序中幼儿会有哪些反应思考不够，对幼儿年龄特点把握不好。

3. 备什么

幼儿园教师备课的内容包括备活动目标、活动选材、活动中幼儿、过程与方法等。

(1) 备活动目标

目标制定是否适宜，对活动成败起着决定性作用。目标是活动要达到的结果。制定目标时，要依据《幼儿园教育指导纲要》中的精神，将各领域发展目标和本班幼儿的实际有机结合，将知识与技能、过程与方法、情感态度价值观有机结合。在目标表述上尽量用可以观察到的幼儿行为来体现，要设计知识、能力和情感等方面具体且针对性强的目标。目标以 2～3 条为宜，目标切忌过空、过大、过难，一定要和活动紧密结合。要注意的是，目标虽是行动的指南，但也可以随着活动的开展进行适当的调整。

(2) 备活动选材

一般而言，如果选材适宜活动就成功了一半。选材内容应贴近幼儿的生活，符合幼儿年龄特点，是幼儿易于接受和理解的内容，且具有“适度新颖性”的特点。

教师要钻研活动选材，明确选材内容的目标和要求，将内容吃透，包括对重点、难点问题的分析和突破方法的思考。另外，还要深入挖掘选材的教育功能，充分发挥选材的教育价值。

(3) 备活动中的幼儿

青年教师备课往往重视“我怎样教”，在教具学具上下很大工夫，却忽略对教育对象的认知规律、年龄特点和需求的考虑。教师要时刻铭记：幼儿是活动的主人。备幼儿来源于对幼儿的观察，要把握幼儿的特点。教师要尝试站在幼儿的角度思考问题，包括：幼儿喜欢怎样的学习方式；幼儿的已有经验有哪些；这样的提问是否合适，幼儿是否能理解；教具何时出现能吸引幼儿兴趣，怎样摆放更便于幼儿活动；如何把握同一班级幼儿的不同层次和能力，如何进行个别指导等。

(4) 备过程与方法

备过程与方法解决的是“怎样教”的问题，这最能体现教师的功底。包括怎样导入活动、引发兴趣；怎样组织过程、突破难点；怎样联系经验、鼓励创新；怎样随机调整、灵活互动等过程。好的活动不是老师教会幼儿什么，而是幼儿主动发现了什么，获得了哪些有益于身心发展的经验，因此引导的方法很重要。“心中有目标、眼中有孩子”是有效引导幼儿获得经验的一把金钥匙。

总之，备课时要精心准备、精益求精。精心准备体现在活动设计上，对方案的每一个环节都认真细致地思考，作好方案准备、物质准备、知识准备和应变的准备。精益求精就是要仔细地推敲每一个细节，包括问题设计的适宜性、幼儿反应的多样性，回应问题的多变性等等。

(二) 如何说课

说课是教学研究的一个新领域，是进行教学交流与研讨的新形式。说课是教师表达思路的重要途径之一。新教师因为担心说课时自己表达不清楚，常把想到的所有细节全说出来，希望能让看课人充分了解自己的意图和思路。但往往事与愿违，越说越多，越想说清楚越说不清楚。针对说课，新教师的想法是：

- 自己说了老半天，可别人好像并不是很关注我说了什么。
- 组织活动就已经很紧张了，活动结束了还要说，真是为难。
- 说课就是念教案吗？
- 说课时老是紧张，讲话语无伦次，本来很流利的一句话，也可能说得结结巴巴，真不知道怎么办。
- 说课时最怕被别人打断，一打断就找不到头绪了。
- 总是准备不充分，别人一问问题就目瞪口呆。

1. 什么是说课

说课是教研活动的一种形式，是在备课的基础上，向同行或教研人员阐述自己对活动思路、活动目标、活动过程中重点难点的突破和活动延伸的思考的过程。如果是活动后的说课，还要说一说自己对活动过程与效果的反思。

通过说课，能使作课者活动准备更充分，活动思路更明确，反思问题更深入，帮助教师不断积累教学经验；也能使观摩者更加明确作课者的意图，了解教师教什么、怎样教、为什么这样教的来龙去脉。

2. 说课时的常见问题

新教师在说课时往往容易出现以下一些问题。

(1)“念”多“说”少

新教师在说课过程中，最常见的就是完全照着事先准备好的教案念，从活动名称到活动目标，再到活动准备、活动过程，说课成了念教案。

(2) 重点不突出

从头到尾，把活动的每一个细小环节全部细说一遍，说课者口干舌燥，听课者听觉疲劳。造成这种现象的一个主要原因是，说课者本身对自己的活动要说什么心里“没数”，对活动本身的重点难点也没有深入思考。

(3) 准备不充分

对于新教师来说，说课本身就有一定的挑战性，如果准备再不充分，就会出现答非所问、语无伦次的现象。为避免这种情况发生，一定要做足功课，不但要将活动的来龙去脉分析得一清二楚，还要对别人有可能提出的种种疑问考虑周全。

3. 说什么

说课主要包括说活动名称，说活动来源，说活动目标，说发展的线索，说活动后的反思等。

(1) 说名称内容

要表述清楚该活动是哪个年龄班、哪个领域的。幼儿园活动的综合性很强，如果教师不说明是哪个领域的内容，很容易造成误解。如“小兔子采蘑菇”，如果不表明领域，就可以理解它是体育活动，或者是美术活动、音乐活动、语言活动等。

(2) 说活动来源

说来源能使观摩的老师明了作课者为什么组织这样的活动，了解活动背后的原因。活动可以来源于幼儿兴趣，或者是偶发事件、主题活动、文学作品等等。教师在表述活动来源时还应对幼儿的已有经验作简单介绍，如之前做过哪些相关活动等。

(3) 说活动目标

目标是活动的出发点和归宿。要表明在设计活动时是如何依据教学内容和领域目标来确定该活动的具体目标的，又是如何定位知识、能力和情感三方面目标的。

(4) 说发展的线索

说线索时要重点表述教师开展活动的想法，包括重点难点怎样突破，要运用什么方法，后期还会有哪些延伸活动等。

(5) 说活动后反思

说反思是教师活动后经验的总结，能体现教师发现问题、解决问题的能力，也是检验教师能否发现活动的亮点和问题，提出改进措施的一种教研手段。它还可以与观摩者的评议和研讨、教研人员或专家的总结提升相结合，具体问题具体分析，有利于拓宽思路，丰富相关经验，更好地达到互相促进，共同提高的目的。

总之，说课时要条理清晰、层次分明、语言准确、富有感染力，同时还要对所述内容有独特的见解。一次好的说课，能够凸显教师的教育理念，诠释教师的教学思想，体现教师的教学能力，展示教师语言表达能力等才华，也能够让听的人有所回味，有所收获。

(三) 如何看课

看课是新教师积累教学经验最直接的途径，也是新教师最喜欢参加的活动。它能使新教师在轻松、自然的状态下，学到很多好的经验和教学方法，观察了解到不同年龄阶段幼儿的学习特点。针对看课，新教师的想法是：

- 看课的感觉真好，没有压力。看着上活动的老师那么紧张，总会庆幸站在那儿的幸好不是自己。
- 看课时特别关注人家新颖的活动形式和教具，偶尔听听其他老师对活动的评价，自己却没有什么想法。
- 觉得自己也就是个旁观者，不管活动上得怎样，都和自己没多大关系，较少能和自己的实践工作建立联系。
- 有时自己看活动觉得好的地方，别人却觉得是问题。

1. 什么是看课

看课是教师凭借眼、耳、手等自身感官及辅助工具（记录本、笔、录音录像设备等），亲身体验活动过程，获取相关资料和经验的过程。这是一种从感性到理性的学习、评价和研究的方法，也是教师最直接、最有效、最便捷的一种学习方式。

2. 看课时的常见问题

新教师在看课时往往容易出现以下一些问题。

（1）只看表面

看课时看什么、怎样看是新教师较难把握的问题。一些老师看活动时喜欢拿着相机啪啪乱照，照环境、照材料、照好看可爱的孩子，却忽略对教师引导过程和与师幼互动过程的关注，有的老师甚至从始至终只是用眼睛看，而不做任何记录。这样的看课对教师帮助并不显著。

（2）没有重点

有的老师看活动时没有重点，不会选择。比如，同时有几个活动，不会选择就几个活动室来回跑，来回看；或者观摩园半日开放时，常常是走马观花乱看一气，或者从头到尾都在一个班看，失去了观摩其它班级的机会。

（3）缺少思考

生动有趣的活动、新颖的教具、丰富的操作材料，常常让老师们目不暇接。尽管专注而认真，但却缺少了最重要两个字——思考。只看不思，看的效果会大打折扣。只有边看边思，才能事半而功倍。

3. 看什么

看课主要包括看活动内容、活动形式、活动材料、活动设计、教师引导、幼儿表现、师幼互动、活动效果等几个方面。

（1）看活动内容

看活动属于哪个领域的教育内容，是否符合幼儿的兴趣需要，活动主题来源于教师还是幼儿，是否适合幼儿的发展需要，是否能为幼儿提供有益的经验等。

（2）看活动形式

看活动的组织形式是集体还是小组，是师幼共同游戏，还是通过设置问题情境开展集体讨论等。

（3）看活动材料

看活动中教师所用的教具以及幼儿的操作材料是否有利于完成教育目标，是否有利于帮助幼儿突破难点，能否能为幼儿提供较大的探索空间等。

（4）看活动设计

看活动设计是否新颖巧妙，是否具有挑战性，是否能让幼儿有自主表现表达的空间，活动层次是否清晰合理，重点难点是否突出等。

（5）看教师引导

看教师是否在关注集体的同时，又能对不同层次的幼儿进行个性化引导，看教师的提问设计是否符合幼儿年龄特点，难点突破时是否有相应的对策，是否给幼儿提供了较大的思考和操作的空间，是否能灵活回应幼儿的不同表现，是否能帮助幼儿提升经验、引导幼儿发展等。

（6）看幼儿表现

看幼儿对活动是否感兴趣，在活动过程中是否积极主动，是否能专注于活动内容，幼儿的情感态度、能力知识等各方面是否能在原有的基础上有所提升等。

（7）看师幼互动

看师幼关系是否和谐融洽，教师与幼儿互动是否高质有效，教师在引导过程中是否尊

重幼儿的主体作用，教师能否敏锐发现活动中的问题，适时回应与指导，帮助幼儿整理提升经验等。

(8) 看活动效果

看活动是否完成既定目标，完成的效果如何，看活动中的闪光点及存在的问题有哪些等。

总之，了解看什么，还要知道怎么看，而怎么看的问题则因人而异。因为每个人看问题的角度是不同的，正是这种异质思维，才能够取长补短，互相学习。但要记住的是，教师一定要抱着认真的态度去学习，认真听、认真看、认真记录、认真思考。边看边思考教师为什么这样处理选材，有哪些利弊，如果自己来上活动会有什么更巧妙的方法，为什么这种导入的方法很有效，哪个问题还不明确等。

(四) 如何评课

新教师和其他老师在一起评课时，都会有忐忑不安的感觉。脑子里使劲回忆刚才那个活动的点点滴滴，想串成一条线，却怎么也连不起来。不知道该评什么。说优点？能说到点上吗？说不足？老师会不会不爱听？最后还是选择沉默吧。针对评课，新教师的想法是：

- 最怕点名叫我发言，真不知道说什么。
- 有自己的想法，但不知道怎么说条理更清楚。
- 总怕自己说的得不到别人的认同，怕说不到点上。
- 愿意说活动中的优点，说问题时却有顾虑，担心别人不爱听。

1. 什么是评课

评课是在活动后表达自己对于活动的思考，是一种诊断研究。它包括对构成活动过程的各种要素（教师、幼儿、环境、材料、内容、方法）及活动效果进行的分析和评价。通过评课可以提升教师的专业化水平，提高教育教学质量，优化活动过程，最终促进幼儿发展。

2. 新教师评课时常出现的问题

新教师在评课时往往容易出现以下一些问题。

(1) 就事论事，过于表面

评课时，新教师往往根据自己在活动中看到的一些现象进行评议，对各种现象背后的原因分析不够。例如，遇到活动中幼儿“纪律”不太好时，就认为是班级常规的问题；活动中幼儿表现不积极，就认为是教师的情绪不够饱满等等。评课时，教师要找准说“点”后，再讲究说“法”，层次清楚，有概括性，还要有理有据，有说服力。

(2) 关注细节，忽略整体

评课时，一些老师容易抓住活动中的细节不放，忽略对活动的整体把握。

(3) 过于全面，没有重点

有的新教师评课时面面俱到，反而让听者不知所云。教师要找准切入点，讲述详略得当，突出主要内容，如亮点、盲点、疑点问题等。

(4) 思虑过重，左右为难

有的新教师在评课时喜欢“一针见血”，直接指向问题，忽略做活动的老师的感受。而有些教师又喜欢一味关注做活动的老师的感受，不敢说出自己的想法。这两种情况都是不可取的，使评课失去了原有的意义。

(5) 抛出问题，没有建议

一些新教师能够发现活动中存在的问题，但对问题缺乏进一步思考，不能提出自己的建议和对策。其实，无论评述成功与失败、亮点和问题时都应注重讲清“为什么”，即哪些是成功的，为什么成功，哪些是问题，为什么是问题，是什么性质的问题，并应进一步提出积极有效的建议，包括可以怎么做，为什么要这样做等。

3. 评什么

评课可以围绕目标针对性、互动有效性、材料适宜性和活动有效性几方面进行。

(1) 目标针对性

检验目标是否根据幼儿实际水平和具体活动内容制定，活动是否完成目标。

(2) 互动有效性

检验师幼互动的质量如何，教师引导是否思路清晰、表达明确，能关注幼儿，并积极回应。幼儿是否对活动感兴趣，是否是活动的主人，是否积极参与、主动探究，能在体验中获得经验。

(3) 材料适宜性

材料能否为内容服务，是否适宜适度，具有可操作性、层次性和探究性。

(4) 活动有效性

教师引导策略是否得当，重点突出，体现出发展线索，活动方法手段是否为实现目标服务，选材内容是否发挥教育的最大功能，幼儿是否思维活跃，在活动中获得了多方面有益于身心发展的经验。

另外，评课也可以从活动中的人、事、物三方面进行评价。人包括教师、幼儿和家长，事主要指活动过程，物指活动材料和环境。

(1) 对人的评价

具体来说，评价教师可以看教师在教育活动中主导作用的发挥，包括活动层次、提问设计、组织语言、随机教育几方面的内容。评价幼儿，可以看幼儿参与活动的兴趣、专注程度、能力表现如何，与教师和同伴间的互动怎样，能否从中得到经验或掌握技巧。如有家长参加的活动，则可以看家长是否了解教师的教育意图，能否在活动中配合教师完成目标，教师是否对家长的教育观念和行为给予有效指导。

(2) 对事的评价

包括活动的形式是否新颖，环节过渡是否自然，关键事件处理是否得当，重点难点引导是否巧妙有方，教师是否能关注幼儿的体验，帮助幼儿梳理提升经验等。

(3) 对物的评价

整体氛围是否宽松和谐，师幼关系是否融洽，材料是否层次丰富，有探索的空间等。

总之，评课时要以“欣赏他人、提升自己”为宗旨，尽可能多地发现作课者的优点，“写尽八缸水，博取百家长”。多学习他人，欣赏他人，从而成就自己，提升自己。

附：各领域优秀案例分享

- □ 艺术领域
- □ 健康领域
- □ 科学领域
- □ 社会领域
- □ 语言领域

艺 术 领 域

案 例 一

活动名称

小班音乐活动——大象和蚊子

活动由来

小班幼儿的倾听能力和理解能力都比较弱，《大象和蚊子》中的角色形象生动、有趣、反差大，便于幼儿理解和表现。在这个过程中可以引导幼儿注意倾听音乐的不同，并用动作表现出来，符合小班认识靠行动、爱模仿的特点。为此，我进行了一次教学尝试。

活动目标

1. 喜欢参加音乐活动，能注意倾听，理解故事内容，并用动作、表情表现自己的理解。

2. 认识几种简单乐器（蛙鸣筒、手铃、小鼓），能感知对比鲜明的声音的强弱与快慢的变化。

活动准备

鼓、蛙鸣筒各一个，手铃、沙发靠垫若干；大象、蚊子的提线纸偶各一个，画有森林的背景图一个。

活动过程

（一）听音乐，感受乐器的音色，认识新乐器——蛙鸣筒

1. 教师将乐器藏在身后，发出刮奏乐器的声音，请小朋友听一听、学一学这种声音，并猜一猜这个乐器的名字。

2. 玩游戏“小鼓会唱歌”，感受声音的轻与重、快与慢。

教师：请小朋友听一听现在是谁在唱歌？（小鼓）

教师：下面小鼓要唱两首歌，你们要仔细听一听，第一首歌和第二首歌唱得是不是一个样？（不一样。第一首快，声音轻；第二首慢，声音重）

教师：小朋友看一看，老师手腕上戴的是什么？小铃要讲故事了，请你们仔细听一听，小铃在故事里变成了什么？小鼓和蛙鸣筒在故事里又变成了什么？

（二）看提线纸偶戏《大象和蚊子》

教师事先做好一群小蚊子的纸偶，用线将小铃铛和纸折的蚊子串在一起。另外，纸偶大象要注意突出大象胖胖的特点。

出示提线纸偶大象，伴随着三种乐器讲故事：

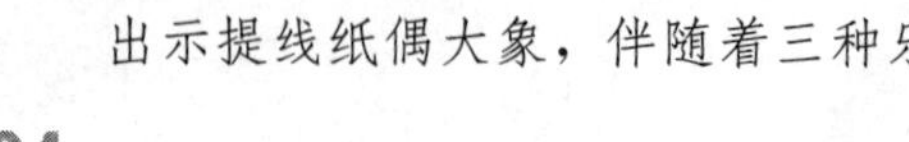

有一头大象，长得可大啦！脑袋大大的，身体大大的，屁股也好大好大。走起路来很慢很慢，“咚——咚——咚”。（敲击轻缓的鼓声）

有一天，大象出门散步，它走累了，就在草地上打起了瞌睡。一群蚊子飞来了，（伴随着提线纸偶蚊子的出现，小铃发出哗啦啦的响声）他们发现了大象的屁股，说：“哇！好可爱的屁股呀！让我们来叮叮它吧！”于是，蚊子们就围着大象的屁股叮了起来，大象觉得屁股有点痒，就用尾巴来赶蚊子，“呱——呱——呱”（蛙鸣筒发出三次连续的响声代表大象甩尾巴）蚊子被赶走了。大象又打起了瞌睡，大象刚睡着，蚊子又飞了回来，（小铃伴随着故事再次进入，发出响声）大象只好又用尾巴赶，“呱——呱——呱”（蛙鸣筒发出三次连续的响声）把蚊子赶跑了。可是，过了一会，蚊子又来了，大象这次终于生气了，它用好大好大的脚使劲一跺，“咚！咚！”（小鼓重重地敲击两下）声音大得把蚊子都给震晕啦！（提线蚊子纸偶纷纷落在地上）

（三）以乐器在故事中发出的声响为线索，引导幼儿回忆故事的主要情节

教师：故事里面讲的是谁和谁的事情？（是大象和小蚊子的事情）

教师：哗啦啦的小手铃声是谁来了？（是一群小蚊子）

教师：“咚——咚——咚”的小鼓声是谁发出的声音？它在做什么？（是大象在走路，它在散步）

教师：“呱——呱——呱”的蛙鸣筒声在故事里是什么声音？是谁在做什么？为什么要那样做？（是大象在甩尾巴，它要赶走蚊子，不让蚊子叮自己）

教师：在故事里，小鼓最后为什么发出了“咚！咚！”两下重重的声音？（大象生气了，使劲跺脚呢）

教师：大象跺脚后，发生了什么？是什么样子？（幼儿边答“小蚊子被震得晕倒在地上了”边表现晕倒的样子：有的平趴在地上，有点侧身躺在地上，还有的小手小脚都朝天上，吐着小舌头）

（四）幼儿扮演小蚊子，配班老师扮演大象

教师：现在我们一起来扮演小蚊子，请配班老师扮演大象好吗？

教师：“大象”要戴好自己的表演道具（带有松紧带的沙发靠垫，套在身上，代表大象的屁股），“小蚊子”也要戴好自己的表演道具（小手铃）。

（五）再次表演

大象、小蚊子的角色都由幼儿扮演。

延伸活动

在表演区投放乐器、木偶和靠垫，鼓励幼儿在表演区进行表演。

活动反思

1. 选材适宜，活动就成功了一半。活动中故事情节生动、有趣。故事中动物形象的大小对比鲜明、特点突出，整个故事短小，语言形象生动，情节比较单纯，在反复中带有一些变化，贴近幼儿的生活经验，非常符合小班幼儿的接受水平。特别是一些生动的象声词，使故事更加的生动有趣，便于幼儿理解、记忆和表演，并能从文学作品中获得美的感受。由此可以说，活动选材非常重要，选材适宜，活动就成功了一半。

2. 过程中情境创设巧妙，幼儿身临其境，假戏真做。故事内容与乐器伴奏相匹配，是

活动的一个创新点。重点体现为提线纸偶和声音特点突出的乐器交相出现，较好地引发了幼儿的兴趣。因为有了情境，幼儿进入活动的状态非常积极，很快融入活动当中。幼儿通过看、听、演的感受与体验，辨别声音强弱和快慢的不同，并在活动中初步养成良好的倾听习惯。

（执教老师：张雪莲）

案　例　二

活动名称

小班音乐活动——小猫请客

设计思路

近期幼儿对各种声音产生了浓厚的兴趣，喜欢用肢体语言表达自己对声音的感受。对于小班幼儿来说，理解音乐的快慢节奏，并使用肢体语言表现出来，这并不是很难，但是要结合自身的生活活动，感受快慢，这就不那么容易了。此活动的重点就在于，引导幼儿结合自己的生活经验，感受音乐节奏的快慢。

活动目标

1. 喜欢参加集体活动，体验参加音乐活动的愉快心情。

2. 感受音乐节奏的快慢，能基本合拍自然地做动作。

活动准备

小兔、小马、小乌龟、小猫的手偶，小猫头饰，小鱼图片，班中活动场地创设的场景（草地、小河）等。

活动过程

（一）音乐游戏“走路”

出示手偶，引导幼儿根据音乐模仿小动物走路，激发幼儿游戏兴趣。引导幼儿在游戏中初步感知节奏的快慢。

教师：今天有很多小动物到咱们班做客。听一听！谁来了？（出示小兔手偶，播放快节奏音乐两个小节）

教师：小朋友们好（小兔的口吻）！小兔是怎么来的啊？让我们跟小兔子一起跳一跳吧！

教师：小兔子快快地来到咱们班了！快请小兔子坐下吧！

同样方法依次引出小乌龟和小花猫。

教师：刚才小动物们来的时候你们听见音乐了吗？听到的音乐一样吗？我们一起再来听一听。

教师：小动物都来了，咱们跟小动物来做个游戏吧！

（二）音乐游戏“小猫钓鱼”

通过外出钓鱼的故事情节，鼓励幼儿参与游戏，并在环境中设置不同情景，再次引导幼儿在音乐游戏中感知音乐节奏的快慢。

教师：今天我来做猫妈妈，你们来当我的小猫宝宝。宝宝们，咱们家来了这么多小客人，我们要怎么招待它们啊？

教师：咱们一起去前面的森林给小客人找吃的吧！我们听着音乐到森林里去。（播放慢板音乐）

教师：看！我们来到哪儿了？（草地上）我们可以怎么走过草地呀？听听音乐，我们应该怎么走啊？（快板）

教师：前面有四座山！听听音乐，我们应该怎么走？

教师：我们到哪儿了？你们发现什么了？（小河）河里有许多条小鱼，我们每只小猫抓一条鱼。快把抓到的小鱼放到桶里抬回家吧！（音乐慢——快——慢）

教师：我们又遇见小山和草地了，快用我们刚才学过的方法走过去吧！

（三）游戏“聚餐”

深入感知音乐节奏快慢，鼓励幼儿在快慢不同的音乐中有节奏地做动作。

教师：宝宝们，快围着小圆桌坐下来，咱们和小动物们一起吃饭吧！小客人不会摘鱼刺怎么办啊？我们每个人拿一条鱼，帮小客人把鱼刺摘出来吧！

教师：我们慢慢地、仔细地摘鱼，才能把鱼刺摘干净。我们跟小动物们一起吃吧！我们吃饭的时候要怎么样啊！（听音乐做律动）

教师：小客人吃饱了，它们说谢谢小朋友，我们跟小客人再见吧！

（四）活动延伸

结合幼儿园常规鼓励幼儿提升已有经验，引导幼儿感知生活中的快慢。

教师：我们生活中还有哪些事是要快快地抓紧时间做啊？我们在幼儿园的一天中有什么事情是要慢慢做的啊？

活动结束：我们要去喝水了。应该怎么做啊？（请幼儿慢慢走出教室）

活动反思

在本次活动中，我利用幼儿喜爱的情景游戏贯穿整个活动，并结合幼儿园常规活动引导幼儿提升经验。幼儿非常喜爱此次活动，活动基本达到了我预设的目标，大部分幼儿得到发展。活动的第一部分我采用了幼儿喜爱的歌曲《走路》的音乐，在音乐中出现的小兔、小猫、小乌龟的形象也是幼儿比较常见、喜爱的动物。这样的取材很大程度上顺应了幼儿的兴趣需求，而且这三种小动物的走路方式很有快慢的特点，便于幼儿感知模仿。在第二个环节中，我引入了快慢节奏明显的“波尔卡”音乐，并设计了不同障碍的“路段”，引导幼儿在不同的路段采用快慢不同的行进节奏。在第三个活动环节中，我设计了更贴近幼儿生活的游戏情节，为最后的活动环节奠定了基础。最后我根据以上情节引导幼儿深入生活提升经验，感知生活中的快慢。整个活动充分体现了层次性，我对活动的节奏掌握也很到位。但是由于我的语速过快，在一些环节上交代不太清楚，部分幼儿有时不明白我的意图，以后要改变语速过快的习惯。

活动点评

本次活动的成功之处体现在：

1. 教师选择的“感受音乐节奏的快慢”等活动目标适宜小班幼儿音乐感受力发展的目标，且活动重点难点体现得十分突出。教师采用了活泼有趣的情景教学，用小猫钓鱼的故事情景带动幼儿来突破教学重点和难点。比如，教师设计了小猫请客的环节让幼儿感受“小兔子、小乌龟、小花猫”等客人动作的快慢；然后又通过音乐《小猫钓鱼》的故事情节，鼓励幼儿参与游戏，并在环境中设置不同情景，引导幼儿多次感知体验音乐节奏的快慢。把节奏的快慢形象化、具体化，由此很好地突破了活动重难点。

2. 教师精心设计的活动过程充满了游戏化的氛围，符合小班幼儿的学习特点。活动吸引了每个孩子的注意力，使全班小朋友都能参与其中。教师能将孩子们的生活经验与活动有机结合，调动了幼儿参与音乐活动的积极性，激发和培养了幼儿对音乐活动的兴趣。本次活动的设计尤其体现出了年轻老师大胆尝试、敢于创新的精神。

当然，教师设计的一个活动是否成功不能只是看活动是否新颖、有趣、吸引孩子。教师更要关注幼儿在活动中的个体差异，因人施教，灵活地调整目标与方法。只有这样才能真正地促进每个幼儿的发展。

（执教老师：郑爽）

案　例　三

活动名称

中班音乐活动——好玩的节奏游戏

活动目标

1. 喜欢参与音乐活动，愿意用自己喜欢的方式大胆表现。

2. 能区分二分音符、四分音符和八分音符，并能尝试用多种方式表现。

活动准备

宽敞的场地贴上十字宫格、四间房子（贴有二分音符、四分音符、八分音符图片）、四筐圣诞礼物、大圣诞树、彩色拉花、仙女棒。

音乐：《走走走 去郊游》、《伟大的演奏家》。

图片：斧子、锯子、钉子。

音符卡：二分音符、四分音符、八分音符、四分休止符图。

乐器：铃鼓、刮鸣器、响板。

活动过程

（一）游戏“盖房子”

1. 伴随着《走走走 去郊游》的音乐，幼儿进入教室。

2. 玩游戏《盖房子》。两人一组，一人当大树，一人当造房工人，听音乐《伟大的演奏家》，用肢体做不同的节奏动作：用斧子砍树（二分音符）、锯子锯木头（四分音符）、钉子钉木头（八分音符）。

（二）游戏“小小演奏家”

1. 语词伴奏：教师带领幼儿回忆造房子的过程，分别出示斧子、锯子、钉子的图片，引导幼儿用语词表示，如：砍树“咚”、锯木头“兹拉”、钉钉子“丁丁丁”。幼儿听音乐

《伟大的演奏家》用语词伴奏。

2. 乐器伴奏：教师分别出示音符卡，引导幼儿根据刚刚学的语词选择合适的乐器。如：铃鼓“咚”、刮鸣器“兹拉”、响板“丁丁丁”。幼儿自选乐器为音乐《伟大的演奏家》伴奏。

（三）游戏“快乐圣诞节”

1. 教师扮演小仙女，介绍游戏规则。

教师：今天小仙女给你们带来了一个礼物——圣诞树，但是这棵圣诞树太秃了，你们想不想把小礼物挂在上面，让圣诞树变漂亮呀？

教师：我把圣诞礼物放在了四间房子里（四间节奏房子放在十字宫格的四个角），可那几间房子可不是随便就能进去的，每间房子都有一个门铃。一会儿听着音乐，我用小魔棒指哪间房子，你们就去敲那间房子的门铃，看看你们能不能都把小房子的门铃都敲准确（教师要先带领幼儿分别看四间房子的节奏型）。

2. “小仙女”站在十字宫格中间，听音乐《伟大的演奏家》指挥幼儿拍节奏。

3. 带领幼儿取圣诞礼物挂上。

活动反思

整个活动以游戏贯穿，引领幼儿一步一步地感知、一步一步地理解，在自然、趣味的情景中较好地学会了几种节奏型，预设目标基本达到了。

活动中教师的情绪很重要，由于教师情绪高涨，带动了所有幼儿的情绪，气氛很活跃。教师别出心裁，将“小房子的门铃”迁移到了这节活动中，贴近幼儿生活，再次激发幼儿兴趣，使活动更精彩。另外，在使用乐器环节中，教师引导拿相同乐器的幼儿坐在一起进行伴奏，使幼儿在听觉上避免混乱，能力强的幼儿还可带动能力弱的幼儿。教师设想得比较周到。

不过，如果某些地方稍微改进一下，效果可能会更好。

1.《走走走 去郊游》音乐可以根据中班特点改编语词，如：“走走走走走，我们背着小书包”等。会使幼儿更感兴趣，并且教师要引导幼儿大声唱出词，那样气氛会更加活跃。

2. 第一个游戏《盖房子》，教师要先说明游戏的整个过程，小工人听着音乐先砍树，再锯木头，最后钉钉子，小树要配合小工人慢慢蹲下，到音乐结束后小工人摆一个胜利的动作，小树蹲下变成一座小房子，游戏会更有趣。

3. 出示的音符顺序应该是一个二分音符、两个四分音符、四个八分音符，便于孩子理解，避免在伴奏时混乱。

（执教老师：张慧姿）

案　例　四

活动名称

中班音乐活动——聪明孩子和笨老狼

设计思路

我班幼儿对欢快、节奏鲜明的音乐已有了一定的感受能力。升入中班后孩子们愿意自己尝试创编不同的节奏型，但是教师发现孩子们对休止符（空拍）的掌握不是很好，为此设计出该活动，希望通过活动让每个幼儿充分感受休止符的特性，学会控制自己的动作。

活动目标

1. 能够听辨音乐，根据音乐准确表现停顿的动作。

2. 能选择使用打击乐器进行伴奏，体验节奏游戏带来的快乐。

活动过程

（一）故事导入

教师讲故事《聪明孩子和笨老狼》（自编），然后提问。

教师：笨老狼哪儿有毛病？（眼睛和耳朵有毛病）

教师：笨老狼用怎样的办法才能知道周围有动静的？（笨老狼要停下来仔细听和仔细看）

教师：聪明孩子怎样做才能不被笨老狼发现？（聪明孩子在笨老狼回头时不能动，更不能发出声音）

（二）幼儿参与游戏

1. 配班教师扮演笨老狼，幼儿扮聪明的孩子跟着音乐做游戏。

教师：你们想不想做聪明的孩子跟笨老狼走出森林？

2. 第一遍游戏结束后，引导幼儿讨论。

教师：你们为什么没走出森林？笨老狼为什么发现你们？（因为小朋友在游戏时笑了，出声音了，还有的小朋友总是动来动去，所以被笨老狼发现了，就没法走出森林）

教师：小朋友真聪明，你们想想怎样才能不让笨老狼发现？（笨老狼回头时小朋友不能动，也不能出声音）

3. 幼儿再次进行游戏。

教师：这次小朋友一定能够走出森林，你们要记住当笨老狼回头听和看时，你们千万不能动，不能发出声音！（教师观察幼儿的游戏状态，重点强调笨老狼回头时，幼儿要静止不动、不出声音，让幼儿在游戏体过程中充分体会休止符的特性）

教师：这次小朋友全都走出森林了，你们是怎样做才没有被笨老狼发现的？（我们悄悄地跟在笨老狼的身后，它回头看时，我们没出声音，也不动，笨老狼就没发现我们）

教师：你们做得真棒，真聪明！

（三）出示有关故事图谱

1. 引导幼儿有顺序进行观察，并组织幼儿讨论。

教师：孙老师将小朋友做的游戏画了来，你们来看一看、讲一讲吧。

教师：请小朋友想一想，用什么的声音赶走笨老狼？（开枪声——砰、大吼、大炮声——轰、狗叫声——汪等）

教师：你们发现这些声音有什么共同的特点吗？（这些声音大，洪亮）

教师：你们说得真好！

2. 鼓励幼儿探索用嘴发出声音，进而讲解故事图谱。

教师按顺序依次指图谱，同时引导幼儿用适宜的声音表现图谱，当教师指到笨老狼回头这张图片时，幼儿不发出声音。注意提醒幼儿把握节奏的稳定性，鼓励幼儿将想出的各种赶走老狼的声音加入到表演中来。

（四）出示故事节奏谱

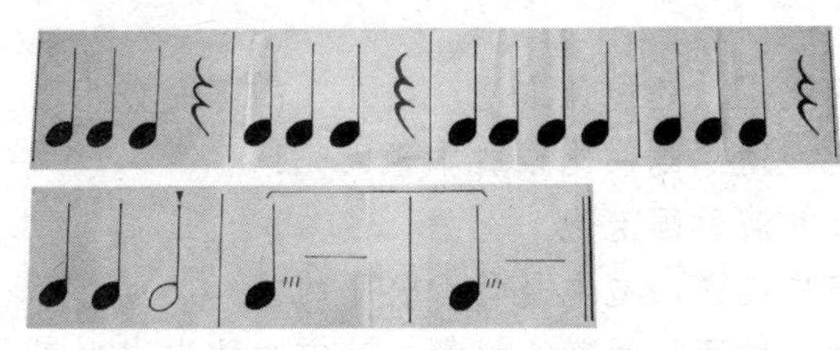

1. 引导幼儿观察节奏谱，并用声势讲解

教师：孙老师又给你们带来了新的故事，小朋友看一看跟刚才的故事有什么不同？（这次的故事是用节奏谱画的）

2. 引导幼儿用声势表现节奏谱

教师：这次你们想不想用自己的身体发出声音来表演故事？

3. 教师依次指点节奏谱引导幼儿表演。

（五）利用乐器为故事配伴奏

1. 幼儿任选一种乐器，感受不同乐器发出的声音。

2. 鼓励幼儿选择与故事内容相匹配的乐器。

（六）游戏中结束

一名幼儿扮演“笨老狼”，其余幼儿扮演“聪明孩子”。

（执教老师：孙秋）

案　例　五

活动名称

小班绘画活动——小螃蟹吹泡泡比赛

活动目标

练习画封闭的圆，喜欢用多种颜色绘画。

活动准备

吹泡泡玩具、印有小螃蟹图案的绘画纸、水彩笔。

活动过程

（一）游戏：吹泡泡

教师：小朋友们，你们见过泡泡吗？知道泡泡是什么样子的吗？（圆圆的、可以飞起来）

教师吹出彩色泡泡，幼儿自由追逐飞起的泡泡。

教师：好漂亮的泡泡呀，快看泡泡是什么颜色的？（五颜六色的）

教师：老师还会玩一个吹泡泡的游戏，让我们小朋友一起变成一个大泡泡。

教师边说儿歌边带领幼儿拉圆圈游戏。

教师：吹泡泡，吹泡泡，吹了一个大泡泡，泡泡变大了……泡泡变小了……泡泡飞高了……泡泡飞低了……

再玩一次圆圈游戏，当说到泡泡变大了/变小了时对幼儿提问。

教师：快看看，我们的泡泡是什么样子？（很圆很大/圆圆的小小的）

（二）教小螃蟹吹泡泡

教师：小朋友真棒，可以变出大小不一样的泡泡，还能让泡泡一会儿飞高，一会儿飞低，有两只小螃蟹看见了特别想和你们一块儿玩，还想比一比谁的本领大呢！

教师出示画有小螃蟹的绘画纸，请幼儿为大家演示画泡泡。

教师：谁愿意教教小螃蟹怎样吹泡泡？你们先说说，泡泡是什么样子的？

教师：小螃蟹吹的泡泡真圆，是什么颜色的？谁还能教教小螃蟹，让它吹的泡泡也变得更漂亮？（提示幼儿用不同的颜色绘画）

教师：快来看看，这只小螃蟹吹的泡泡为什么飞不起来？哦，泡泡的小门没关紧，破了。（提示幼儿画封闭的圆）

（三）绘画：小螃蟹吹泡泡比赛

教师：又来了许多的小螃蟹，它们都想来学学吹泡泡，小朋友愿意教教它们吗？

教师：快来比一比，谁的小螃蟹吹的泡泡又多又圆又漂亮。

幼儿作品展示

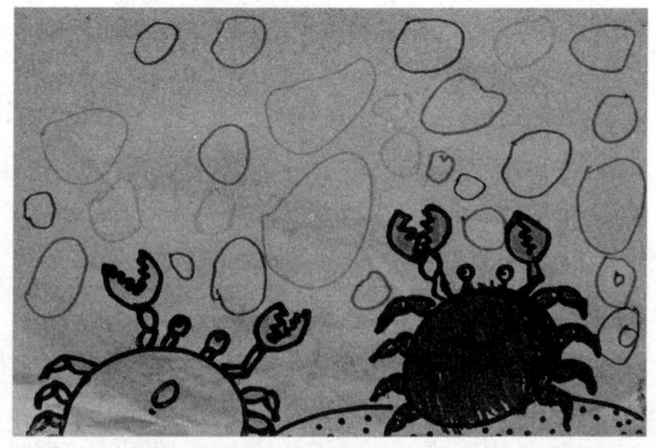

（执教老师：杜楠）

案 例 六

活动名称

小班绘画活动——越长越长的毛毛虫

活动目标

1. 尝试画封闭的圆来表现可爱的毛毛虫，知道毛毛虫的身体是一个圆一个圆连起来的。

2. 愿意像毛毛虫一样多吃水果和蔬菜快快长大。

活动准备

1. 毛毛虫和食物的图片（自制）、实物投影仪。

2. 水彩笔、绘画纸。

活动过程

（一）结合实物投影操作图片讲述故事：《越长越长的毛毛虫》

教师：有一条可爱的小毛毛虫，它长着圆圆的头，圆圆的眼睛，它的名字也叫圆圆（出现毛毛虫头的局部），它喜欢吃各种食物所以身体长得特别快。毛毛虫圆圆吃一口食物，身体就长出了一节（同时出现一节毛毛虫身体）。

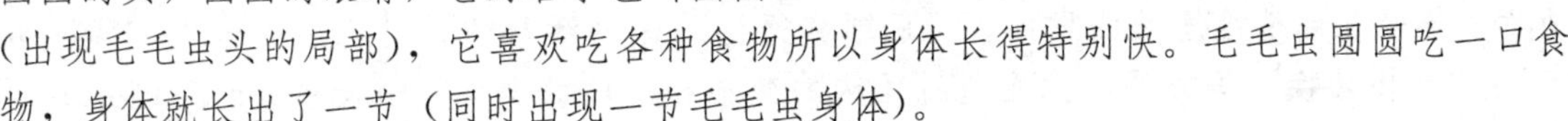

教师：毛毛虫看到那么多食物真高兴，就一口接一口地吃，身体也一节一节地越长越长（逐步出示各种食物，毛毛虫身体慢慢变长）。

（二）玩游戏“可爱的毛毛虫”，了解毛毛虫身体的特征

教师：真想变成可爱的毛毛虫，和圆圆一起玩游戏，谁知道毛毛虫的身体是什么样子的？（一个圆一个圆连起来）

教师：请小朋友一起来变一条长长的毛毛虫吧，变成长长的毛毛虫到大花园里做游戏！（教师引导幼儿一个接着一个变出毛毛虫，感受长长的身体和一节连着一节的特点）

教师：毛毛虫的身体是怎样变长的？我们怎样能让自己的身体快快长？（多吃蔬菜、水果）

（三）给毛毛虫找朋友（绘画活动）

教师：还有许多好吃的食物，毛毛虫想请它的好朋友一起分享，请小朋友帮毛毛虫找朋友。

教师：毛毛虫的朋友什么样？（提示：身体一节紧紧连着一节，一个圆连着一个圆）

教师：毛毛虫吃得越多身体就长得越长，小朋友再给毛毛虫多画点食物吧！（提示幼儿丰富画面）

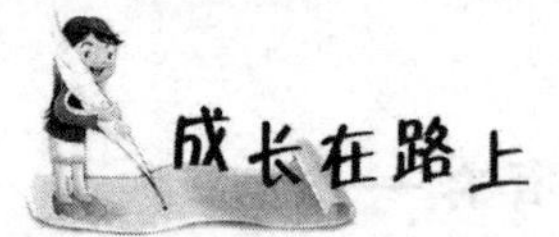

幼儿作品展示

（执教老师：杜楠）

案　例　七

活动名称

大班绘画活动——瓦罐旅行记

设计思路

幼儿期是创造性思维飞速发展的阶段。艺术活动可以从语言、图形、符号、操作等多方面引导幼儿创造性思维的发展。《瓦罐旅行记》这一活动的设计，主要采用“借形联想”、“景物切换”等方法，意图通过瓦罐的变形和环境的变化，引发幼儿进行思维的迁移、扩展，为幼儿的想象、创造活动建构桥梁，令幼儿的想象、创造活动更富实际意义。

活动目标

1. 能够根据瓦罐的外形进行大胆联想。

2. 愿意表现富有情趣、与众不同的作品。

活动准备

1. 前期活动：观察、写生——瓦罐，了解瓦罐的基本形状及特征。

2. 各种瓦罐、风景图片，大小不一的纸张，彩色水笔，电视机，实物投影仪等。

活动过程

（一）出示被遮挡的瓦罐，玩“猜一猜”的游戏

敲打瓦罐出声、露出罐子的部分，让幼儿听一听、摸一摸，了解瓦罐的外形特征。

教师：谁能猜出这是什么？你怎么猜出来的？为什么说它是罐子？（是瓶子、装水的、是笔筒、是罐子……因为听声儿是

空的；有罐子上的花纹；凉凉的、有大肚子……）

（二）出示瓦罐，请幼儿具体观察

教师：这些罐子长得一样吗？它们哪儿不一样？（这个瓦罐是长脖子的、这个瓦罐肚子在上边、这个瓦罐有耳朵、这个口大……）

（三）激发幼儿大胆借形联想，玩神奇魔法师的游戏对瓦罐进行变形

教师：闭上眼睛和老师一起做个魔法师，把罐子变得很大很大。想一想很大很大的罐子可以做什么？（可以当柱子、当房子住、变成停车场、可以变成热气球、外星球、怪兽、飞碟、箱子、洗澡盆……）

教师：瓦罐要是变得很小很小，可以做什么？（可以装蚂蚁、当球打、可以做小印章、能变成瓦罐面包、小发卡……）

（四）鼓励幼儿从多角度创思（幼儿可以自己动手摆弄瓦罐）

教师：刚才，我们把瓦罐变大、变小，你还有什么新方法变一变吗？

教师将瓦罐倒着放、横着放，让幼儿通过观察想象。

教师：这样变，能变成什么？（可以倒过来变成灯罩、帽子、铃铛、蘑菇房子、打仗用的钢盔、章鱼头、水萝卜。横着放像大炮、排水口、火车箱……）

（五）引导幼儿根据背景的变化进行联想

实物投影展示：在不同背景上出示活动的瓦罐图片。

教师：你们想不想和神奇的瓦罐一起去旅行？瓦罐来到了天空中。看，它变成了什么？瓦罐来到了森林中。看！它像不像一个热气球。想一想森林中的瓦罐还像什么？瓦罐来到了海洋中。看，它在水里变成了什么？瓦罐来到了沙漠中。你觉得它变成了什么？（瓦罐在蓝天上变成了水星、大鸟、热气球、火箭……瓦罐在山上变成大树、葫芦、子弹、宝塔。在海里像大鲸鱼、潜水艇、小鱼的家、章鱼、氧气罐、海螺。在沙漠里变成探照灯、坦克、铲沙子的、装沙子的大罐车……）

（六）欣赏与提升

教师：看，这是小朋友画的《瓦罐旅行记》，多有意思呀！看一看，这幅画中瓦罐变成了什么？瓦罐变成的潜水艇来到了哪里？瓦罐的花纹和把手变成了潜水艇上的什么东西？小朋友坐在潜水艇看着大海里美丽的景色多高兴呀！

（七）鼓励幼儿大胆创造表现

教师：快带上你的瓦罐去旅行吧！你们去哪了？瓦罐变成了什么？请你把瓦罐旅行记画下来好吗？

（八）个别指导：当幼儿造型有困难时，教师要帮助幼儿对想象物进行加工

1. 对不敢想象的幼儿鼓励其通过动手操作、变换瓦罐与背景图片进行观察、想象。

2. 引导幼儿步步深入描画出瓦罐的变形物。如，瓦罐来到了大海上。首先突出瓦罐的形态，在此基础上添画细节变成联想物。教师可以问一问幼儿：

"它变成了什么？轮船上有没有栏杆？加上救生圈就更像轮船了。谁在轮船上，他在干什么？……"

3. 引导幼儿根据瓦罐变形添画相关景物背景。如，瓦罐轮船出发了，大海里有什么呢？鲨鱼、海豚……是不是都想来看一看这艘有趣的大船呢？

（九）作品欣赏

1. 张贴幼儿作品，对幼儿的想法进行记录展示。

2. 同伴间相互介绍瓦罐旅行的经历、故事，鼓励幼儿创作出有创意、新奇的作品。

（十）延伸活动

1. 鼓励幼儿用借形联想的方法对自己感兴趣的事物进行联想，如帽子、铅笔等。

2. 教师可以借助区域活动丰富幼儿的活动。如在美劳区引导幼儿用收集的各种瓶、罐进行立体装饰变形制作活动。

幼儿作品展示

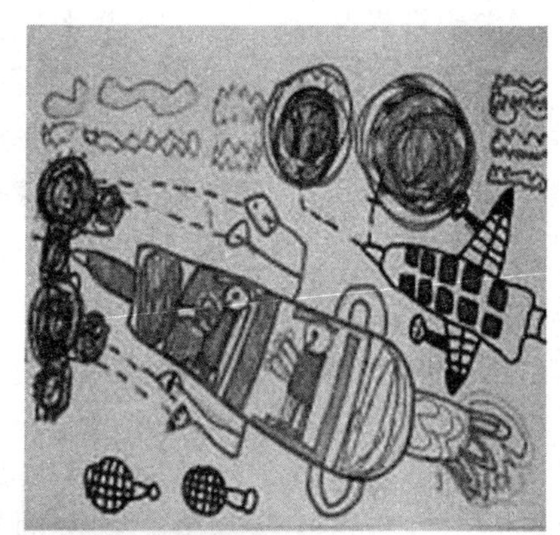

活动反思

瓦罐是小朋友在生活中经常能见到的"艺术品"，瓦罐的外形简单易于幼儿绘画表现。本次活动中我利用了瓦罐的这些特点，将瓦罐造型设置在不同背景、情境之中，引发幼儿大胆联想，创造出新的造型与情境。本次活动我主要采用了"感知观察"的方法，即让幼儿通过摸一摸、听一听、猜一猜，感知瓦罐的外形特征。幼儿对瓦罐的基本造型有了充分

感知后我又运用了“借物联想”和“景物切换联想”的方法，即请幼儿根据瓦罐摆放方向、大小的变化联想，并进一步将瓦罐置身于不同环境中进行联想……这些方法的运用，引导着幼儿层层深入地进行观察、想象、创造。从幼儿的绘画表现来看，达到了教学目标，教学效果较好。

活动点评

本次活动教师较好地把握了幼儿美术活动的特点，为幼儿提供了充分感知、观察的条件，使幼儿在头脑中对要表达的事物建立起了清晰的认知。教师鼓励幼儿借助于瓦罐外形，创造出一个与瓦罐毫不相关的事物，这看起来似乎是一件很难的事。但是，在活动中运用了“景物切换联想法”后，每一次景与物的变换，都将幼儿的联想引向高潮，孩子们在互动中建立起对瓦罐新的认知想象，这一难题也就迎刃而解了。

可见，培养幼儿创造、创新的教育目标并不是大而空洞，不是不可完成的。只要教师能够开动脑筋，采用适宜幼儿年龄特点的教学方法，从多角度引发幼儿想象、创造，孩子们的表现一定会令我们成人感到惊诧的。

（执教教师：刘晓颖）

案　例　八

活动名称

大班绘画活动——刀叉勺创想活动

活动思路

孩子们经常在幼儿园里与同伴一起庆祝生日，共同分享成长的快乐。每次孩子们愉快地分享生日蛋糕后，都会剩下许多的“刀叉勺”。孩子们发现了这一问题，于是我们一起讨论：怎样让使用过的刀叉勺变废为宝呢？他们想出了许多的好办法：刀子可以当飞镖、当钥匙……叉子可以梳头、在河里叉鱼……勺子可以测视力、做敲击的乐器等。

“刀叉勺”创想活动为孩子们提供了一个探索不同工具进行绘画创作的空间，通过尝试发现、分享想象和创想绘画三个互动过程，引导孩子运用不同工具的特殊效果创作出独特、有趣的作品。孩子们在活动中感受到成功和游戏的乐趣，进一步激发了敢于尝试多种非常规绘画工具的创造精神，促进了想象力的发展。

活动目标

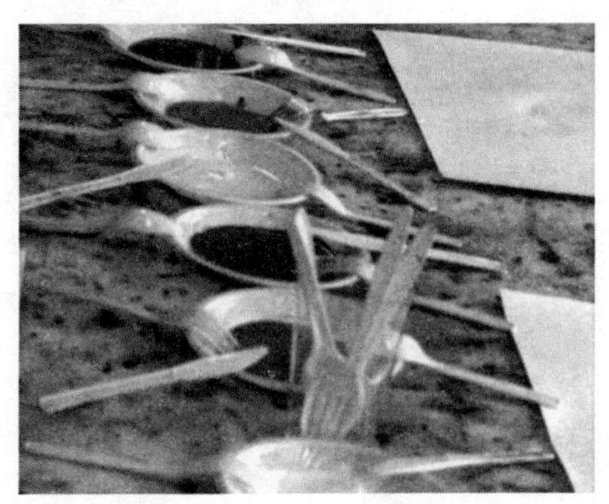

1. 能大胆尝试、探索出“刀叉勺”的不同使用方法和表现方式。

2. 积极参与创想活动，愿意表达、表现自己的独特想法，体验成功的喜悦和游戏的乐趣。

3. 能将废旧物充分利用，变废为宝，形成初步的环保意识。

活动准备

1. 收集生日蛋糕的“刀叉勺”，共同思考讨论：

怎样让使用过的刀叉勺变废为宝？

2. 穿绘画服装，各色水粉、纸张、刀、叉、勺若干。

活动形式

小组活动。

活动过程

（一）导入

看一看：你发现游戏材料有什么不同吗？你想怎样用它们画画？

幼儿1：有许多刀子、叉子和勺子，和平时的笔不一样。

幼儿2：用刀子、叉子、勺子画画，用勺子涂颜色……

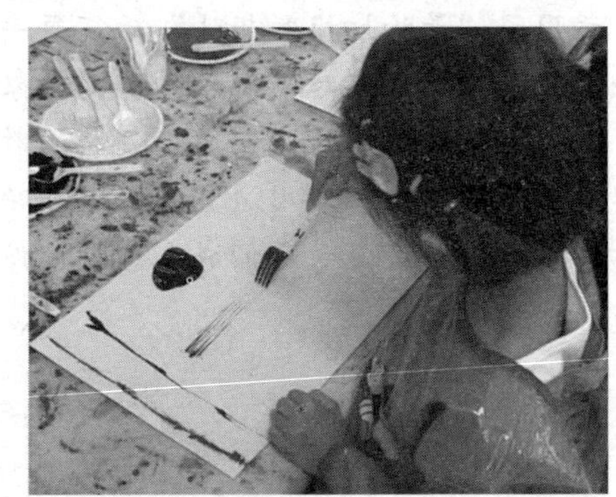

（二）探索工具的使用

1. **猜一猜**：你猜猜它们能画出哪些不同的线条？

幼儿：刀子能画出直线，勺子能画弯弯的线吧……

2. **试一试**：你用“刀叉勺”试一试，看看有多少种使用的方法？看看它们能画出什么样的线条和图案？

教师鼓励幼儿大胆尝试，探索不同的使用方法和表现方式，幼儿尝试出刀叉勺的不同绘画效果：刀子可以用齿画，能画出直线；叉子可以横着画，像赛车道，还能画出小点点、弯曲的线；勺子可以躺着画出太阳，还可以平着用，画出弯弯的像小桥的月牙形……

（三）分享经验

1. **比一比**：你用哪种工具、什么样的方法、画出了什么？（幼儿回答后，教师可进一步追问，如叉子和刀子画出的线有什么不同等）

幼儿1：我画的是太阳，用勺涂的颜色，用叉子划出来的光芒。

幼儿2：我用刀子画的直线，是用刀背画的。

幼儿3：叉子画的是三条线、刀子画出的是一条线。

幼儿4：叉子画许多线快、刀子画得慢一点。

幼儿5：叉子能画出曲线、刀子不容易画出来。

2. **想一想**：教师针对某些特殊的线条、图形引导孩子比较和想象，如：叉子画出的线像什么？

幼儿：像海浪、像弯曲的头发、像刮过的风、像跑道、像流星……

3. **说一说**：画画时，可以怎样配合使用这些工具？它们分别适合怎样画？（教师与幼儿共同总结提炼这些工具的表现方式）

幼儿1：勺子躺着画，适合涂色；可以立着用，能画出物体的轮廓，还可以平着用。

幼儿2：叉子适合画物体的轮廓；可以横着画象赛车道，竖着画象瀑布，还能立着刮出人的头发、仙人掌的刺；叉子还能画小点点，能一次画许多线。

幼儿3：刀子既可以用齿画，也可以用刀背画，还可以用刀尖点……

(四) 创想绘画

请幼儿根据自己发现“刀叉勺”不同的使用方法，绘画一幅独特的作品，教师根据孩子的需要进行提示和指导，重点注意以下几点：

1. 鼓励幼儿大胆表现，依据孩子的意愿帮助其构思作品；
2. 引导幼儿选择适宜的工具表现自己的想法；
3. 鼓励继续探索不同工具的多种表现方式，根据工具的特点画出不同的效果。

幼儿作品展示

我坐着豪华游轮出海啦！

这是一幅连环画，是蜗牛与蚂蚁赛跑的故事

轮船在大海探险的故事……

活动反思

因为绘画材料与平时常用的有所不同，幼儿感到新颖、新奇，因而在活动中表现积极，专注而投入，用自己喜欢的方式进行个性化的表现非常突出，取得了预期的效果。本次活动中的不足在于，虽然自己在互动中与孩子们总结出了刀叉勺的三种不同绘画方法，但还应该进一步引导孩子在创作中继续探索更多的表现方法，注重将自己的感受和发现充分表达出来，这样作品会更加丰富。在以后的活动中，我会注意更充分地利用多种资源，将不同材料运用到创造、探索等活动中，深入挖掘它们的教育价值。

活动点评

“刀叉勺创想活动”是一次新颖而有趣的活动，适应了大班孩子的年龄特点和发展规律，因此孩子们在活动中格外积极、专注。他们有强烈的探究欲望、敢于尝试探索“刀叉勺”的使用方法和表现形式，能大胆个性地进行表达和创作。本次活动比较好地实现了活动目标。

首先，选择的工具具有多变性，“刀叉勺”新颖和富于变化的特点为创想活动提供了物质基础。

其次，启发性的提问具有开放性，不仅引发了孩子思考，更引导孩子发现、总结出多种不同的答案，通过互动交流、共同分享了探索的过程和方法，为创想活动的表现做好了准备。

再次，探索的过程具有挑战性，为幼儿提供了无限探索的空间。

最后，个性的艺术表达具有创造性，孩子将自己探索工具的经验方法与内心的感受相结合，成功地完成了与众不同的作品。每一幅作品都是孩子心灵的释放，使幼儿创造性的潜能得到开发。

（执教老师：陈琳）

健 康 领 域

案 例 一

活动名称

小班健康活动——我会穿鞋

活动思路

小班幼儿刚来园不久，生活能力较弱，穿鞋不会分辨正反，所以组织了这次活动。孩子穿反鞋的原因主要有以下几种情况：第一，不分正反；第二，鞋太大反着穿更舒服；第三，吸引别人的注意。我们班的小朋友多数属于第一种情况，所以将引导幼儿学习穿鞋的正确方法，定位为本次活动的重点，也是难点。

在学习穿鞋方法时，注意激发幼儿主动的活动，而不是教师直接告诉。首先通过踩脚印的游戏引导幼儿自己发现正反的特征，鼓励幼儿借助脚印和儿歌学习正确的穿鞋方法。然后在分组游戏中进一步体验穿鞋的正确方法，这个环节符合小班孩子做中学的特点。最后是穿大鞋的游戏：一方面增加难度，另一方面也满足幼儿的好奇心。我们小时候也喜欢穿妈妈的大鞋，所以这个环节是孩子非常喜欢的。

活动目标

愿意尝试自己的事自己做，初步掌握正确的穿鞋方法。

活动形式

集体活动与分组活动结合。

活动准备

垫子，脚印贴图，童鞋，“小鞋架”卡片、正反鞋卡片若干，“镶嵌板”玩具、成人的鞋若干、《大鞋小鞋》歌曲。

活动过程

(一) 通过“踩脚印”游戏，掌握穿鞋的正确方法

1. 玩“踩脚印”游戏，帮助幼儿发现正反鞋的不同之处，鼓励幼儿自己改正反的小脚印。

(1) 玩“踩脚印”游戏：123，321，我和小脚印做游戏，你也踩我也踩，踩到小脚印快站好。(注：垫子上贴若干组正、反的脚印)

(2) 发现脚印的正反。

教师：看一看小脚印，你发现了什么？

(3) 请幼儿改正“反”的脚印。

2. 边说儿歌边穿鞋，掌握穿鞋的正确方法

(1) 出示一双小鞋，边说儿歌：两只小鞋头碰头，好像一对好朋友，小鞋襻向外扣，穿好鞋子到处走。

(2) 帮助幼儿理解儿歌内容。

教师：小鞋头怎么样？小鞋襻向哪扣？

(3) 教师说儿歌指导幼儿把自己的鞋放在脚印上摆好，然后穿好鞋子。

(二) 分组游戏，巩固穿鞋方法

第一组："找朋友"，幼儿区分正鞋反鞋。

准备："小鞋架"卡片，正、反鞋卡片若干。

操作：把正鞋的卡片放在鞋架上。

第二组："镶嵌板"，幼儿先将两只鞋摆正，然后镶嵌在镶嵌板里。

准备：镂空的一对脚印作为镶嵌板，垫子做的小脚印若干。

操作：只有把两只鞋摆正，才能放进镶嵌板内。

(三) 通过"穿大鞋"游戏，引导幼儿练习正确的穿鞋方法，增加游戏的趣味性

1. 幼儿穿大鞋（教师儿歌指导）。

2. 音乐游戏"大鞋小鞋"。

活动反思

通过这次活动，个别幼儿还有穿反鞋的情况，这也正常。因为不能只通过一次活动就完全达到目的。接下来还有一些延伸活动，例如：利用鞋的其他特点来分辨正反鞋（如带拉链的鞋小拉链是在里面的）；根据孩子穿鞋的特点，孩子穿鞋可能会摆对鞋但脚伸错了，所以会穿反，还有的孩子穿鞋着急拿起一只就穿。一只鞋分辨正反有难度，所以教师引导幼儿先把两只鞋摆好再穿，这样分辨正反相对容易一些。活动中，孩子很感兴趣，基本完成目标。而且能激发幼儿的探究欲望，在提问时给幼儿留有探究空间。

活动中还有许多不足：其一，作为青年教师随机教育做得不够好，整理和概括幼儿信息的能力不足，而且缺乏对整体幼儿的关注。其二，忽略了儿歌始终贯穿活动之中，自己对活动的整体把握不够到位。其三，在分组游戏中发现孩子的问题时，缺乏有针对性的指导，只是简单提醒一下，效果不够显著。

（执教老师：孙丽芳）

案 例 二

活动名称

中班健康活动——有趣的鞋盒

设计思路

最近，我发现我们班的孩子对包装盒产生了兴趣，常常有幼儿拿着包装盒玩耍、探究，或者是同伴之间比较盒子的不同。于是我利用日常生活中常见的废旧物品如纸盒、旧报纸、旧挂历纸作为活动材料，设计了“有趣的纸玩具”系列活动，“有趣的鞋盒”是其中的一个活动。鞋盒虽是平常物，但却蕴含了丰富的教学内容。我想“有趣的鞋盒”同样会给孩子们创设很大的探索空间。孩子们可以想出身体的多个部位与小鞋盒进行互动的活动，可发展幼儿的不光有创造性思维，还有身体协调控制能力及体能等。我根据幼儿的兴趣和心理发展特点，以游戏的方式展开，利用鞋盒作为探索对象，让幼儿自主探索、合作探索，发现各种玩法，激发幼儿对周围事物的好奇心与求知欲，让幼儿在自主的探索活动中感知、体验、积累经验，发展幼儿的基本动作。

为了达到幼儿合作创新鞋盒的各种玩法，我先通过“鞋盒操”导入，激发幼儿的兴趣，然后层层递进，先让一个幼儿探索鞋盒的多种玩法，为幼儿合作探索作了较好的铺垫，再引导两个幼儿探索一个鞋盒的不同玩法，培养幼儿团结协作精神。活动的最后环节中让幼儿将许多鞋盒创意摆放后，进行双脚跳、单脚跳，绕鞋盒跑等练习，感受集体游戏的乐趣。

活动目标

1. 尝试用鞋盒当活动材料，探索多种玩法。

2. 能够合作完成任务，体验共同游戏的快乐。

活动准备

1. 玩教具准备：鞋盒、垫子、音乐三首。另需准备分散活动的玩具材料，圈、毽子、高跷、纸制坦克、门球等。

2. 环境安全准备：检查场地、材料、幼儿服装的安全性。

活动过程

(一) 准备部分

听音乐做鞋盒操。

(二) 基本部分

1. 引出活动

教师：小朋友们，刚才我们做了鞋盒操，用鞋盒与我们身体各个部位还可以怎么玩？请小朋友试一试，比一比，看谁想得多，和别人的不一样。

2. 拓展练习

幼儿分散自由探索鞋盒的玩法，教师巡回指导。

幼儿1：老师，我可以用头顶着。

幼儿2：老师，我可以用腿夹着。

……

3. 交流分享

幼儿展示鞋盒的多种玩法。

教师：小朋友们快来告诉老师，你们都有什么好玩法？

4. 探索体验

(1) 幼儿自由站，用自己探索的鞋盒的多种玩法进行练习，提高幼儿游戏兴趣。

(2) 放四组垫子，让幼儿想一想怎么带着鞋盒从垫子上过去。

教师：小朋友们，前面的路上多了什么？

幼儿：垫子。

教师：想一想怎么带着鞋盒从垫子上过去？

幼儿1：坐着用腿夹着。

幼儿2：跪着用头推着鞋盒走。

教师：我们一起来试一试吧。

5. 合作探索

方法同上，教师引导幼儿探索、交流分享。

两个小朋友合作探索一个鞋盒的多种玩法，培养幼儿团结合作精神。

教师：小朋友，你们想不想和自己的好朋友和小鞋盒做游戏？每个小朋友赶快找一个好朋友，拿着一个小鞋盒，想一想好玩的方法吧。

6. 创意玩盒

鼓励幼儿在玩鞋盒的基础上，分三组将鞋盒创意摆放锻炼身体。在操作中尝试与同伴合作，体验鞋盒的变化，感受合作创造的乐趣。

(三) 结束部分

听音乐放松放松，拍拍手、揉揉腿、捶捶背。

(四) 分散游戏

幼儿自取玩具，鼓励幼儿一物多玩，探索材料的不同玩法。

(五) 活动结束

听音乐收玩具，让幼儿放松身体，结束活动。

活动反思

幼儿阶段的创新教育主要是培养幼儿自主活动、探索的兴趣与意识。《纲要》指出教师要善于发现幼儿感兴趣的事物，把握时机，积极引导，并努力成为幼儿学习活动的支持者、合作者、引导者。因此在教学过程中我注重通过多种的方式引导幼儿探索多种玩法，以完成重点难点。活动目标基本完成，活动中我能注重个体差异，关注全体幼儿，使孩子们的创新意识得到提升。

整个活动做到了让孩子在玩中学，在游戏中学，所以，幼儿探索积极，想出的玩法多，如：顶着走、背着走、夹着跳、当帽子戴、当拖鞋穿、放在地上当障碍物跳过去、两人背夹着行进走等，幼儿发现了运用身体各个部位与鞋盒做游戏的各种方法。

另外在活动中，我有意识地将活动与社会领域目标相结合，实现了多学科渗透的教育理念。要求幼儿不仅能一个人与小鞋盒做游戏，还能与同伴合作游戏、集体合作游戏，这对中班的孩子来说很具有挑战性。从活动效果来看幼儿十分感兴趣，极大地满足了他们的

探索欲望和成就感。在最后的游戏环节，孩子通过体能性游戏，把活动推向了高潮。幼儿在活动中自始至终表现都很积极，他们参与活动是主动的，快乐的，在合作游戏中更加提升了他们的兴趣，由于这个活动是幼儿兴趣所在，活动也是层层递进、一步一步地增加难度，因此幼儿能主动遵守游戏规则，发挥了幼儿的创造力，发展了幼儿的动作，激发了幼儿新的探索欲望。

教学中我的不足之处是：我是刚参加工作不到两年的教师，教学经验不足，做观摩教学时心里紧张，对幼儿出现的突发情况，现场处理得不够灵活，随机指导不够。今后我要在创新教育实践中，加强反思，不断总结、积累经验，进一步理解《纲要》精神，使自己专业成长得更快。

活动点评

该活动方案的设计，教师巧妙地利用了生活中幼儿常见的鞋盒作为运动器械，让幼儿在游戏中，体验玩鞋盒的乐趣，感受废弃物的价值。在玩鞋盒中发展了幼儿的基本动作，激发了幼儿的自主探索和发现式学习。该活动的内容设计与组织策略有不少可圈可点之处。

1. 活动内容与活动目标适宜幼儿的发展水平。活动的过程由浅入深，层层递进。从幼儿一个人探索一个鞋盒的不同玩法，到两个人合作探索一个鞋盒的不同玩法，再到小组合作探索多个鞋盒的多种玩法，教师始终以观察者、引导者、参与者的身份介入活动，捕捉有价值的玩法，帮助不同层次的幼儿突破自我，实现幼儿自身潜能的充分展示。并通过探索——分享学习——再探索——再分享学习，丰富了幼儿活动经验，探索的过程一环扣一环，循序渐进，很好地调动了幼儿原有的经验，促使幼儿探索和学习新的经验。

2. 活动材料的选择有新意，且是幼儿生活中可以接触到的材料。幼儿在真实的问题情境中，如“有什么好办法让小鞋盒和我们的身体一起动起来”，萌发了参与活动的愿望。鞋盒材料蕴含了多种多样的玩法，为孩子们提供了丰富的探索空间。活动中，通过探索鞋盒的一物多玩，有效地发展了幼儿的不同运动能力，有力地挖掘了幼儿的创造潜能。

3. 活动过程的指导有针对性和开放性。教师在指导幼儿探索鞋盒的多种玩法中，很注意观察幼儿富有创意的玩法，并及时给予肯定，且能进一步对幼儿开放式追问，如“再试一试，还可以怎样玩呢？再试试看还有没有更好的玩法”等；对班上能力较弱的幼儿、不太主动的幼儿，教师能有意识地带着幼儿一起玩，不断鼓励幼儿，帮助他们获得成功的体验。

4. 保证了体育活动的密度与活动量。教师在引导幼儿分步骤探索鞋盒的多种玩法中，预设了集体游戏，将探索出的鞋盒玩法与其他基本动作练习有机结合，增加了难度，弥补了探索活动中活动量与强度的不足，如集体游戏“让幼儿想办法带着鞋盒通过垫子”、“两个小朋友带着鞋盒，绕过障碍物”等，有效增加了运动能力的练习，增加了一定的挑战内容，体现了活动的层次性，促进了幼儿的体能发展。

（执教老师：王海红）

案 例 三

活动名称

中班健康活动——救助小动物

设计思路

我班幼儿在动作发展方面已经具备一定的平衡能力，这学期我班曾进行过两人抬平衡板过平衡木的游戏，发现幼儿在合作方面上的能力还有所欠缺，所以想进一步通过走平衡的体育活动来帮助幼儿提高合作能力。整个活动以情境游戏的方式贯穿，能使幼儿从始至终保持一定的兴趣来参与活动。活动的重点是合作走平衡，活动由易到难、层层递进。

活动目标

1. 能选择适宜的材料，合作搭建不同的“桥”。

2. 喜欢参与挑战性的游戏，尝试体验不同难度的平衡动作。

3. 体验帮助他人的快乐情感。

活动准备

1. 前期准备：收集的小动物毛绒玩具、自制小担架（白布方巾、塑料棍）、树的模型、动物小医院的标志。

2. 材料准备：平衡木、平衡板、墩儿、大小积塑块、塑料板凳、铁盒、垫子、拱形门。

活动过程

（一）准备活动

教师用游戏的口吻激发幼儿参与活动的愿望，做全身运动，重点练习手腕、脚腕和上下肢。

（二）设置情境，引导幼儿游戏，进行平衡练习

1. 第一次过桥

（1）提问：我们去大森林里和小动物去玩喽，你们看到什么了？（小河）河上有什么？（桥）我们怎么过桥才会安全，不掉进水里呢？（眼睛向前看，胳膊打开要伸直，一个一个跟着走，不拥挤）。

（2）幼儿过较宽的平衡木。

2. 第二次过桥

（1）提问：又有一条小河挡住了我们的去路，可是没有桥，我们怎么过去呢？小朋友快快想想办法。

（2）教师引导幼儿用活动材料搭建小桥。

①介绍运动材料的种类。

②幼儿分三组合作，自选材料搭建。

A. 幼儿分组（六人一组），分为三组。

B. 幼儿合作搭小桥，教师分组指导。

进行小节评价，并提问：怎样才能把小桥搭得更结实？

（3）幼儿练习过三组不同的小桥。

（4）游戏：救助小动物。

①设置新情境（收到求助信），引出幼儿救助小动物的行动。

提问：担架怎么抬？（两个人一前一后抬）抬担架过桥怎样注意安全？两个人抬担架过桥和自己过桥有什么不一样？（两个人的速度要一样，还要配合好）

② 给幼儿发放担架，两人一副。

提出救助要求：每人每次只救助一个小动物，并放到动物医院的病床上。

③抬担架去大森林救助小动物。

指导幼儿过桥平稳，速度一致。

④数一数救助动物的数量，体验成功的喜悦情感。

（三）活动结束

放松运动，自然结束。

活动反思

我园是体育特色幼儿园，体育活动的研究是我园园本课程的核心内容。虽然园里没有今年对我们新任教师在园本课程上有过多的要求，但我对体育活动的内容与设计很感兴趣。针对幼儿发展中不会合作的问题，我精心设计了此游戏活动，并且提供了符合游戏情境的“小担架”，孩子们对活动内容很感兴趣。

今天的活动幼儿从始至终都兴趣盎然，特别是对新添置的“小担架”很感兴趣。在活动中幼儿持物过小桥和双人抬小担架过小桥都是难点，但幼儿完成得很好。虽然在抬担架送小动物去医院时，有时幼儿会将小动物摔下来，但这并不影响活动的主要目标。尽管对于中班幼儿来说能够合作有些难，但是活动情境的创设引导着幼儿逐步学会合作，掌握合作的方法。美中不足的是，在搭小桥取材料时我没有提示幼儿取材料的方法，导致现场有些混乱，这是以后工作中应注意的地方。教师引导语的设计一定要有技巧，应让每个幼儿明确并能按要求去做。以后的活动我会注意不仅要考虑教师引导的过程，还要思考幼儿会有哪些反应和他们在活动中可能出现的问题，不断丰富自己的经验，不断提升专业素质。

活动点评

“救助小动物”的活动方案清晰完整，层次清楚，目标指向明确。

活动能够围绕目标以游戏的形式贯穿始终，极大地调动了幼儿参与的积极性和主动性。教师能够抓住幼儿喜欢运动游戏，更喜欢有游戏情节的游戏活动的特点，在活动中锻炼幼儿的大肌肉动作（重点是平衡动作和平衡的协调性），让幼儿体验与同伴的合作与互助，增强幼儿的爱心和责任心，使有趣的游戏与幼儿的发展有机结合起来。

活动内容的选择和游戏环境的创设符合中班幼儿身体动作发展的特点，并能够由易到难为幼儿提供多次练习平衡的机会，通过前后两次合作，增加活动的难度和密度，幼儿逐渐尝试并体验到合作的方法和保持身体平衡的方法。通过丰富的可自主选择的材料引导活动过程，特别是小担架的提供，提高了游戏活动的趣味性和活动的难度。

但由于教师对活动的难点分析不够，对解决难点问题的预设不够周全，出现了幼儿在难点环节中有些混乱的情况，其原因是教师的经验不多，教学策略思考不足，执教老师已在反思中提到，相信在今后的工作中会得到重视，并在不断的经验总结中取得更大的进步。

（执教老师：刘伟）

案　例　四

活动名称

大班健康活动——我爱爬爬爬

设计思路

幼儿在平时的体育锻炼中，广播操和分散游戏一般以跑跳比较多见。上肢的锻炼除投掷外，能够涉及的活动真的是少之又少。爬的动作练习起来比较枯燥，尤其是大班幼儿对此更是不太感兴趣，所以我很想设计一节情节有趣的钻爬练习活动，让幼儿在快乐积极的情绪状态下巩固爬的动作，达到锻炼的目的。

在设计障碍以提升活动趣味性的环节中，我首先从幼儿身边熟悉喜爱的玩具入手，让孩子对设计障碍，钻爬障碍产生浓厚的兴趣。然后，再依托幼儿最熟悉的身体展开活动，充分发挥孩子的想象力和创造力，并在游戏的情境中培养他们的合作意识。

本活动以幼儿的兴趣为出发点，让幼儿在快乐中发展身体，发散思维，身心共同健康发展。

活动目标

1. 喜欢参加钻爬游戏，并在分组活动中感受合作和竞争的快乐。

2. 愿意尝试挑战性活动，能够自己搭设爬的障碍物，练习钻爬动作。

活动准备

1. 场地准备：在场地中铺设四排垫子，供幼儿钻爬使用。

2. 材料准备：桌子、椅子、皮筋、可乐瓶、平衡板、箱子、拱形门、小帐篷、钻爬标志、拉拉队的彩条等。

活动过程

（一）准备活动

教师：小朋友想一想，我们身体的哪些部位可以转动？（引导幼儿说出头、肩膀、上

半身、腰、膝盖、手腕、脚腕等）

老师带领幼儿按照从上往下的顺序活动身体的各个部位。

听音乐做准备活动。

（二）基本部分

1. 回忆爬的四种动作

教师：孩子们，你们会哪几种爬的方法？

启发幼儿回忆手脚爬、手膝爬、双手匍匐爬和单手匍匐爬的动作。

教师：我们把四种爬法都来试一试，你可以变换爬的方法，每个动作你都练一练。分成红、黄、蓝、绿四队，现在开始。

引导幼儿分组复习以前学过的爬的方法。

2. 玩具障碍爬

教师：你们爬得真不错，动作也很好看。除了在垫子上爬，还能怎么玩爬的游戏呢？今天，我们就要用平时的玩具来搭建一些爬的障碍。你们有信心完成这个任务么？在搭的时候你要仔细想一想，你搭的障碍合适不合适。每个组搭完了可以先来试一试，不合适再调整。

教师：好，你们看这是什么？对了，这是四种爬的标志。这个是什么爬？手脚爬。对。哪队的小朋友愿意搭？好，红队去。（依此类推）

搭建后教师和幼儿一起发现问题，并解决问题。发现哪些障碍不合适，和孩子们一起进行调整，并告诉幼儿，刚才是你们组搭的障碍，现在其他组搭的你也去玩一玩。争取把四种爬全都试一试。

3. 身体障碍爬

教师：刚才我们是用平时玩的玩具来搭障碍，这次我们没有玩具了，还有什么搭障碍的方法呢？

教师：对了，我们还能用自己的身体呢！用身体怎么搭呢？谁有好办法？

教师：好，你来试一试，其他的小朋友站成一个半圆，不用挤，都能看见。（找两三个孩子来做示范）

教师：你们的办法可真多，真聪明。哪个小朋友愿意先来做障碍？好，红队和蓝队。剩下的小朋友就来做运动员。

玩一轮后小朋友交换。

4. “顶盒子”比赛

教师：刚才你们累不累啊？还想玩么？我们一起来玩一个接力游戏好不好？游戏的名字叫做“顶盒子”。

教师：玩的时候，你选择一种你最喜欢的爬的方法，不用手，就用头，把盒子顶到终点，然后抱着盒子跑回来，交给下一个小朋友。

教师：比赛的人有运动员，还有谁？对，拉拉队。哪组小朋友愿意先当拉拉队呢？好，红队和蓝队吧。你们先要商量一下你们加油的口号和动作。

教师：好，运动员和陈老师一起活动活动，比赛开始。

比赛一次后运动员和拉拉队交换。

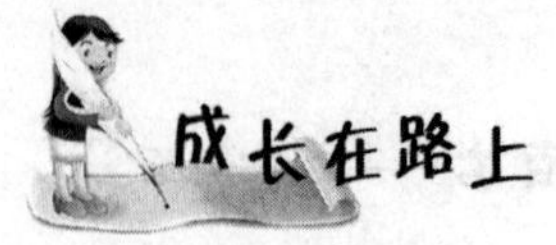

(三) 放松活动

教师：和陈老师一起听音乐，捏捏胳膊和腿。小朋友爬了半天，胳膊和肩膀一定很累了，捏一捏，揉一揉，两个人互相捶捶背。

教师：春天来了，小草一点一点长出来了。伸个懒腰。哎！

教师：春风吹过来，好舒服啊。柳树怎么摆啊？

教师：春天下雨啦，小雨点落下来了。看哪个小雨点落得最好看啊！

教师：最后，一起和陈老师做几个波浪。

(四) 小结

教师：今天小朋友玩得高兴么？陈老师也特别高兴。因为发现大二班的小朋友在遇到问题的时候特别会动脑筋想办法，而且还会和小朋友一起合作解决问题。你们可真棒，快给你们自己鼓鼓掌吧。

教师可以再说一两点活动中幼儿的不足，对以后的活动提出要求。

（执教老师：陈冠楠）

科 学 领 域

案 例 一

活动名称

大班数学活动——1米有多长

设计思路

在主题活动“我爱运动”中，幼儿对举重、跳远、投掷、跳高、跑步等体育项目有了进一步了解，知道这些项目的基本动作和锻炼方法，也在游戏中模仿练习进行比赛。很多比赛都需要用测量的方法知道结果获得成绩，当“米”这个词出现时，幼儿产生了探究兴趣，我提出问题“1米有多长”并由此设计教育活动，激励幼儿展开探索。

活动目标

1. 积极参与探索活动，体验发现的乐趣。
2. 掌握用自然物测量长度的方法。
3. 尝试运用多种材料或多种方法进行测量，能正确记录、大胆表达。

活动准备

室内环境中各种游戏材料、学习用品，1米长卷尺，1米长的纸条若干，记录表格，相机，电视及传输线。

活动过程

(一) 提问导入：1米有多长

1. 提出问题

教师：小朋友们最喜欢的刘翔练的是什么项目？郭晶晶比赛的是多少米跳台跳水？

幼儿：刘翔练的是110米跨栏，郭晶晶比赛的是10米跳台跳水。

2. 启发思考

教师：在跑步、跳远、跳高、跳水的运动项目中都有一个测量长度、高度的名词是什么？

幼儿：110米，5米，10米，都有个“米”。

教师：1米到底有多长？

幼儿：有大人的一个胳膊那么长……（幼儿伸直胳膊表示）

教师：大人的胳膊不一样长，那么比划出来的1米也不一样长啊？（教师与配班老师比胳膊）

幼儿：有大人迈一大步那么长……

教师：每个人迈的步伐都不一样，那么迈出来的1米也会不一样的？（教师与配班老师各迈一大步进行比较，引导幼儿发现各人的步子不一样大）

幼儿：（两手围成椭圆形）有这么长……

教师：就这么一比划吗？每个人都这样比划吗？那身体高矮不同胳膊长短不同，这么一比划准确吗？

幼儿：有桌子的长边这么长……（小朋友们的表情表现出质疑，不相信）

（二）认识1米尺

教师：老师这里有一根1米长的尺子，它非常标准。请大家看看，有什么发现？

幼儿：1米尺很直……

幼儿：上面有很多长的短的黑线……

幼儿：有数字。

教师：（带领幼儿指认刻度一起念一遍）1、2、3、4、5、6、7、8、9、10。

（三）再次讨论：1米有多长

教师：老师的1米尺是你们比划的那么长吗？

幼儿：不是，我们比划的不标准。

教师：小朋友说是大人的胳膊那么长，老师用胳膊来比一下看？（把胳膊伸直与1米尺比较，结果胳膊比1米尺短）

教师：你们比划的动作是标准的1米吗？

幼儿：我们比划的动作不标准。

教师：那么用什么东西能很准确地摆出真正的1米长呢？

幼儿：可以用积木，可以用书摆，可以用水彩笔摆，用图画纸，用水彩笔盒……

教师：好，老师为小朋友做了很多1米长的纸条，大家比比看标准吗？（用1米尺与1米纸比较，使幼儿发现1米纸很标准）

教师：请小朋友看记录表，表中有三格，第一格画出你所用的工具，第二格画出工具摆放的方法，第三格用数字写出摆了多少个？（出示记录表格边指边讲，然后分发给幼儿）

（四）大家摆一摆

教师：请小朋友快速找到材料，把1米纸放直，用选好的材料和工具顺着它摆出1米长来？数数能摆出多少个？是怎样摆的？

幼儿取走1米纸条，教师提醒幼儿找一个可以平直放纸不干扰别人的地方，先摆直1米纸，然后自取想好的材料、工具开始摆放。教师观察幼儿的动作，指导幼儿把1米纸条摆直，可以借用透明桌垫或重物压住纸条，保证它是直的平的，便于材料在上面摆放。

1. 教师用相机拍下方法正确的幼儿的动作，并给予肯定

(1) 在建筑城地面上摆直1米纸，取出中长方积木沿着1米纸条的一端对齐，用积木一个紧挨一个地摆放，最后剩余一点白纸，取来小正方体积木把它摆满，一共摆了4个中长方积木，2个小正方体积木。幼儿在记录表上画出中长方体积木和小正方体积木，在摆放栏内画出一个紧挨一个的样子，在数量格内画出4+1……

(2) 在桌子上摆直1米纸条，取来一样的水彩笔盒，在纸条的一端齐后开始摆放，最后剩余部分用小印章代替摆满，然后在记录表内记录：水彩笔盒和小印章，一盒紧挨一

盒，3+1。

(3) 在窗台上摆直1米纸，取来A4图画纸一张张摆直，摆满3张A4纸，在记录表内画出A4纸、纸边紧密相接、3。

……

2. 教师用相机拍下摆法有问题、动作不准确的情况

(1) 在窗台上摆直1米纸条，然后找来露露罐，摆了3个后没有了，换成王老吉罐，摆了2个没有了，换取啤酒罐，最后剩余纸条部分用瓶盖摆满。在记录纸上慢慢地画着这些东西，由于数量较多差点儿数不过来了。

(2) 在窗台上摆直1米纸条，随意取来不一样的水彩笔盒，把水彩笔盒竖着紧密摆放，用笔盒的宽边来量。

(3) 把1米纸条摆在地上，取来围棋子顺着纸摆放，但围棋摆放不紧密，没有顺着纸边摆直，弯弯曲曲。

(4) 把1米纸条摆在桌子上，一边已经出了桌子，取来剪子（不一样有长有短）摆放，最后数出21把剪子但没有摆到纸边。

……

(五) 分析问题

1. 教师将视频线连接，请幼儿在操作的地方暂时停下试验，一起观看并分析相机拍摄的情景，请小朋友看一下这些摆出1米长的动作中有什么问题。

(1) 用露露罐、王老吉罐、啤酒罐、瓶盖摆的：

幼儿：找的材料不一样，不标准；换了好几种，不好记录了。

教师：（及时肯定幼儿的说法）小朋友选择的材料应该是一样长短大小，是一样的，这样清楚，记录时也会很简单，向大家介绍时更加明白准确。

(2) 竖着摆放的宽度不一样的水彩笔盒：

幼儿：他选用的水彩笔盒不一样宽，这样不准确。

教师：对，这个问题跟第一个一样，都是选择的材料不统一不标准，这样摆出的结果也会不标准，记录时会很不准确，也很复杂。

(3) 围棋子摆放不紧密，弯弯曲曲的：

幼儿：他选用的围棋子是一样的，但是摆得弯弯曲曲，不直，还有空隙，这样也不准确。

教师：对，使用了一样的材料是很好的，但摆放时应该再细心些，棋子之间不能有空隙，这样最后数出来的棋子数就不准确。

(4) 剪子没有与1米纸的一头对齐，摆到另一头时还有剩余：

幼儿：剪子和纸条的一头没有对齐，应该把剪子的边和纸条的边挨在一起对齐的，摆到头了不够时可以用别的一个小东西代替。

教师：对，标准的1米纸的边一定要和材料的边对齐，就象两个小朋友站在一条起跑

线上一样，这样才准确、公平。摆到头不够时可以用其它小材料代替，用小手指头也可以。这样记录时又准确又新颖。

2. 师幼共同总结测量的正确方法，结合正确的摄像资料进行验证。

第一，测量物和被测量物的一边对齐；

第二，测量物之间不能有空隙；

第三，测量物要摆直，不能弯曲；

第四，测量到头不够时可以用小材料代替。

教师：（出现拍摄的正确摆放方法的情景）请小朋友根据我们总结的方法再看看这些动作对不对？

教师：（出现“用中长方积木沿着1米纸条的一端对齐，紧密摆放，剩余部分用小正方体积木摆满”的情景）这个小朋友的动作标准吗？符合哪个方法？

幼儿：很标准，符合测量物和被测量物一边对齐的方法。

教师：（出现“用一样的水彩笔盒与纸条的一端对齐后紧密摆放，最后剩余部分用小印章代替摆满”的情景）这个小朋友的动作标准吗？符合哪个方法？

幼儿：标准！符合不能有空隙，最后不够时用小材料代替的要求。

教师：（出现“A4图画纸一张张摆直，摆满3张A4纸”的情景）这个小朋友的动作标准吗？符合哪个要求？

幼儿：标准！符合测量物之间不能有空隙，不能有弯曲的要求。

3. 引导幼儿自检，验证自己的方法。

教师：大家说得很好，请小朋友检查自己的方法是不是准确？选择的材料是不是统一的标准的？如果最后有剩余部分应该找什么样的材料代替？请用最简单的图画记录。

幼儿：回到自己的操作中检查，把材料与1米纸的一边对齐，重新摆放不紧密不直的材料，有不统一的材料进行调整，使用一样的材料摆放，最后有剩余的地方用最简单方便的小材料代替。

教师观察指导幼儿做记录：用单线条画出材料的样子、紧密笔直的摆法，数出准确数量，用“+”连接最后的代替材料。

（六）展示交流记录

教师：（幼儿都完成至少一种材料的探究摆放）请小朋友们讲一讲自己的试验记录。

幼儿：（将记录表面对大家）我用的材料是中长方积木，一个一个摆齐紧挨着，一共用了4个中长方和1个小正方积木摆出1米长。

幼儿：我用一模一样的水彩笔盒，和1米纸的一边对齐后直着摆，最后剩下纸条的用小印章接上，记录是3个水彩盒+1个小印章等于1米长。

……

（七）活动延伸

教师：大家的记录都很清楚，都有进步，我们知道了1米有多长，会用统一标准的材料来摆放1米长，比以前小朋友说的胳膊长、一大步长要准确了。不过测量跳了多远、跳了多高最准确的工具还是尺子。老师把1米纸条放在测量区，小朋友在活动区游戏时可以继续测量。

活动反思

本活动随着主题活动的进行和幼儿的关注点自然生成。在活动中，一开始教师启发幼儿对“1米有多长”进行思考，面对有趣但含糊错误的认识教师没有急于批评指正，而是给幼儿提供了一个验证自己的机会，激励幼儿在做中学、学后做，发现问题解决问题，归纳、提升知识，有效提高“教”与“学”质量。

活动的难点是准确、标准地进行1米尺的异物表达，重点是观察幼儿的操作情况进行指导，提升经验总结方法。在发现幼儿出现预想的问题时，教师利用多媒体工具及时捕捉细节，引导幼儿自己观察、分析，找到原因，归纳正确方法，并再次运用到自己的操作实验中，完全符合《纲要》“有目的、有计划地引导幼儿生动、活泼、主动活动”的要求。

“掌握用自然物测量长度的方法”，这是该活动的一个目标。在30分钟时间内，幼儿要把自己想象的1米长具体物化为可操作的材料，并验证想法得出经验总结认识，的确不是一件轻而易举的事。但是，在活动中，我们看到幼儿始终处于快乐学习的状态，而且这种快乐并不是通过教师的简单刺激而激发出来的一种肤浅的快乐，而是由学习活动本身带来的快乐，对幼儿的终身发展具有积极的意义。

整个活动的节奏把握较好，使幼儿有思考、有行动、有反思、有验证、有交流，还有安静的记录，充分考虑幼儿的学习特点和认识规律，将科学、语言、艺术结合，综合、有趣地促进幼儿主动活动，获得经验，得到发展。

附：

“1米有多长”记录表

工　具	方　法	数　量

（执教老师：刘婷）

案　例　二

活动名称

中班科学活动——让“小猪”浮起来

活动思路

中班幼儿主要是通过感知觉以及各种操作活动认识周围世界的。我班幼儿已进入中班第二学期，对于科学探索类的活动兴趣极高，他们喜欢自己动手操作，喜欢发现事物的一些变化。为了丰富孩子们的动手操作经验，我设计了本次科学活动。整个活动利用故事情节让“小猪”浮起来，给幼儿提供了丰富的材料及大胆尝试的空间，锻炼了幼儿动手、动脑解决问题的能力。

活动目标

1. 通过动手操作活动，启发幼儿运用多种方法解决困难，激发幼儿的探索兴趣。

2. 引导幼儿利用实物分类的方法记录操作结果，并敢于表达自己的操作体会与发现。

活动材料

1. 橡皮泥小猪幼儿人手一个、盛有水的小水盆、积木块、塑料泡沫、小镜子、橡皮、纸盘、瓶盖、纸盒、地板块、水杯等材料若干。

2. 记录图标（笑脸小猪、哭脸小猪）各一个。

活动过程

（一）情节引入："小猪洗澡"

教师：我们亲手捏制的橡皮泥小猪，在手工展示区已经放了好几天了，小猪的身上落满了尘土。现在它觉得特别不高兴，想让我们大家帮助它洗一洗澡，小朋友愿意帮助小猪来洗澡吗？

幼儿：愿意！

1. 幼儿动手帮助小猪洗澡。

每人一个橡皮泥小猪，放在水盆里给小猪洗澡。在洗澡的过程中，观察橡皮小猪在水中的状况。当小朋友双手离开小猪时，橡皮泥小猪就会沉到水底。

2. 引导幼儿发现问题：小猪会沉到水底。

3. 教师提出问题：怎么才能让小猪在水中沉不下去，还能让它在水里高兴地洗澡做游戏呢？可以请谁来帮忙？

幼儿1：我们可以借助不同的东西让小猪在水面浮着洗澡，小猪就不会沉到水底了。

幼儿2：就像我们在水面上玩小船一样。

（二）帮助"小猪"浮起来

1. 教师出示准备好的材料，请幼儿自选材料进行尝试，并将材料进行分类。

幼儿在材料区选择自己认为可以帮助小猪不沉到水底的材料（对材料作出自己的猜想），并且在水盆中亲手尝试，看此材料可不可让小猪浮在水面。如果可以，将材料放置在笑脸小猪的旁边，不可以则将材料放在哭脸小猪的旁边。

2. 鼓励幼儿用多种材料、多种方法帮助"小猪"浮起来。

（三）交流与分享

请幼儿说一说自己用了哪些材料，什么方法？

教师：刚才小猪和小朋友玩得特别高兴，许多小朋友借助不同的游戏材料让小猪自己在水面上洗澡，谁来和我们说一说，你用的是什么材料、什么好办法？

幼儿1：我选择的纸盘材料，把纸盘放在水面上，再把小猪放在纸盘上，小猪就不会沉下去了。

幼儿2：我选择的水杯，一开始没有成功。因为我放小猪的时候没有放平稳，水杯一歪里面进了水，小猪就沉下去了。后来，我又试了一次成功了。

幼儿3：我用的是纸盒，小猪成功地浮在了水面上。可是没过一会儿纸盒都湿透了，

慢慢地小猪和纸盒就都沉入了水里。

……

(四) 活动延伸

教师：生活中还有哪些东西可以帮助“小猪”浮起来，请幼儿在活动区中继续尝试。

(执教老师：齐彤)

案　例　三

活动名称

中班科学活动——水到哪去了

活动目标

1. 激发幼儿的探索兴趣，启发幼儿通过动手操作发现生活中有些东西是容易吸水的。

2. 引导幼儿初步学习记录自己的操作结果。

活动准备

1. 在生活活动中丰富并感知相关材料。

2. 幼儿有玩小瓶子灌水的游戏经验(尽量不让水洒出来)。

材料的准备

1. 活动用品每人一套；小盆每人一个；海绵、布、棉花、石头、水果网、泡沫、积木、餐巾纸等材料若干。

2. 记录表一张、小花标记若干。

活动过程

(一) 以变魔术的形式，引发幼儿兴趣

教师：今天老师要给小朋友表演一个魔术，小朋友想不想看？小朋友要睁大眼睛看清楚了！

1. 出示材料：一个装有水的水盆、一个小杯子、一个空八宝粥瓶子，教师将杯子盛水再倒进瓶子，请幼儿猜猜水还能倒回杯子吗。

2. 提问幼儿：老师把水变不见了，水到哪去了？

(二) 幼儿操作

1. 老师为每个小朋友都准备了一个八宝粥瓶子和一个杯子，请小朋友像老师一样变魔术，看看水是不是也会不见了。

2. 实验后发现水真的不见了，请小朋友把瓶盖子打开找出原因。得出结论：水被毛巾吸走了，所以就倒不出来了。

3. 引导幼儿探索生活中除了毛巾以外还有哪些东西容易吸水。老师为小朋友准备了一些材料，请小朋友选出自己认为可以吸水的材料，完成“水变没了”的魔术。

4. 请小朋友亲自动手试一试，验证自己的猜想，并用小花作为标记。

在小朋友尝试了不同材料后，得出结论。在记录板上用不同颜色的小花记录材料是否吸水，红色的小花表示可以，蓝色的小花表示不可以。

(三) 交流实验结果

请小朋友说一说自己是用什么材料变的魔术。

(四) 活动结束

为其他班的小朋友表演“水变没了”的魔术。

（执教老师：齐彤）

社会领域

案例一

活动名称

小班社会活动——安全玩滑梯

设计思路

小班初期的幼儿，自我意识开始出现，他们的情感、行为冲动性强，自制力差，不能与同伴友好合作。在日常户外滑滑梯游戏中，时常见到争抢上下、拥挤推人、正面攀爬等危险现象。帮助幼儿学会正确玩滑梯的方法，建立初步的规则意识，使幼儿能安全地玩滑梯，感受集体游戏带来的乐趣，意义重大，是本次活动的设计初衷所在。

活动目标

1. 能有秩序地上下滑梯，在游戏中知道等待他人，不推人，不拥挤。

2. 知道用不正确的方法玩滑梯会造成伤害，有初步的安全意识。

活动准备

小猫玩偶、小猫头饰、正确及错误游戏的对比照片。

活动过程

（一）讲述《创可贴小猫》故事导入，激发兴趣

（二）猫妈妈提问

“小猫为什么哭了？还总是要贴创可贴？”

“小猫在玩滑梯的时候做了什么就受伤了？”

教师出示错误玩法的照片，让幼儿边看边说。

（三）引导幼儿说出玩滑梯的正确方法

“小朋友玩的时候受伤了么？你们是怎么玩的呀？”（边说边出示正确玩法照片）

1. 滑梯要从哪里上？

小结：分几路从楼梯上去。

2. 玩滑梯要怎样滑下来？

小结：先要扶稳坐好才能滑下来。

3. 人多的时候应该怎样玩滑梯？

小结：人多时玩滑梯要先排好队，一个跟着一个，不拥挤推拉。要等前面的小朋友滑下离开后，自己才可以滑。

（四）教小猫滑滑梯，巩固正确玩法

“孩子们，你们愿意教教小猫怎么滑滑梯么？”

运用儿歌强调滑滑梯的正确玩法：

小朋友，别着急，
排好队来上滑梯。

扶稳坐好不拥挤，

一个一个滑下去。

（五）带领幼儿去户外玩滑梯，进一步巩固滑滑梯的正确玩法

活动建议

1. 此活动宜安排在开学初进行，让幼儿一开始就掌握滑滑梯的正确方法。

2. 日常生活中，幼儿玩大型运动器械时一定要有成人保护，成人要注意引导幼儿正确地玩各种运动器械，在活动中逐步培养幼儿的安全意识。

区域活动

1. 用在此活动中拍摄的幼儿相片布置成“我会玩游戏”区角，对能用正确方法玩大型运动器械的幼儿进行表扬，并在其相片周围贴五角星。

2. 引导幼儿在建筑角建构滑梯，教小娃娃用正确的方法玩运动器械。

附：故事《创可贴小猫》

小猫每天都早早起床，它最喜欢和小朋友一起做游戏了。第一天，小猫和小朋友一起玩滑梯，小猫从滑下去的地方向上爬，爪子一滑，“砰”的一声，小猫的脸贴在了滑梯上，鼻子碰得又红又肿，小猫“呜”地哭了起来。小朋友连忙说：“别哭别哭，贴上创可贴就不痛了。”说着，小朋友就在小猫的鼻子上贴上了创可贴。

第二天，小猫和朋友一起玩滑梯，小猫着急上滑梯，小爪子没有扶好扶手，一下子从上面摔了下来，脑袋肿了一个大包，小猫“呜”地哭了起来。小朋友连忙说：“别哭别哭，贴上创可贴就不痛了。”说着，小朋友就在小猫的头顶上贴上了创可贴。

第三天，小猫和朋友一起玩滑梯，小猫用身体挤开前面的小朋友，屁股还没有坐稳就滑了下来，只听“咚”的一声，屁股撞在了地上，被摔得又红又肿，小猫又“呜”地哭了起来。小朋友连忙说：“别哭别哭，贴上创可贴就不痛了。”说着，小朋友就在小猫的屁股上贴上了创可贴。

小猫的鼻子上、头顶上、屁股上都贴上了创可贴，小朋友们都说：“哎呀，小猫变成‘创可贴小猫了’。”

（执教老师：李丹）

案　例　二

活动名称

中班社会活动——我能行

设计思路

在带班的过程中，我发现许多幼儿只要一遇到困难就向教师寻求帮助。教师在直接给予幼儿帮助的同时，剥夺了幼儿动脑动手解决问题的机会，长此以往幼儿就缺少了战胜困难的勇气。但如果将这些困难作为一种教育资源，就会使之发挥很大的价值。于是，我创设了“大家一起想办法”的环境，引导幼儿将自己遇到的困难用绘画的方式记录下来，通过这个途径向同伴求助，同时也帮助幼儿思考解决困难的办法。一段时间后，我发现幼儿

只是停留在思考阶段，并不能将自己的办法付诸行动，而且也缺少同伴间互相分享经验的机会。于是，我设计了“我能行”的集体活动。

活动目标

1. 愿意想办法尝试解决生活中遇到的困难。

2. 体验同伴互助和自己解决困难的喜悦。

活动准备

1. 从“大家一起想办法”的环境墙饰中选出三个幼儿经常遇到的困难情境：把水洒了、班里的图书坏了、户外活动时沙包落到拿不到的地方了。

2. 辅助材料：报纸、布条、墩布、订书机、透明胶条、双面胶、长纸棍、木棍等。

3. 创设情境：地上有水、坏了的图书、沙包放在了高处拿不到的地方。

活动过程

（一）借助图画中所展示的困难情境，引入活动

1. 教师分别出示三幅图画

教师：小朋友们看一看这三幅画中，他们遇到了什么困难？

幼儿1：喝水的时候水洒了。

幼儿2：看书的时候书掉页了。

幼儿3：把沙包扔到小房子上拿不到了。

2. 激发幼儿解决困难的信心

教师：你们要是遇到了这些困难，能自己动脑筋解决吗？

幼儿：能。

教师：好，今天咱们就来玩一个我爱动脑筋的游戏，看看哪个小朋友最爱动脑筋，想出的办法最多。

（二）分三组讨论解决问题的方法

1. 分组（幼儿自由分组）

教师：现在请小朋友想一想你最想解决哪个问题。

2. 讨论（三位老师分别加入到三个小组活动中）

（1）第一组：地上洒水了怎么办？

教师：这个困难你用什么好办法来解决？（鼓励小朋友们动脑筋想出不同的办法）

幼儿1：用卫生纸把水擦干净。

幼儿2：用老师平时擦桌子的布擦。

幼儿3：用扫帚把水扫到下水道里。

幼儿4：用废旧的报纸先把水吸一下。

幼儿5：用墩布擦……

教师：小朋友刚才想了这么多的办法，哪个合适？哪个不合适？为什么？

幼儿1：用墩布擦合适，因为平时老师就用墩布擦地。

幼儿2：用扫帚扫不合适，扫完了还得用墩布擦。

教师：用卫生纸擦合适吗？

幼儿：有点浪费，用废报纸先吸一下地上的水倒是可以。

教师：用擦桌子的布能擦地吗？

幼儿：不能，擦桌子的布只能擦桌子，地太脏。

教师：你们觉得最合适的办法是什么？

幼儿：用墩布擦地。

教师：我们平时都用墩布擦地，可是墩布很大，有的小朋友拿不动，擦起来不方便，是不是墩布要是小一点儿小朋友们用起来就很方便了？没有小墩布怎么办？（引导幼儿想办法）

（2）第二组：图书掉页了，应该怎么办？

教师：图书掉页了，这个困难你们用什么好办法来解决？

幼儿1：用订书机订上。

幼儿2：用透明胶条粘。

幼儿3：也可以用胶水粘。

幼儿4：用做书的机器把书修好。

教师：可是咱们没有那种机器啊。

教师：用订书机、胶条、胶水都可以。可是书如果掉一页，我们用订书机订合适吗？应该用哪种材料来修？

幼儿：胶条或者胶水。

教师：对，如果掉了很多页，我们用透明胶条粘合适吗？应该用什么？

幼儿：订书机。

教师：对，坏了的图书能用工具把书修好，但是要选择合适的工具。

（3）第三组：沙包落在了高处，拿不到怎么办？

教师：小朋友们玩游戏的时候经常遇到这个困难，几乎每次都是老师帮忙，这次你们想想自己怎样解决？

幼儿1：站在椅子上，把沙包拿下来。

幼儿2：我们可以用棍子把沙包够下来……

教师：如果户外没有椅子怎么办？这个方法合适吗？

幼儿：不合适。

教师：如果小朋友手拿不到，刚才有的小朋友说用小棍来帮忙，这个办法好不好。（引导幼儿想办法）

（三）幼儿动手实践，尝试解决困难

教师：各组小朋友都想出了许多好办法，现在请每组小朋友都来试试你们的好办法。

各组负责的教师带领幼儿尝试解决问题。

第一组：请幼儿用自己想出的方法试一试将地上的水擦干净。看看哪种办法效果最好，哪种办法最合适。如果有想做小墩布的幼儿，教师给予一定的帮助。（也可以利用活动区活动的时间提供材料，引导幼儿制作小墩布。）

第二组：请幼儿自己选择修补图书的工具，用自己想到的好办法修补班中的图书。教师适当地引导幼儿合作完成任务。

第三组：请幼儿尝试用自己想到的办法拿到沙包。

（四）个别发言，鼓励幼儿讲出自己解决问题的方法，初步体验成功的乐趣

教师：你刚才解决了什么困难？使用了什么方法？还有其他的方法吗？哪一种办法最好？

教师：困难解决后，自己的心情是怎样的？

小结：小朋友在生活中会遇到很多困难，有些困难是小朋友自己能解决的，所以遇到困难的时候，小朋友要不怕困难，要学会自己动脑筋解决问题。

活动反思

这次活动的内容来源于幼儿在生活中自己遇到的困难，活动选材很贴近幼儿的生活。活动中，教师给幼儿创设了情境，提供了动手动脑解决困难的机会，将幼儿从思考的阶段引发到用行动解决问题的层面，让幼儿体验到解决困难的过程，收获解决困难的方法。这个过程也是对幼儿零散经验的一种整理和提升。

考虑到幼儿的个体差异，所以将活动分组进行。有些幼儿动手操作能力较强，可能就会对修补掉页的图书感兴趣，有些幼儿思维很活跃，喜欢玩，可能就对怎样才能拿到沙包感兴趣，让幼儿根据自己的意愿分组进行游戏，幼儿能够很好地发挥自己的优势去解决困难。幼儿从中体验到一种成功感和优越感，从而增强了自信心。通过自己用胶条、订书机修补图书，能促进幼儿手部小肌肉的发展；用小棍帮助拿到高处远处的沙包，能锻炼幼儿眼手的协调性；通过分组尝试解决问题，还渗透了幼儿合作学习的体验。大家一起想办法，共同解决困难，这就是一种合作。

本次活动对幼儿起到了抛砖引玉的作用，有了这次解决问题的经验，以后幼儿再遇到困难，就不会只是想想、说说，而是会想怎样做，最后落实到行动上。这个过程帮助幼儿建立了自己解决困难的意识，也为以后幼儿遇到困难如何面对、如何解决打下了一定的基础。

（执教老师：徐冉）

案 例 三

活动名称

大班社会活动——小朋友之最

活动目标

1. 能运用比较的方法理解“最”的含义。
2. 能够积极地评价自己。
3. 懂得欣赏他人，为他人的优点和进步感到高兴。

活动准备

1. 图片

运动员类：射箭运动员张娟娟，乒乓球运动员马琳，跳水皇后郭晶晶，体操吊环王陈一冰，撑杆跳高运动员伊辛巴耶娃，百米跑运动员博尔特；

外形类：世界最高的人喜顺，最胖的人，头发最长的人；

技能类：绘画作品最多的职业画家，同时转起皮球最多的人。

2. “我最喜欢的运动员”墙饰；“健康运动会”记录。

3. 实物投影仪。

4. 绘画工具。

活动过程

(一) 展示“……之最”

1. 运动员之最

教师：老师这里有很多图片，请小朋友看一看，他们都是谁？

教师用实物投影仪展示师幼收集的“运动员类”图片。

教师：(出示图片张娟娟) 这位运动员是谁？她是什么项目的运动员？她获得了什么成绩？

幼儿：张娟娟。她是射箭运动员。她是奥运会冠军，她是世界上女子射箭最棒的运动员。

教师：(出示图片马琳) 这位运动员是谁？他是什么项目运动员？他获得了什么成绩？

幼儿：他是马琳。是乒乓球运动员。他是北京奥运会冠军。他是世界上男子乒乓球单打最棒的运动员。

教师：(出示图片飞人博尔特) 他是谁？是什么项目运动员？

幼儿：他是博尔特，是一百米跑运动员。他是世界上百米跑得最快的人，他是“飞人”。

教师：(出示图片伊辛巴耶娃) 她是谁？是什么项目运动员？

幼儿：她是伊辛巴耶娃，是撑杆跳高运动员。她是世界上女子撑杆跳高最棒的运动员。

教师继续出示体操吊环王陈一冰、跳水皇后郭晶晶的图片，引导幼儿说出他们是世界上该项目最棒的运动员。

教师：刚才大家看到这些运动员，都是什么样的运动员？

幼儿：都是世界上这个项目最棒的运动员。

2. 外形之最

教师：老师请小朋友再看一些图片，请你找找他们最突出的地方是什么？

教师出示外形类图片。

教师：(出示最高的人) 这张图片上有两个人，矮一些的人和老师一样高，你们看另一个人？

幼儿：他个子真高！

教师：他叫喜顺，是蒙古族人，他是世界上最高的人。

教师：(出示最胖的人) 这张图片上的人有什么特点？

幼儿：他太胖了！

教师：对，他是世界上最胖的人。

教师：(出示头发最长的人) 这张图片的人有什么特点？

幼儿：她的头发真长！

教师：对，她是世界上头发最长的人。

教师：老师请小朋友看的这些图片上的人都是什么样的人？(启发幼儿知道外貌之最

指的是用眼睛能看到的外形特征方面最突出的）

幼儿：都是身体器官最突出的人。

3. 技能之最

教师：请小朋友看一些图片，找找他们最特殊的是什么？

教师出示技能类图片。

教师：（出示毕加索）他叫毕加索，他是一位画家，他一生画了24 000多张画，他是世界上画画最多的画家。

教师：（出示转球人）他是一位美国人，他能用身体转动起皮球，他一次最多能用身体同时转动起28个球，他是世界上用身体同时转起皮球最多的人。

教师：刚才这两个人是哪方面最特殊呢？

幼儿：他们都有最特殊的本领。

（二）什么是“最”

教师：刚才请小朋友看的跳得最高的人、最胖的人、百米跑得最快的人、头发最长的人、画画最多的人……他们都有一个——？

幼儿：都是最——的人。

教师：什么是“最”啊？

幼儿1：就是和别人都不一样的。

幼儿2：就是比别人棒的。

幼儿3：就是在他那种本领里数第一的。

幼儿4：就是让别人都羡慕的，都比别人强的。

教师小结，引导幼儿知道“最”指的是某方面超过所有同类的人或事物，是最突出的、特别的事物，在一定范围内无人能比的。

（三）怎样知道“最”

教师：怎样知道是某个方面之最呢？

幼儿：是通过比较知道的。

教师：对，画画是不是最多要通过数一数比一比才知道，球打得是不是最棒要通过比赛知道。最是通过比较知道的。

（四）班级之“最”

教师：每个小朋友都有自己独特的地方，别人比不过的地方，都有自己之“最”。请小朋友和同伴说一说自己之“最”。（幼儿以桌为单位，自由交流，互相说说之“最”，教师帮助没有找到自己之“最”的幼儿建立信心，发现自己优秀的地方，鼓励幼儿间互相欣赏）

教师：好，每个小朋友都找到自己之“最”了，请你们自豪地向大家介绍一下吧！

幼儿1：我皮肤最白。

幼儿2：我在小朋友里个子最高。

幼儿3：我年龄最小了，我今年不能上小学。

幼儿4：我最爱劳动，做值日时我特别认真。

幼儿5：我跳舞最美。

……

教师：如果有相同之“最”行吗？

幼儿：不行，“最”只能有一个，有相同的就要比一比。

教师：对，是不是“最”棒的，一定要通过比较才知道。

（五）“最”会变吗?

教师：小朋友说了很多自己之“最”，最白的，最高的，认字最多的，讲故事最好听的，画画最多的，跳舞最美的，跑得最快的……这些“最”永远不变吗？

幼儿：不是，如果不努力，别人努力了，就会超过你，别人就是最棒的了。

教师：对，“最”是会改变的。最胖的人锻炼身体会变瘦，跑得最快的人不锻炼了别人会超过他，讲故事最好的人骄傲了，别人更加认真更加努力会超过他成为最棒的……“最”是会改变的。

（六）画出我之“最”

教师：很多小朋友喜欢说，有的小朋友喜欢画。请大家画出自己之“最”吧。

教师：怎样又快又明白地画出自己之“最”呢？

幼儿：就把自己最好的项目画大画清楚。

教师：对，把自己最特别、最优秀、最突出的方面画大、画清楚、画得夸张一些，让人一看就明白是什么了，不用画其他内容。（指导幼儿绘画，突出“最”的特征，鲜艳明了，充满画纸）

活动点评

大班幼儿能进一步意识到并开始理解他人有不同于自己的情感、需要，重视成人、同伴对自己的评价，希望被同伴群体接纳。因此，根据幼儿的个体差异，有针对性地为每个幼儿提供表现自己长处的机会，增强其自信心，从而带动其全面发展是很有教育意义的。

“小朋友之最”与主题自然结合生成，是建立在幼儿的认知基础和社会经验基础上的。幼儿对主题活动中的许多运动明星非常喜爱，对每块金牌得主都很熟悉。教师用运动员之最作为开始，轻而易举地使幼儿对“最”有了具体形象的认识。接着转到外形之最和技能之最上，使幼儿懂得“最”的范围是多种多样的，理解了“最”的含义，能用自己的语言解释。教师的组织连贯有序，清楚展示了运动之最、本领之最、外貌之最，让幼儿知道了“最”的含义，知道“最”是通过比较得出的。

教师在十分了解本班幼儿情绪情感、能力水平的基础上，激励每个幼儿发现并说出自己最优秀、最特殊的地方，教师在指导过程中尊重、爱护幼儿，引发了幼儿之间的欣赏之情，使每个幼儿都能以欣赏的眼光看待自己和他人。

在引导幼儿表现表达过程中，注重多元智能的发展，使幼儿敢于用自己擅长的方式展现自己之“最”，得到社会认同感和情感方面的升华。

（执教老师：刘婷）

语 言 领 域

案 例 一

活动名称

小班语言活动——谁吹的泡泡

活动目标

1. 学习儿歌，感知事物之间的简单联系。

2. 尝试仿编儿歌，体验说儿歌的快乐。

活动准备

月亮、星星、雨点、母鸡、鸡蛋、苹果、树叶、蝌蚪、青蛙、瓜子、车轮等卡片若干。

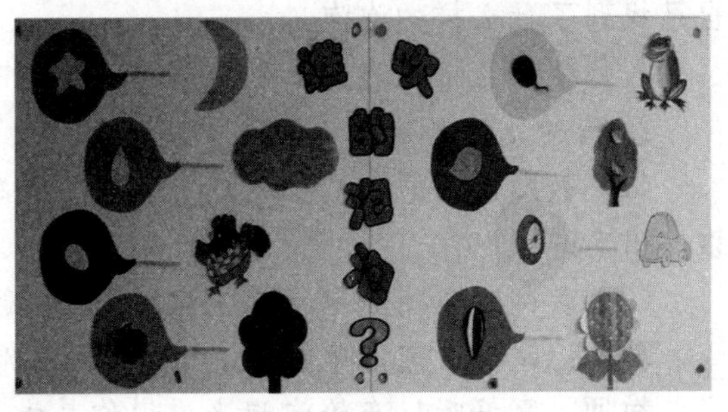

活动过程

(一) 听音乐引发幼儿活动兴趣

1. 让幼儿听歌曲《吹泡泡》，做律动表演。

2. 提问：泡泡是什么样子？

3. 引导幼儿认识不同的泡泡。

(二) 出示图片引发幼儿思考

1. 出示星星图片，提问：

(1) 这是什么泡泡？(星星泡泡)

(2) 星星泡泡是谁吹出来的？(星星是月亮吹出来的泡泡)

2. 依次出示雨点图片，提问：

(1) 这是什么泡泡？”(这是雨点泡泡)

(2) 雨点是谁吹出来的泡泡？请你们听一听。

(3) 为什么雨点是乌云吹出来的泡泡？(因为下雨了，天变黑了，阴天了)

教师出示乌云图片，引导幼儿一起说：雨点是乌云吹出来的泡泡。

3. 出示鸡蛋图片，提问：

(1) 这是什么泡泡？(是鸡蛋泡泡)

(2) 谁知道鸡蛋泡泡是谁吹出来的？为什么？(鸡蛋是母鸡吹出来的泡泡，因为母鸡会生蛋孵小鸡)

教师边出示母鸡的图片边和幼儿一起念：鸡蛋是母鸡吹出来的泡泡。

4. 出示苹果图片，提问：

(1) 又是一个泡泡，小朋友想一想它是谁吹出来的泡泡？(是苹果树吹出来的泡泡)

(2) 为什么是苹果树吹出来的泡泡？(因为苹果长在苹果树上，苹果就是苹果树吹出

来的泡泡）

教师边出示苹果树图片边引导幼儿一起念：苹果是苹果树吹出来的泡泡。

5. 配班教师依次将卡片贴上墙面，引导幼儿朗诵儿歌。

星星是月亮吹的泡泡，
雨点是乌云吹的泡泡，
苹果是苹果树吹的泡泡，
鸡蛋是母鸡吹的泡泡。

（三）启发幼儿仿编

1. 引导幼儿自由选择“泡泡”卡片。

教师：小朋友的周围还有许多泡泡，小朋友找一个你自己喜欢的泡泡，跟小伙伴说说自己找到了什么样的泡泡。

教师帮幼儿将泡泡图卡贴在胸前，同时有选择地问一问幼儿“你是什么泡泡”。

2. 请幼儿讲讲这些泡泡是谁吹的。

（1）教师：小朋友们都变成一个个可爱的泡泡了，快跟孙老师说说你是什么泡泡，是谁吹出来的泡泡？

（2）教师：请蝌蚪泡泡来说说。（蝌蚪是青蛙吹出来的泡泡）

教师：请树叶泡泡来说说。（树叶是大树吹出来的泡泡）

教师：真好听！车轮泡泡来说说你是谁吹出来的泡泡？（车轮是汽车吹出来的泡泡）

教师：瓜子泡泡快来说说你是谁吹出来的？（瓜子是向日葵吹出来的泡泡）

3. 游戏：看谁找得又快又准确。

教师将青蛙、大树、向日葵、汽车的图片分别放置在地上画好的圆圈内进行游戏。

4. 请各组幼儿讲一讲自己的泡泡是谁吹出来的。

5. 请幼儿把仿编的儿歌整理一下。

蝌蚪是青蛙吹的泡泡，
树叶是大树吹的泡泡，
车轮是汽车吹的泡泡，
瓜子是向日葵吹的泡泡。

6. 启发幼儿在生活中继续寻找有联系的事物，丰富儿歌内容。

（四）活动结束

活动在《吹泡泡》歌曲中结束。

活动反思

吹泡泡是小班幼儿非常喜欢的活动，因此选择了《吹泡泡》这首符合幼儿年龄特点的儿歌，通过引导幼儿理解儿歌中的词句，使幼儿感知事物之间简单的联系，并利用感知所得的经验去仿编儿歌，使语言教育活动充满乐趣，富有童趣，促进幼儿语言的发展。

整个活动过程以游戏贯穿，幼儿跟随老师听《吹泡泡》歌曲做律动表演，引起参与活动的兴趣，教师依次出示与新授儿歌相关的图片进行有趣的提问：这是什么泡泡？是谁吹出的泡泡？（星星是月亮吹的泡泡）在出示鸡蛋和雨点图片时，教师有意识地引导幼儿进一步想象，幼儿知道了事物之间简单的联系。在启发幼儿仿编儿歌的过程中，教师鼓励幼

儿选择自己喜欢的小标志，如车轮、瓜子、蝌蚪、树叶等贴在身上扮演小泡泡，向伙伴介绍自己的泡泡是谁吹出来的。这一环节进一步激发了幼儿的游戏兴趣，使幼儿主动参与尝试，大胆地仿编儿歌。在整个过程中教师注意为每个幼儿提供表现表达的机会，激发幼儿想象能力的发展。

此活动通过找一找、想一想、说一说、做一做的游戏形式，引导幼儿在理解体验新授儿歌的同时，尝试仿编儿歌，整个活动过程是一种初步迁移、转移能力的培养，同时也是在符合小班幼儿年龄特点的基础上，对语言活动形式的一次新尝试。

（执教老师：孙秋）

案　例　二

活动名称

中班语言活动——借动物

活动思路

此活动是上个主题活动"我的动物朋友"的延续，孩子们已经掌握了一些常见动物的特征及生活习性，依然对各种动物保持着浓厚的兴趣。结合中班幼儿社会认知能力明显提高，能够有初步关心、同情、友好助人的行为，但他们的自控能力很弱，助人合作能力不完善，遇到困难分歧时，依然会有争抢告状的事情发生的年龄特点，我设计了"借动物"这次活动。在活动中引导幼儿理解故事内容，表达自己的想法。

中班幼儿以具体形象思维为主，对故事很感兴趣，于是我按照活动内容制作了《借动物》的课件，通过演示课件及扩展提问为幼儿提供想象空间，使他们能够根据已有的生活经验大胆想象、表达自己的想法。

活动目标

1. 能够专心倾听故事，理解故事的内容。

2. 愿意动脑筋解决问题，并能大胆表达，语言连贯。

3. 感受帮助别人的快乐，知道要互相帮助。

活动准备

1. 课件（或图片）《借动物》。

2. 图片果园、过河、花园和房顶上的气球。

3. 幼儿了解一些动物的特征及生活习性。

活动过程

（一）导入内容，引起兴趣

教师讲述故事的开头，引出活动内容：有一家动物园真稀奇，这里的动物不光让人看，还可以往外借呢……

（二）分段讲述故事，运用提问，帮助幼儿运用已有经验，较连贯地表达自己的观点

1. 结合课件（或图片），讲述故事的第一部分：

老爷爷打电话到动物园借会挠痒痒的动物——猴子。

教师：动物园为什么要给老爷爷送来猴子？

幼儿：因为猴子会帮老爷爷挠痒痒。

教师引导幼儿学挠痒痒的动作，巩固幼儿对“挠”这个动词的理解。

2. 结合课件（或图片），讲述故事的第二部分：小姐姐的红丝巾被风吹到高高的树杈上，就打电话到动物园借了个头最高的动物——长颈鹿。

教师：小姐姐该到动物园去借什么动物？为什么？

幼儿1：小姐姐该借猴子，因为猴子会爬树。

幼儿2：小姐姐借了长颈鹿，因为它脖子长。

3. 结合课件（或图片），讲述故事的第三部分：妈妈抱着宝宝逛商店，觉得累了就打电话到动物园借动物——袋鼠。

教师：动物园会给她送什么动物呢？为什么？

幼儿1：借大象，大象可以用鼻子卷着宝宝走。

幼儿2：借小猫，小猫可以陪宝宝玩。

如果幼儿没有猜到要借袋鼠，教师就可以点出课件中的袋鼠，并组织幼儿讨论为什么借袋鼠合适。

4. 结合课件（或图片），讲述故事的第四部分：小哥哥要送信，打电话到动物园借动物——小鸟、信鸽。

教师：小哥哥很着急要寄信，你猜猜他要借什么动物？为什么？

5. 教师为幼儿完整讲述故事。

6. 小结：原来，动物们有很多本领，可以为人们服务。小猪知道了这个消息，也开了一家可以借动物的动物园，可是今天要借动物的人太多了，我们来帮帮小猪，看看谁遇到了困难，该如何解决。

（三）通过解决问题环节，启发幼儿思考，帮助遇到困难的人解决问题

1. 教师出示图片果园、过河、花园和房顶上的气球。

（1）幼儿相互交流讲述图上的人遇到了什么困难

①秋天，果园里的苹果都熟了，请帮小狗想办法；

②小熊猫要过河，请帮他想办法；

③小狐狸看着花园里的花很想吃蜂蜜，请帮他想想办法；

④小姑娘的气球被风吹到房顶上，请帮他想想办法。

（2）个别交流

2. 幼儿自由选择图片自主讲述，选择合适的方法解决困难，教师巡回指导。

3. 各组交流讲述的内容，教师帮助幼儿丰富词汇，引导幼儿说完整话。

(四) 引导幼儿创造性讲述

教师：我们这儿也有一家可以帮助别人解决的问题公司，叫点子公司。遇到困难你可以打电话到点子公司来寻求帮助。电话号码是12341234。

分组进行。

(五) 延伸活动

请幼儿想象动物能为人类所做的事情，进行创造性绘画，并编成一个小故事。

活动反思

因为有直观的课件，幼儿对活动内容非常感兴趣，积极投入到活动中，帮助故事中的动物、人物想办法解决问题。幼儿不仅喜欢表达，而且愿意帮助他人，活动取得了预期效果。

但在帮助幼儿整理经验时，条理性应该更加清楚，以更好地帮助幼儿梳理经验。最后可以引导幼儿说一说生活中你遇到了什么困难，大家一起帮助想办法解决，效果会更好。最后的绘画方式表现的环节可以放在下次活动或活动区游戏时进行。

附：故事《你想借什么动物》

有一家动物园真稀奇：这里的动物不光让人看，还可以往外借呢！借动物？老爷爷活了八十岁还是头一回听说。这天，老爷爷正在看电视，就给动物园打了个电话。老爷爷说："我的后背正痒痒……我想借个动物帮我挠痒痒。"

"好说，好说。"不一会儿，动物园就给老爷爷送来一只会挠痒痒的猴子。

怎么样，好玩吧？

借动物的人很多很多：

有一位小姐姐，她的红纱巾被风吹到高高的树杈上，连警察叔叔都没有办法取下来。后来小姐姐从动物园借了个头最高的长颈鹿，长颈鹿来到大树下，用嘴轻轻一叼，就把丝巾取了下来。

街上有一位年轻的妈妈。她抱着小宝宝逛商店，走着走着，胳臂酸了，额头上也冒汗了。年轻的妈妈在路边打个电话，动物园马上就给她送来一只袋鼠……

屋子里，小哥哥写好了一封信，他很着急地想把信寄给好朋友，于是给动物园打了一个电话，动物园马上就给他送来了一只小鸟……小哥哥高兴极了。

听故事的小朋友，如果你们那里的动物园也可以借动物，那么，你最想借什么动物呢？

(执教老师：刘敬伟)

案　例　三

活动名称

大班创编故事——《摘苹果》

设计思路

我园正在进行《大班幼儿创意阅读指导策略的研究》课题研究活动，阅读活动的目

标是培养幼儿阅读的兴趣和良好的阅读习惯，发展幼儿的阅读能力、逻辑思维、想象创造能力、口语表达能力和表述能力。我选择排图讲述、创编故事、制作图书的教学方案，是从孩子的实际能力和水平出发的，针对幼儿的个性和特点，为每位幼儿准备一张图片，幼儿只需讲述其中的一幅画面，幼儿之间可以互相帮助，互相学习，团结协作共同制作一本图书。在图片的设计上，蕴含着数字递减的排序规律，使幼儿可以探索排序的规律，清楚有序地安排画面，使讲述完整清晰。

活动目标

1. 引导幼儿用清楚、简练的语言讲述图片内容。
2. 启发幼儿大胆想象创编故事情节，尝试用合作的方式制作图书。
3. 鼓励幼儿大胆、较连贯完整地讲述故事。

活动准备

小动物图片若干，画有苹果树的图每人一幅。

活动过程

（一）观察图片

教师：请小朋友用完整的话说说图片上有谁？在什么地方？看到一棵什么树？树上有什么？

幼儿1：图片上有一个小女孩，在草地上看见一棵树，一棵结了果子的树。

幼儿2：有一天，一个小姑娘在绿油油的草地上，看见了一棵苹果树，树上长着很多又大又红的苹果。

幼儿3：有一个小姑娘在草地上种了一棵苹果树，树长大了，还结满了红彤彤的苹果。

教师：你们猜猜小姑娘看到这么多的苹果会想什么？

幼儿1：她想这个苹果多好吃啊，要把苹果摘下来吃。

幼儿2：小姑娘要把苹果给爸爸妈妈吃。

幼儿3：她要把苹果摘下来卖钱。

幼儿4：她要请小动物们来吃。

教师：你们真是有爱心的孩子，小姑娘请小动物们来分享，她想请小朋友们帮帮忙，每个人请一个小动物来摘一个苹果，你要帮小动物说一说是怎样摘到苹果的。

（二）粘贴图片，讲述图片内容

请小朋友每人选一个小动物，把小动物粘贴到有苹果树的画面上。幼儿完成后，教师引导幼儿用清楚、简练的语言讲述图片内容。

教师：请小朋友说说，图片上有谁？是用什么办法摘到果子的？（引导幼儿大胆想象，帮助够不到苹果的小动物想办法）

幼儿1：大象伸长了鼻子一卷，摘下了一个苹果。

幼儿2：小猴子爬上树摘下了一个苹果。

幼儿3：老虎用力一撞，撞下了一个苹果。

幼儿4：小猪搬来了一架梯子，爬了上去，摘下了一个苹果。

幼儿5：长颈鹿伸长了脖子，用嘴叼下了一个苹果。

幼儿6：小兔子请长颈鹿帮忙，骑在他的身上摘下了一个苹果。(其他幼儿帮助想的办法：可以用老吊车摘果子，可以用许多筐摞起来，站在上面就够到了)

幼儿7：小乌龟，找来了一根长长的竿子，够下来一个果子。(其他幼儿帮助想的办法：可以开飞机，跳伞摘果子；可以请别的小动物来帮助，一个踩着一个就摘到果子了)

幼儿8：小鸟飞上树，摘下了一个果子。

教师：小朋友想的办法都非常好，你们说小动物们都吃到苹果了吗？他们心情怎么样？

幼儿：都吃到了，特别甜，明年他们还要来摘果子吃。

(三) 制作图书

1. 引导幼儿根据图片内容制作成一本图书。

教师：请幼儿把自己手中的图片粘到前面的板子上来，我们把这个好听的故事制作成一本书吧。

幼儿：好!

教师：小朋友认真看看这些图片有什么不一样的地方？哪张图片应该放在前面，哪张应该放在后面呢？

幼儿：树上苹果的多少不一样，按照数量多少来排就行了。

教师：那数多的排在前面，还是数少的排在前面呢？

幼儿：数多的排在前面，因为苹果越摘越少了。

教师按幼儿的提示，把图片按苹果数量多少的顺序排列好。

教师：小朋友们一起把我们制作的图书讲一讲好吗？讲到谁那张图片谁就大点声。

教师翻书，幼儿自由讲述。

教师：哪个小朋友能自己大胆地到前面来讲？

幼儿：在一片绿绿的草地上，有一天，一位小姑娘发现了一棵树，树上结满了苹果，然后，小姑娘请小动物来摘苹果吃，然后来了许多小动物。小鸟飞到树上摘了一个苹果，然后，小猴子爬上了树摘下了一个苹果，然后，大象伸长了鼻子一卷，摘下了一个苹果，然后，老虎用力一撞，撞下了一个苹果。然后，小猪搬来了一个梯子，爬了上去，摘下了一个苹果。然后，长颈鹿伸长了脖子，用嘴叼下了一个苹果。最后，小兔子请长颈鹿帮忙，骑在他的身上摘下了一个苹果。(其他幼儿提醒：可以做老吊车摘果子、可以用许多筐篓起来，站在上面就够到了。)最后，小乌龟，找来了一根长长的竿子，够下来一个果子。大家都吃到果子了，都说："谢谢小姑娘。"

教师：这么好看的书，请小朋友起个好听的名字吧，我们把书放在图书角请小朋友们共同分享。

幼儿：叫《小姑娘请客》、《小动物摘果子》、《想摘苹果吃的小动物》……

教师：你们起的名字都很好听，一听你们起的故事名字，就想知道书里面的故事，我们给故事起名字就要这样，让名字好听，还能让别人知道书里面要讲谁干什么事，大家就会喜欢看我们做的书了。

（四）活动结束

把制作的图书投放到阅读区。

活动反思

活动采用小组形式进行，参加活动的幼儿在想象、创造及表达表现方面都是相对较弱的。此种活动形式的针对这些幼儿的实际能力和水平而设计的，活动基本完成了预定的目标，幼儿在活动中能够用清楚准确的语言表达一幅图的内容，会根据图片中提示的苹果数量进行图片的排序，合作完成一本图书。在讲述整本图书的过程中，孩子能记住自己的图片内容，也能记住其他小朋友的图片内容，故事讲述清楚完整。

集体合作制作一本书，培养了幼儿的合作意识和阅读的兴趣。在完整讲述时，每个幼儿都非常关注自己的那张图片，兴趣浓厚。整本书讲述锻炼了幼儿讲述的连贯性、完整性和逻辑性，使幼儿的讲述从始至终围绕一个主题进行，效果良好。

本次活动不足之处主要体现在这两个方面：第一，幼儿在讲述中，表现出图片转换时的用词困难，连接词使用不当，如：会经常出现然后……然后……最后……最后……，幼儿将之作为图片转换的连接用词；第二，给故事起名字方面。有的幼儿能够根据故事的内容取有关系的名字，有的幼儿起的故事名字相对不那么贴切。

针对问题，可以采用这两方面对策：第一，进一步帮助幼儿学习使用连接词，正确理解一些词的含义，帮助幼儿正确运用词汇进行讲述；第二，针对如何给故事起名字，进行专门的教育活动，内容可以是：如何给故事取好听、有趣、吸引人又符合故事内容的名字，帮助幼儿理解故事的名字的作用，引导幼儿根据故事的主要内容、人物取合适的故事名。

（执教老师：张洁）

第五章 妙笔生花——文武双全

既然从事幼儿园教育工作，教师们就不可避免地要应对各种案头活儿。写，本质上是一种表达。幼教工作，需要教师们用文字更好地表达与记录自己的思路和想法。相信我，文字其实是你的朋友，当你有了实践的积淀，当你迎难而上，有所付出时，你的文思也会如泉涌般，取之不尽。

（一）如何写计划

每当周围人问起你的职业，得知你是一名幼儿教师时，大多会用轻松的口吻说："多好啊！带着孩子唱唱跳跳，不像小学老师，还要写教案。"这时候，你一定会急于解释："谁说的，写的一点也不比他们少，光工作计划就要写好多种。"从一开始的不会写，到因为种种原因没时间写，再到几天补写一次，你也许已经开始怀疑，写计划有用吗？关于计划，新教师的想法是：

- 新学期一开始，园里就会要求我们写各种各样的计划。学期计划、个人计划、周计划、日计划等等，这些计划像一个个皮球向我抛来，让我不知所措。真不明白，为什么要写这么多计划呢？
- 写计划不就是把书上的教案抄一遍吗？拿着书看看，记在脑子里不就行了吗？我认为这样更有利于自己即兴发挥。
- 园里一有事，就会打乱我的计划，常常是计划赶不上变化，甚至是计划与实际南辕北辙，这样的计划还有必要写吗？感觉浪费时间又浪费精力。
- 计划上常出现大量的红色笔迹，真想不到，园长有如此多的建议：写得再具体一些、便于操作；要简练、重点突出；要与班级的主题活动、学期教养目标相结合；要写得层次清楚，条理清晰……唉！我都不知道怎么下笔了。
- 计划是要写老师说的每一句话吗？我虚心接受园长的建议，尽量把计划写得详细些，把自己从早到晚要说的每一句话都写在日计划上，态度认真，条理也够清楚，可怎么还是没得到园长的表扬呢？
- 我常会在写计划时发现计划中的材料没准备好，于是赶快去找，回来再接着写，突然又想起还有什么没准备好，于是再去准备。难道写计划和备课是一回事？

1. 什么是计划

计划是工作的设想和安排。幼儿园教师要写的计划主要包括学期计划、月计划、周计划和日计划几种类型。这几种计划各有不同，后面会提供范例供老师参考。

学期计划是对整个学期的工作规划，它是在了解本班幼儿发展现状的基础上制定的。月计划、周计划和日计划都是对学期计划的细化过程，一个比一个更具体，内容的针对性也会更强。

2. 为什么要写计划

无论写哪种计划，教师需要明确的是，计划是为应用而写，如果把写计划当做应付差事，不如不要写。计划应该是对将要进行的工作内容的设想，是对思路、目标、实施方法的预设，写计划的过程就是思考的过程。因为有计划，将要进行的活动思路就更清晰，目标更明确，方法更有效。

3. 怎样写计划

(1) 计划的基本格式

①计划的名称，包括制定计划的单位名称和计划期限两个要素。如“实验幼儿园中一班 2009—2010 年度第一学期班级计划”或“实验幼儿园大一班 2009 年 10 月月计划”。

②计划的具体要求，一般包括工作的目标和要求，工作的项目和指标，实施的步骤和措施等，也就是为什么做、做什么、怎么做、做到什么程度的设想。如学期计划应该包括学期工作总目标、各领域发展目标，以及如何通过生活活动、区域游戏活动、教学活动、户外体育活动等要素来实现。

③最后写制定计划的日期。如：2009 年 9 月。

(2) 工作计划的主要内容

①情况分析，它是制定计划的根据。制定计划前，要分析现状（如幼儿各方面发展水平），充分了解下一步工作是在什么基础上进行的，是依据什么来制定这个计划的。只有充分考虑幼儿发展中的问题，才能制定出切实可行的方案。

②工作任务和要求，即明确要做什么。根据需要与可能，规定出一定时期内所应完成的任务和应达到的工作指标。一般情况下，通常先制定目标，再制定完成目标的具体策略。

③工作的方法、步骤和措施，即明确怎样做。在明确了工作任务以后，还需要根据主客观条件，确定工作的方法和步骤，采取必要的措施，以保证工作任务的完成。

(3) 制定工作计划的一般步骤

①依据市、区和幼儿园的工作计划，明确目标和要进行的主要工作内容。

②认真分析本班幼儿的具体情况，这是制定班级计划的根据和基础。

③根据上级的指示精神和本单位的现实情况，确定班级工作目标、工作任务、工作要求，再据此确定工作的具体办法和措施，确定工作的具体步骤。环环紧扣，付诸实践。

④根据工作中可能出现的偏差、问题和困难，预设解决的办法和措施，以免发生问题时，工作陷于被动。

⑤根据工作任务的需要，组织人员，明确分工，责任到人。

⑥计划草案制定后，班级人员共同讨论，形成共识，共同完成计划。

⑦在实践中进一步修订、补充和完善计划。计划一经制定出来，就要按计划执行各项任务。在执行过程中，往往需要继续对计划再加以补充、修订，使其更加完善，切合实际。

下面提供几个不同类型的计划，供参考。

附：学期计划、月计划、周计划、日计划样板

学期计划样板

宣武区长椿街幼儿园大一班2008—2009学年度
第二学期工作计划

（一）对幼儿各领域发展现状的分析

1. 健康领域

孩子进入大班第二学期，对幼儿园的生活已经非常熟悉了，具备了独立完成力所能及的事情的能力，但是也存在部分幼儿做事情不认真的现象，需要教师不断提示和检查。

多数幼儿非常喜欢户外活动，身体的协调能力和运动能力不断提高，喜欢挑战性的活动。需要关注的是体重超重的幼儿，应适当控制饮食，提高活动强度和密度，通过有效的方法促进幼儿身体健康成长。

2. 语言领域

大部分幼儿喜欢参加讨论活动，能够大胆清楚地表达自己的想法，积极主动地与别人交流。但也有部分幼儿因为胆小和不太自信，常常不发表意见，需要进一步关注这样的幼儿，培养其敢于表达自我的能力。

3. 社会领域

孩子们喜欢集体生活，能够积极参与班级的各项活动，但是不太会解决交往中出现的问题，部分幼儿因为脾气急，一遇到事情就动手打人，小朋友间常出现争吵现象，互不相让。本学期的重点工作需要关注幼儿交往问题，通过多种形式引导幼儿知道如何正确解决同伴间的问题，了解解决问题的多种方法，珍惜同伴间的友情。

4. 科学领域

因为有数学研究课题的推动，幼儿对于数学的学习比较感兴趣。识图能力、思维能力及分析判断能力有了很大的提高。欠缺的是对身边的一些科学现象的关注。上学期我们已经引导幼儿开展了电、声音的探究活动，本学期可以根据幼儿的兴趣在发现区提供科学游戏书，引导幼儿进一步探索。

5. 艺术领域

幼儿喜欢参与音乐和美术活动，尤其是上学期“爱心总动员”的主题活动，爱心剧场的演出使孩子们更加愿意用艺术形式表现表达自己的情感。本学期需要关注和鼓励幼儿个性化和创造性地表现表达。

（二）本学期工作重点

1. 做好幼小衔接的各项工作，进一步培养幼儿自理能力、学习习惯和责任意识，为入小学打好基础。

2. 在活动中培养幼儿自主探究和合作解决问题的能力。

3. 继续进行《在数学活动中渗透创造力人格品质》课题研究，完成开题报告的撰写工作，按计划推进研究进程。

4. 结合区“芳星杯”体育活动评优，引导幼儿积极参加户外体育锻炼，促进幼儿体能的发展。

5. 引导幼儿正确解决同伴间的问题，营造和谐的班级氛围。

6. 注重班级的常态工作，随着主题的需要不断丰富玩具材料。

(三) 本学期工作任务及主要措施

1. 生活活动

(1) 调整如厕喝水的环节，引导幼儿自主安排课间十分钟的活动（与小学时间接轨），培养幼儿能够照顾自己、合理安排时间的能力。

(2) 利用生活中的教育契机，引导幼儿正确解决同伴间的问题，营造和谐的班级氛围。

2. 教学活动

(1) 通过主题活动“神奇的数字”，引导幼儿发现数字和生活之间紧密的联系，了解数字在生活中的不同作用，并在帮助幼儿整理以往的经验的基础上，利用各种游戏调动幼儿学习数学的兴趣，为幼儿升小学奠定基础。

(2) 通过主题活动“走进小学”及“离园倒计时”为幼儿做好入学教育准备工作，培养幼儿的坚持性、合作精神、规则意识和自我服务能力，帮助幼儿养成良好的行为习惯，体验成长的快乐，为将来进入小学奠定基础。

(3) 继续数学课题的研究，完成开题报告的撰写工作，按计划实施课题。

(4) 培养幼儿体育活动的常规，为“芳星杯”的评优活动奠定基础。

3. 区域游戏活动

(1) 引导幼儿根据主题的需要选择游戏的内容，培养幼儿做事的目的性、计划性和主动性。

(2) 鼓励幼儿不怕困难，能按自己的想法完成一件事，体验成功的快乐。

(3) 引导幼儿看书进行科学探索活动，鼓励幼儿敢想敢试，能巧妙地选用材料。

(4) 培养幼儿团结合作的能力，能在游戏中听取同伴的意见，体会协商带来的快乐。

4. 户外活动

(1) 充分保证幼儿的户外活动时间，为幼儿提供丰富多彩的户外活动材料，利用游戏的方式引导幼儿积极参与体育锻炼。

(2) 鼓励幼儿“一物多玩”，激发幼儿对游戏材料的兴趣，促进幼儿思维灵活性和身体协调性的发展，培养幼儿良好的意志品质。

(3) 加强对身高体重不达标的幼儿的管理，从饮食到锻炼给予个别在关注，并积极争取家长的理解与配合。

5. 家长工作

(1) 通过“爱心小屋”向家长推荐适合本班孩子发展需要的文章，引导家长有效地教育孩子。

（2）充分运用各种方式与家长进行沟通，及时交流、反馈幼儿的情况，如书信、家访、面谈、邮箱、电话、网站等。

（3）鼓励家长积极参与我园的“阳光体育”户外游戏活动，鼓励家长为班级制作户外游戏材料，并利用开展运动会的机会，展示家长们制作的玩具为孩子们带来的快乐，调动家长参与的热情。

（4）在尊重理解的基础上开展家长工作，以得到家长的积极支持和有效的配合，帮助孩子做好幼小衔接的准备，包括督促孩子做到早来园不迟到、每天背书包、晚上睡觉前自己准备第二天的物品等。

（四）班级管理工作

1. 和班组成员一起研究本学期的工作重点，明确班组成员的职责分工，团结合作，促进班级发展。

2. 班组成员团结合作，献计献策，制定更贴近幼儿生活的活动计划。

3. 班组成员能充分发挥自己的特长，积极投入班级的各项活动中，互相帮助，取长补短，促进个人和班级共同成长。

4. 按时组织班会，及时准确地传达班会内容，明确每一阶段的目标和要求，较好地完成各项任务。

（五）逐月工作安排

三月

1. 做好开学的各项准备工作。

2. 稳定幼儿情绪，巩固幼儿一日生活和活动常规。

3. 与幼儿共同商量制定新主题的内容，形成主题活动方案。

4. 与幼儿、家长一起创设适合幼儿发展的生活学习环境，丰富区域活动材料。

5. 做好幼儿的发展测评工作，有针对性地开展教育活动。

6. 学习新体操，加强幼儿户外体育活动。

四月

1. 培养幼儿体育活动的常规，为“芳星杯”的体育活动评比奠定良好基础。

2. 丰富幼儿户外活动材料，引导幼儿积极参与户外活动，增强体质。

3. 继续深入主题活动，随主题的需要丰富环境材料。

4. 有目的、有计划地实施数学课题。

5. 做好幼儿春游的各项准备工作，确保幼儿安全愉快地参与活动。

五月

1. 参观小学，和幼儿共同制定新主题活动方案。

2. 在参观的基础上，和幼儿一起商量适当调整活动常规，为幼小衔接做好一定的准备工作。

3. 调动家长资源，丰富材料，为幼儿运动会做好各项准备工作。

六月

1. 进入“离园倒计时”的主题，对幼儿进行情感教育。

2. 做好毕业典礼的各项准备工作，使幼儿圆满结束幼儿园的生活，对新生活充满信心。

3. 做好幼儿假期的安全教育工作，为家长、幼儿提建议，使幼儿度过愉快而有意义的假期。

4. 做好班级的总结工作。

2009 年 2 月

月计划样板

大二班月计划

现状分析	上个月结束了《变废为宝》主题活动，幼儿了解了很多环保的小常识。他们经常把家里的废旧材料，如各种小瓶子，小盒子等，带到幼儿园来，到手工区制作一些小发明，幼儿把自己大胆的想法融入快乐的制作中，增强了创造力，加深了对“节约”的理解与认同。 在制作再生纸的过程中，小朋友发现再生纸的颜色很像报纸，产生了“报纸是不是用再生纸制作的”疑问。带着这个疑问，他们收集了家里的报纸，继而根据名称将各种报纸分类，他们发现报纸的设计有很多相同的地方，有的栏目和版块里的内容很有意思。根据幼儿的一些疑问点和兴趣点，我们班这周开展了“有趣的报纸”主题活动。
月目标	1. 喜欢参与创造性的活动，愿意尝试探索报纸的多种玩法。 2. 能主动、友好地与他人交往，体验分享、互助、合作的快乐和意义，掌握交往技能，能独立解决交往中问题。 3. 能讲述和复述有关冬天的故事，尝试用自己喜欢的方式表现自己的生活经验。 4. 初步感知动植物的多样性，体会人与动植物以及季节之间的关系。 5. 愿意主动参加各种表演活动，在活动中获得充分的愉悦感，能大胆地表现自我，充分感受表现与合作的乐趣。
生活活动	目标： 1. 知道保持自身和环境的整洁。 2. 能安静有序地做事情。 3. 能够自我服务、自我管理。 活动： 1. 评选星级值日生 2. 照顾我的小种子 3. 整理图书角的好办法 4. 谁叠的棉背心最漂亮 5. 静悄悄的睡眠室 6. 一起来洗小手绢

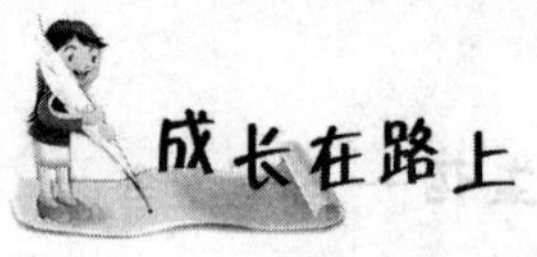

（续）

	语言领域	社会领域	艺术领域	健康领域	科学领域
集体活动	目标： 1. 能围绕一个话题进行讨论，并能在讨论中提出问题，积极回答问题，能做到轮流发言，理解尊重别人的观点。 2. 愿意当众表达，表达时自然、从容、自信。 活动： 1. 谈话：我知道的报纸 2. 谈话：报告新闻 3. 故事：报纸的来历 4. 谈话：我们班的新闻 5. 语言活动：介绍班报 6. 讲述：我收集的新闻 7. 讲述：字是怎样发明的	目标： 1. 能主动、友好地与他人交往、体验分享、互助、合作的快乐和意义，掌握交往技能，能独立解决交往中的问题。 2. 了解多种通讯方法（如邮寄、打电话、网络通信等），知道通讯与人们生活之间的关系。 活动： 1. 发行班报 2. 综合活动：设计班报 3. 综合活动：小记者去采访 4. 综合活动：宣传班报 5. 评选小记者 6. 新闻报告 7. 参观活动：参观邮局、报亭 8. 请在报社工作的家长来园与幼儿互动	目标： 1. 能主动参与各种美术设计活动，不断丰富设计活动中的体验。 2. 喜欢个人独立歌唱和参与集体表演，并能欣赏同伴的表演。 活动： 1. 歌曲：卖报歌 2. 绘画：我们班的新闻 3. 综合活动：设计班报 4. 制作记者牌，工作证 5. 设计小报亭 6. 设计借阅卡 7. 折纸：纸鹤 8. 绘画：信息报道 9. 设计班报标志 10. 装饰演播厅 11. 用报纸设计服装 12. 音乐：用报纸为歌曲配伴奏 13. 用报纸制作面具 14. 画新闻	目标： 1. 在多种运动游戏中，体验走、跑、跳、钻、爬等多种运动方式，并能主动探索多种玩法。 2. 知道自己身体的主要部位，了解初步的保护方法。 活动： 1. 体育活动：报纸的一物多玩 2. 体育活动：我和报纸赛跑 3. 体育活动：踩报纸 4. 体育活动：顶着报纸转转转 5. 常识：小心身边的危险 6. 常识：我的身体 7. 常识：保护牙齿	目标： 1. 通过参加科学小实验，学会初步地选择和使用有关的材料。 2. 能根据情境提出问题，积极猜想并尝试解决问题。 活动： 1. 制作再生纸 2. 小实验：哪种纸吸水快 3. 小实验：让报纸发出不同的声音 4. 小实验：怎样让汽车从报纸做的小桥上通过

（续）

	语言区	数学区	美工区	建筑区	小超市	益智区	表演区
区域活动	1. 讲故事 游戏名称：故事——《谁的本领大》 游戏目标：能根据故事的内容分配角色讲故事。 投放材料：《谁的本领大》故事图片。 重点指导：教师指导幼儿学会分配角色，分配角色后加上独白进行讲述。 2. 收集活动： 游戏名称：贴一贴、念一念 游戏目标：喜欢收集报纸上的字、图、故事、笑话等，做成收集册，并愿意将自己收集的内容讲给其他幼儿听，激发幼儿识字兴趣。 投放材料：剪刀、废旧报纸、胶棒、彩笔等。 重点指导：教师指导幼儿将自己的收集册进行交流，引导幼儿喜欢认字，喜欢看报。	1. 我画的花边 游戏名称：好看的花边 游戏目标：能发现生活中有很多好看的花边，并能将这些花边画下来。 投放材料：幼儿自己收集的围巾、手绢、袜子、手套等生活用品，长短不一的纸条。 重点指导：教师指导幼儿找出小朋友带来的物品上的花边，并能画下来。 2. 我发现的花边 游戏名称：我发现的花边 游戏目标：通过画花边，发现花边的规律。 投放材料：纸条若干、幼儿画好的花边若干。 重点指导：教师指导幼儿将自己的发现用自己喜欢的表达方式表现出来。 3. 比轻重 游戏名称：纸球比轻重 游戏目标：能用比较的方法，知道哪个纸球轻、哪个纸球重。 投放材料：用报纸制作的大小相同、轻重不同的纸球，操作示意图。 重点指导：教师指导幼儿学会用比较、推理的方法比出纸球的轻重。	1. 小报亭 游戏名称：有趣的报亭游戏 游戏目标：喜欢报亭游戏，喜欢简单的买卖活动，知道报亭在人们生活中所起到的作用。 投放材料：幼儿自制的报纸、自制图书、废旧的报纸、彩色纸、笔、信息箱、废旧图书、自制电子读卡器、用大纸箱制作的报亭。 重点指导：教师指导幼儿买卖报纸，引导幼儿喜欢游戏的过程，喜欢交往。 2. 大二班新闻报社 游戏名称：小报社 游戏目标：能合作出报纸，喜欢将自己收集的新闻用贴、画等多种方式制作成报纸。 投放材料：白纸、花边剪刀、彩笔、信息箱。 重点指导：教师引导幼儿学会看信息，鼓励幼儿用多种方法表现班级信息，学会分栏，并引导幼儿相互商量丰富班报的内容。	搭建传媒大道 游戏名称：传媒大道 游戏目标：搭建过程中学会合作，共同设计传媒大道，游戏中能主动制作游戏材料。 投放材料：纸筒、广告牌、花坛等废旧材料。 重点指导：教师引导幼儿共同商量传媒大道中各种不同的建筑物的造型。	我是超市负责人 游戏名称：给“货物”分类标价 游戏目标：能够按照物品的特征进行分类，并能提取生活中的经验，一起给“货物”标价。 投放材料：幼儿自带的小盒子、小瓶子、各种瓶盖、食物包装袋等。 重点指导：教师观察幼儿的分类后再启发幼儿想出更好的分类方法，并在标价的过程中让幼儿把“小货物”按照价格分区摆好。	有趣的电路游戏 游戏名称：萤火虫发亮了 游戏目标：学会看示意图操作，体验成功、合作的快乐。 投放材料：小灯泡、导线、电路开关、萤火虫的卡片、示意图等。 重点指导：引导幼儿按步骤看示意图，初步知道电路连接的基本方法。	服装表演 游戏名称：服装模特大赛 游戏目标：喜欢穿自己用报纸设计的服装进行表演，敢于在班集体面前表演。 投放材料：节奏感强的音乐、幼儿用废旧报纸设计并制作的各种服装，“T”形舞台。 重点指导：教师鼓励幼儿敢于表演，体验游戏的愉悦。

（续）

家园共育	1. 请家长帮助收集制作再生纸的工具。 2. 幼儿把班报借阅回家，并将班报内容介绍给家长，征集家长的意见与建议。 3. 家长在家中辅导幼儿练习跳绳，并进行记录。
月总结	1. 这个月幼儿在语言方面有很大的提高。通过播报新闻，幼儿不仅学会了用简洁的语言叙述事情，而且还能够在大家面前勇敢大方地讲话。 2. 社会领域方面，幼儿通过一起设计报纸、宣传报纸的活动，知道了如何与人相处，愿意向弟弟妹妹推荐自己的报纸。 3. 户外活动时，幼儿喜欢用报纸来做各种游戏，身体的各个部位得到了很好的发展。 4. 在科学领域，幼儿学会用报纸制作再生纸，结合上个主题“变废为宝”的节约理念，孩子们更加理解了节约的意义。

周计划样板

北京市第四幼儿园周工作计划

班级：中三班	执行教师：张　静	日期：4 月 13～17 日
上周工作分析	1. 教师引导幼儿交流“大街上的数字”亲子调查活动的发现，使幼儿感受到数字在人们生活中的重要作用，获得了按照数字内容归类的经验，同时也激发了幼儿对数字的兴趣。 2. 幼儿在探索活动“春天都有什么花”活动中兴致很高。在观察了杨树花和迎春花后，又发现幼儿园的紫丁香开花了，班上种植的牵牛花、“长草小人”也发芽了，在教师的引导下，幼儿分别进行了观察和记录。 3. 在“热闹的大街”主题活动中，幼儿对大街上的人、事、物进行了初步的观察了解，并表现出对街上各种各样汽车极为关注。结合幼儿的这一兴趣点，班上增设了“快乐汽车城”活动区，师幼共同制作了汽车拼图、汽车迷宫等游戏材料，幼儿还带来了家里的汽车玩具和汽车图书，使区域材料更加丰富。	

（续）

<table>
<tr><td>本周重点</td><td colspan="5">1. 能用绘画、拼插、泥工、手工等方式，表现认识的汽车，并尝试用各种方式拼写车牌。
2. 认识常见的交通标志，知道它们所代表的意义，初步养成遵守交通规则的习惯。
3. 观察桃花，能在日常活动中关注和了解植物的生长过程并进行记录。</td></tr>
<tr><td>活动区活动</td><td colspan="5">美工区
1. 能用剪贴、添画的方法画出楼房、汽车。
2. 利用废旧材料制作大树和楼房，丰富建筑区游戏材料。
3. 尝试利用废旧材料制作外形不同的汽车。
建筑区
1. 愿意尝试用各种材料搭建小区和立交桥。
2. 初步学习搭建对称建筑物的方法。
快乐汽车城
1. 增添汽车拼图、拼写车牌、剪汽车、泥塑汽车等活动材料，萌发对汽车的兴趣。
2. 愿意尝试用不同方法如制作、拼插等，表现各种不同功能的车。</td></tr>
<tr><td>户外活动</td><td colspan="5">好玩的小盆
1. 能主动探索发现“小盆”的不同玩法。
2. 愿意尝试多种新玩法，变换走、跑、跳、钻、爬等不同动作，提高动作的灵活性。
小猴爬
1. 尝试多种爬的动作，增加四肢和躯干肌肉力量。
2. 在游戏中能谦让合作。</td></tr>
<tr><td rowspan="3">教育活动</td><td>周一</td><td>周二</td><td>周三</td><td>周四</td><td>周五</td></tr>
<tr><td>区域活动：
汽车总动员</td><td>谈话活动：
会说话的标志</td><td>健康活动：
好玩的小盆</td><td>绘画活动：
一辆花汽车</td><td>智力游戏：
数图形</td></tr>
<tr><td>表演游戏：
大街上</td><td>泥工活动：
汽车</td><td>社会活动：
快乐的劳动日</td><td>歌曲：
春雨沙沙</td><td>科学活动：
种植记录</td></tr>
<tr><td>家长工作</td><td colspan="5">1. 请家长和幼儿共同收集关于汽车的模型、图片、杂志、宣传册等资料，并鼓励幼儿愿意向大家讲述自己知道的关于汽车的故事。
2. 引导幼儿观察大街上的汽车，鼓励家长带来制作汽车的纸盒等废旧材料和汽车玩具。
3. 请家长带领幼儿外出时，注重引导幼儿关注街上的交通标志，并做到遵守交通规则。</td></tr>
<tr><td>周工作小结</td><td colspan="5">本周进一步丰富了“快乐汽车城”区域活动。在泥工活动中，幼儿完成了立体汽车和用泥条做成的浮雕汽车。幼儿还用纸盒和瓶子、瓶盖等废旧材料制作了小轿车、油罐车、双层车。在拼写车牌的活动中，针对幼儿在写车牌时出现的问题，如设计的车牌几位数的都有、缺少英文字母、数字写反了，教师引导幼儿认真观察了解了车牌有 7 位数及其排列规律，并认识了数字，知道如何书写数字，最终使幼儿成功地编写出了“自己的车牌”。</td></tr>
</table>

日计划样板

北京市第四幼儿园一日活动计划

近期开展的主题名称：新年快乐		
日期：2008 年 12 月 26 日	**班级**：中三	**执行教师**：张　静

一、重点区域活动

（一）美工区：漂亮的冬装

1. 学习用对称的方法装饰围巾、手套、袜子、帽子、毛衣等。

2. 尝试使用不同的颜色进行装饰，设计出不同的图案，表现出冬季服装的美。

（二）科学区：制作陀螺

尝试用不同形状和厚度的纸制作陀螺，提升动手操作能力和探索能力。

（三）表演区：小小联欢会

1. 尝试运用自制打击乐器和自然物为歌曲伴奏。

2. 能为学过的歌曲创编舞蹈动作，并大胆表现。

二、教育活动：我高兴

● 活动目标

1. 感受高兴的情绪，获得愉快的体验。

2. 能用绘画、粘贴、泥塑等形式大胆地表现自己快乐的情感体验。

● 活动准备

笑脸照片，笑声片段，镜子，纸，水彩笔，油画棒，彩泥，柚子、南瓜、胡萝卜等水果和蔬菜。

● 活动过程

（一）生活中的笑容

1. 听笑声，引发幼儿的活动兴趣。

“生活中有一种声音特别好听，你们想听听吗？”

“这是什么声音？人什么时候会笑？让我听听你们高兴的笑声。”

2. 出示照片，观察人们的笑脸。

“你们的笑声很好听，笑脸也很好看。请小朋友看看照片上人们的表情，猜一猜他们的心情是怎样的。”（高兴）

（二）观察表情，找出笑脸的特点

1. 挑选出个别的照片再次让幼儿欣赏，请幼儿说说他为什么这么开心，他的表情是什么样的。

2. 请幼儿展示自己的笑容，并告诉其他幼儿，自己什么时候会高兴地笑。

3. 引导幼儿观察同伴的表情，找出笑脸的特点，如眼睛眯起来，嘴角向上扬，眉毛向上挑等。

4. 引导幼儿想一想，说一说，自己高兴的时候会想到什么颜色。

（三）绘画、制作笑脸

“请小朋友用这些让你感到高兴的颜色，把自己高兴时的笑脸画下来，做出来。”

为幼儿提供镜子，让他们一边看，一边画，并进一步引导幼儿用不同的形式大胆地表现自己快乐的情感体验。

（续）

◇ 绘画（水彩笔、油画棒）
◇ 粘贴（贴纸、添画）
◇ 泥塑（利用水果蔬菜与彩泥制作笑脸）

（四）笑脸大集合

把全班幼儿笑脸集合在一起展示。教师进一步引导幼儿要保持快乐的心情，遇到困难和麻烦也要快乐地面对。

● 活动反思

活动的内容和形式符合幼儿的兴趣需要。幼儿通过观察笑脸，不但激发了快乐情感，还掌握了画笑脸的方法。通过说一说自己高兴的事，又使幼儿表达了自己快乐的情感。以上的经验使得幼儿在操作环节中，能选择喜欢的形式，运用鲜艳的色彩表现出自己快乐的笑脸，并在笑脸大集合中通过作品展示和与同伴的交流，抒发了自己的快乐情感，感受到成功的喜悦。总体而言，活动效果较好。

在延伸活动中，我还将以“我高兴”专栏的方式，引导幼儿记录令自己高兴的事情，并引导幼儿讨论当自己不高兴时，可以用什么办法让自己高兴起来。活动后，可将“我高兴”的操作活动保留在活动区中。

三、户外体育活动

1. 队列练习：切断分队走

目标：能随音乐听教师口令，正确地切断分队走，动作有力。

2. 操节活动：红旗操

目标：掌握正确的操节动作，动作用力。

3. 游戏：有趣的跳

目标：（1）喜欢参与体育活动，愿意尝试探索多种跳的方法。

（2）有自我保护意识，不做危险动作，初步掌握一些健康知识。

（二）如何写总结

虽然初入职场的新教师还不懂得考核意味着什么，总结与考核有怎样的关系，但是写总结是他们必须要完成的任务之一。看着周围的老师一个个都已写好了总结，新教师心里没底又着急。虽然他们也很想把自己这一年来的工作细细向老师们道来，可又思前想后，左右为难——太细致了怕啰嗦，太简练了又怕说不到位，夸夸自己怕人家说自己骄傲，不夸自己又怕人家不知道自己做了什么。于是怎样写总结成为让教师们头疼的问题，学期末也演变成了教师们的黑色时段。每天总是对自己说今天想好了明天再写吧，明日复明日，终于在交总结的前一天晚上赶着让自己的总结新鲜出炉。其实新教师都很努力，但至于写得怎么样，实在是不太好说。新教师的总结一般有这样一些特点：

● 总结写得像记流水账。为了证明自己一年来工作确实很努力，于是就把自己做过的事无论大小都细数一遍，很像是一笔结算清单。

● 总结找不准点。一年来自己做的工作有很多很多，写着写着就把常规性工作、班级工作、个人工作、教学工作、家长工作等都串在了一起。对于哪些是值得自己总结思考，具有分享价值的内容有点摸不准。

- 总结就事论事。在写总结时常常会把自己经历的事情写得详尽具体，但是为什么要写这件事，自己获得了什么提高，明白了什么道理，获得了什么经验，好像不大能体现出来，或者想不出，或者即使有想法也不知道该怎样写出来。
- 总结重点不突出。写的事情太多，总想全面总结工作，却没有好好地思考梳理出个主次。东一榔头、西一棒槌子，抓不着重点。
- 写总结总觉得像写表扬信。很想利用总结的机会向大家介绍一下自己，喜欢找自己好的方面进行总结，而对于问题或是不足写得较少，或者干脆避而不谈。想着这样更能得到大家的肯定，也可以避免暴露自身的不足，搬起石头砸自己的脚。
- 总结不突出自己。为了防止别人说自己夸自己，于是就从班级的角度进行总结，结果说来说去，别人不知道你自己在每项工作中都做了什么。
- 总结缺少深度。对自己的问题有些能够意识得到，但是对于解决策略则缺乏进一步的思考。

1. 什么是总结

总结是回顾过去做了些什么，是如何做的，做得怎么样的梳理过程，是对一段时间内工作的回顾、分析、归纳和提炼，是在感性材料的基础上，系统化、条理化地总结经验，进行理性的思考。

总结与计划应该是相辅相成的，实践以计划为依据，而定计划总是在总结经验的基础上进行的。其间有一条规律，就是：计划——实践——总结——再计划——再实践——再总结。

2. 为什么写总结

有的老师认为总结写出来是念给领导和同事听的，打印出来是留作档案资料的，只不过是一种形式，差不多就行。每年总结的内容也都大同小异，按照考核标准写就行了。实际不然，总结更多的应该是自己积淀的过程。教师应养成好的习惯，每天、每周、每月、每学期不断总结梳理工作中的优势和不足，日积月累，挖掘其中的规律，这对形成有益的经验能起到非常有效的作用。“日经一事，必长一智”，这是真理。一个善于总结经验的人一定会比不常总结的人进步幅度更大、成长的速度更快。

写总结的目的也是为了更好地提高工作效率，找到适宜的工作方法，得出相关的经验，找出自己的差距与不足，明确今后的发展方向，从而有效地指导今后的工作。这正是我们常说的“有思路才会有出路”。

3. 怎样写总结

幼儿园教师的总结主要包括学期工作总结和专题总结两种。

学期工作总结是对自己一学期或一学年整体工作的回顾，要针对学期计划表述出完成了哪些工作、完成的质量如何、自己在其中所起的作用如何、有哪些成绩或经验、有哪些问题和不足等内容。其中重点是写个人的收获体会、经验教训。

专题性总结一般是对一个问题、一项具体工作所进行的总结。如“小班幼儿常规培养的策略方法”、“活动区教师有效介入幼儿游戏的时机与方法”等内容都是专题总结。写专

题性总结重在总结专项工作，与此无关的情况则应从略或根本不涉及，做到中心明确，重点突出。

4. 写总结应注意的问题

(1) 主次分明，避免堆砌材料

老师总结时经常是记流水账，把所有干过的事都写上，仅仅是材料的堆砌，结果是哪件事都没有说清楚。总结一定要突出亮点，分清主次，详略得当。

(2) 深入思考，避免就事论事

写个人总结不仅仅要记录做过的事，还要有对优势和不足背后原因的分析和思考，从中梳理出理性的经验，提高认识，为进一步做好工作打下思想基础。

(3) 措施具体可行，避免唱高调

总结中有关问题和改进措施的内容，许多老师总是一带而过，就写“今后一定努力工作，再接再厉，争取更上一层楼”等虚话、套话。这样的总结是无效的，一定要写出努力的具体做法，措施也要切实可行。

附：新教师工作总结、成熟教师工作总结、专题总结样板

新教师工作总结

学期工作总结

从我走进北京市第四幼儿园正式成为一名幼儿园老师已经有近一年的时间了。在这段时间里，园领导和老师们都给我了很多帮助和指导，他们的一言一行为我树立了榜样，对我起到了重要的作用。从正式面对可爱的孩子们的第一天起，我就暗下决心，我一定要向老教师学习，像她们一样成为一名孩子喜欢的好老师。在工作中我要处处严格要求自己，因为我要为人师表，一言一行都将影响着孩子们，我要对他们负责。在这整整一年中，我从一个没有实际工作经验、没有教学技巧的懵懂学生，逐渐学习、锻炼成为一名能独立工作的年轻教师。下面我从个人思想、教育教学、新教师培训这三方面进行总结。

(一) 思想方面

刚刚走进幼儿园看到孩子们的一张张笑脸，我想我一定能和他们玩到一起。可是真正工作起来并不是我想象的那样。有的孩子淘气，有的孩子吃饭慢，有的孩子不爱睡觉……看到孩子们这样我特别着急，有时还会发发脾气。当我看到周围的老师总能耐心地帮助孩子解决这样那样的问题时，我总想为什么他们能做到而我做不到呢？在新教师培训活动中，我印象最深的就是幼儿教师要把热爱幼儿放在第一位，有了这种心境，师生之间就能处于一种和谐的状态，许多事情便迎刃而解。小光小朋友吃饭时动作慢，于是我每次都给他少盛一点，多添几次，这样一来他吃的一点不比别人少，还能让他保持愉悦的进餐心情；洋洋小朋友入睡困难，于是我总坐在他的床边轻轻地拍着他，一会儿他就睡着了……就这样我逐渐地掌握了一些与孩子相处、帮助孩子解决问题的好方法。对待每一个孩子我都能一视同仁，尊重信任他们，关心爱护他们。

在工作中，我积极参加园内组织的各类政治学习活动，认真学习十七大会议精神，保持高度的政治觉悟。我认真遵守园内的各种规章制度，按时上、下班，不迟到，不早退，工作积极主动，任劳任怨，从不斤斤计较。在为四川捐款献爱心的活动中也能积极参与园内的募捐活动，并积极报名参加献血活动。

在这一年的工作实践中，我承担了保育员及教师的工作，在保育员的工作中自己严格按照保育员工作常规进行各项工作，积极配合班级开展各项活动。特别是园里开展的各种大型活动中，我会更加认真地做好自己的本职工作，像消毒的比例、消毒时间等等，我都把它抄下来，背下来，并认真执行。在担任教师工作中，我积极配合班长老师完成各项工作，在玩教具的制作活动中，我积极配合班上老师制作玩教具，在带班过程中，我能严格按照制度按时带领幼儿活动，如区域活动时，我及时和老师一起更新活动区材料；教学活动中，我提前认真写好活动计划并及时反思；户外活动中，我根据孩子各自不同的发展水平安排合理的运动，并按时完成测查内容，努力为孩子们创造一个安全、卫生、快乐、自由的活动空间。

（二）教育教学工作方面

在将近一年的实践中，园长为我们推荐了很多有益的专业书籍，我认真学习，并且还向周围的老师们学习，因为他们的经验丰富直接，工作方法也有效。我不断向指导老师学习，凡是园里有开放活动，我都会主动地观摩。

在第一学期，我荣幸地接受了做园内体育观摩课的任务，当时我是又紧张又高兴。因为我心里没有底，不知道如何做好一节体育活动，我把我的想法告诉了老教师孙老师。在她的指导下，我选择了一次基础的体育活动内容——“小跳棋”，目的是让幼儿练习直线两侧行进跳的能力。我写好了活动教案后主动请老师们帮助修改，中班组全体老师们利用教研活动时间，从教学目标、教学内容、活动方式、组织形式等各方面帮助我完善教案。在第一次的试课中，老师们发现我有许多问题，如不能很好地与幼儿互动，场地分配不合理，活动时内容不够紧密，组织活动拖沓等。课后，老师们帮我从每一个活动环节入手，重新完善我的活动，手把手地交给我解决这些问题的办法。之后，我再一次做了这个活动，是向全园老师开放的。这一次我的活动受到了园里领导和老师们的好评。我特别高兴，我知道我的进步离不开园领导和老师们的帮助。

活动后我及时进行了反思，通过对比我发现，第一次活动自己心里只有教案，生怕落下哪一个环节，眼里没有孩子，忽略了与孩子互动的过程，更注重自己的活动结果，所以失败了。而第二次活动时我关注了孩子们的兴趣，注重了与全班小朋友的交流，我站在孩子们当中使每一名幼儿都能看见我，听到我说的话，而我也能面向全体幼儿提出要求。当孩子们能按照我的要求完成任务时，我及时地给予他们肯定的眼神和鼓励的语言，当孩子们对我的要求不理解时，我重新组织语言，用更明确易懂的话语提出要求，从而使孩子们在我的引导下很好地完成了活动。

我第一次自己组织带班时上的是一次音乐活动，虽然在活动前我已经做了充分的准备，但是在活动中我发现因为我表述不够清楚，带唱及伴奏不够合拍，没有完全调动孩子们的积极性，所以活动进行得不是很顺利。活动后我再次向指导老师请教，老师告诉我一

节活动的失败并不等于整个带班的失败，只要你认真地好好准备每一次活动，在活动前能提前预想到孩子们对你提问的回应，随时调整你的教学方法，你就能上好每一次活动了，在带班过程中也会越来越顺利。听完老师的话，我顿时有了信心，我全面学习了各种教学方法，在指导老师上活动的时候仔细看活动的过程，观察孩子们的反应。看到老师们上得成功的课，自己也尝试着再上一次，慢慢地我发现自己能够调动孩子们的积极性了，孩子们也能完成我的要求了。我心里非常高兴，觉得自己更像一名老师了。

虽然通过几次活动让我看到了自己工作中存在的不足，但更重要的是从园领导和老师的身上学到了很多教学上的技能和方法。学期末，园领导推荐我参加优秀新教师的评比，这是对我的巨大鼓励，更加坚定了我的信心。我会珍惜园领导给我的每一次机会，认真对待每一次活动，一步一个脚印、扎扎实实地提高自身的教学水平。

（三）参加新教师培训的收获

作为一名新教师，我积极参加了宣武区教研室组织的培训活动，在培训中我学到了更多优秀教师的经验。

1. 在反思中提高能力

记得课上老师说过，活动反思不是一般意义上的“回顾”，而是反省、思考、探索和解决活动过程中各个方面存在的问题。每天下班后，我也对自己的工作进行反思。比如，原来做教育活动时，我只是按教案的程序走，尽量完成好活动过程，在组织活动过程中，根本不关注孩子的表现，活动效果与想象差距很大。发现问题后，再设计活动和组织活动时，我不光想着自己如何完成好，也会站在孩子的角度考虑，思考孩子喜欢怎样的活动，孩子会有哪些表现，我怎样应对等。慢慢地，我也能很好地把握幼儿年龄特点和活动方式了。养成反思的习惯对我的实际工作帮助很大，我对出现的问题认真思考，完善自己的工作方法，使自己在反思中不断进步。

2. 在观摩中学习方法

在观摩老师们的活动时，我认真记录了每位老师的活动过程、教育方法，在评价活动中我仔细听取每位老师的发言，发现老师有好的教学活动、好方法我都模仿尝试，找到自己与其他老师的差距与不足。对于自己不明白的事情，我及时向周围的老师们请教，找到解决的方法以后及时把它记录下来。

3. 研读《纲要》，提升理论水平

《幼儿园教育指导纲要》是新一轮教育改革理念、目标、内容的具体体现，是幼儿教师教学的依据，只有深入钻研《纲要》才能明确教育目标。在开学初，园领导就带领我们学习了《纲要》，使我认识到要在理解《纲要》的基础上有目的地开展活动，通过丰富、有趣的活动使幼儿获得全面发展。

短短一年的工作时间，园领导和指导老师的帮助让我有了很多的收获，使我从一名幼师学生成长为一名幼儿教师。在这期间我学到了很多学校里学不到的东西，使我对幼儿教师这一职业有了更清楚的认识。如何更有效地开展活动，让孩子在愉快的活动中得到发展，这是我今后努力的方向。今后我更要保持积极的工作态度，不断完善自己的工作，积极思考，善于总结，勤学，多问，多动手做，争取早日成为一名优秀的幼儿教师。

北京市第四幼儿园　常安娜

专家点评

北京市第四幼儿园常安娜老师做的学期个人工作总结，体现出了职初期教师的工作状态——热血沸腾、积极投入的新鲜感；海绵吸水般强烈的学习意识；珍惜机会、对各方面鼓励充满感激。这是一名积极上进的新教师工作总结的开篇之作。她是从思想方面、教育教学和新教师培训三个方面进行总结的，有一定的针对性和代表性。

优点：

1. 在思想方面，对自己有比较高的要求，也有对应的具体事例。选择的三方面内容具有典型意义，当她经历“面对不同个性差异幼儿不知所措的挫败后”，对爱心、耐心等职业要求的内涵有了切身的体验；当她经历国家大灾有大爱的全民感动、行动时刻，通过自己的责任心、爱心行动，体会了政治觉悟的内涵；当她担任保育、教育工作的实践时，体验了幼儿园保教合一和幼儿园里无小事的工作性质。这些对一个刚刚工作的新老师来说，是很重要的体验，有必要进行很好的总结。

2. 在教育教学方面，她紧紧抓住自己的当前需要和发展需要，主动地把握了几次锻炼的机会，使她的教育教学工作总结带有新教师的特质，且具有较好的认识。其一，她能知道自己需要学习和掌握的基本功很多，需要全方位学习和吸取经验；其二，她知道虚心请教的重要性和求助后要有对问题的验证过程；其三，她知道机会是一种历练，是不能错过的；其四，她能知道自己的每一点进步都离不开领导和老师们的帮助，有一颗感恩的心。这几个知道，应该是一个新教师起步的良好开端。

3. 在参加新教师培训的收获中，有两点认识比较有新教师的特点。其一，在反思中提高能力，谈到自己每天不让问题在头脑中“过夜”，认为如果不思考，可能许多事做完就过去了，不利于经验的积累；其二，是在观摩中学习方法，其实她是先模仿尝试，然后请教找寻方法。

建议：

1. 总结中描述和罗列比较多，谈到的一些体会还比较感性，有些是散在的。有做什么、怎么做，但是缺少为什么这么做的体会。其实体会就是在总结内容之中进行的提炼，是反思的成果，是今后工作的方向。

2. 希望能不断地学习专业理论，并有意识地与自己的教育实践有机结合，在自己的工作总结中，注重知其然并知其所以然，注重有效迁移的总结。

成熟教师工作总结

2007—2008 学年度工作总结

时间就在这紧张而又忙碌的一分一秒中过去了，回想起来我已经带大班六年了，今年我与郭清华老师合作，共同承担大一班的教育教学工作。在这一学年里，自己感觉收获还是挺多的。下面，我将自己这一学年的工作总结如下。

(一) 政治思想

今年的4月1日，我终于实现了自己的夙愿——加入了中国共产党！虽然已经时隔两个月了，但是那天发展会上激动人心的情景还历历在目，各位老师诚恳的发言、发自肺腑的祝愿以及园长的殷切希望，至今想起来都让我深受感动。当时我就暗下决心，一定要努力改造自己的世界观，不辜负党组织和老师们对我的信任和期望。

在日常工作中，作为一名新党员，我时刻注意严格要求自己，不迟到不早退，努力起到模范带头作用，积极参加园内组织的政治学习和业务学习，并带头发言；在带班过程中，我自觉、合理地安排好一日活动，保质保量地完成教育任务；对待本班工作，自己认真负责，不计较个人得失，凡事都主动与班上的其他两位老师商量，虚心听取别人的建议，尽职尽责地做好班长工作。

在孩子面前，我既是可敬的老师又是知心的朋友，并时刻恪守爱与严格要求相结合的原则，在爱的前提下对幼儿进行教育，与幼儿进行心与心的交流，使他们的身心健康发展。在家长面前，我注意为人师表，并积极主动地与家长沟通，针对不同的孩子，为家长介绍不同的育儿经验和方法。

(二) 业务水平

1. 抓住本班幼儿的特点，有针对性地做好幼小衔接

今年我所带的孩子有一个最大的特点就是自控能力较差，而自控能力对于上学的孩子是非常重要的，它直接影响孩子听课和学习的效果。为此，在开学初，为了能让他们自觉地遵守常规，我和孩子们共同制定各个环节的规则，再由大家共同选出的负责人来监督执行，做得好的孩子可优先当负责人。学期中，针对如何自觉遵守活动纪律，我们有针对性地开展了“熊和木头人”、“开汽车”、“冻冰棍”等游戏，以达到锻炼孩子们自如控制自己身体能力的目的。学期末，我们又开展了做个合格的小学生的评比活动，对做得好的孩子给予小礼物的奖励。

当然，提高幼儿的自控能力不能光靠老师和孩子双方面的努力，还要靠家长的理解、支持与配合。因此，在开学初的家长会上我重点讲了培养孩子各方面能力，尤其是自控能力的重要性，请家长在家中予以配合。在学期末，我特意组织召开了有关幼小衔接的家长座谈会，请在小学当老师的张旖诺妈妈主讲小学一年级老师对即将入学孩子的要求，请小学老师李贝宁妈妈介绍小学的一日生活学习特点等，最后由我主讲目前家长应该做哪些入学准备。在会议中家长们发言踊跃，互动积极，并纷纷表示获益匪浅。

在平时，我还有目的有计划地找个别家长谈话，和家长共同商议和探讨有效的教育方法。由于上述这些有针对性工作的开展，我们班孩子的自控能力较学期初有了很大的提高，为顺利进入小学打下了一个良好的基础，这些成绩也得到了家长的肯定。

2. 在教育活动中不断实践，力求创新

创新，是二十一世纪人类活动的主旋律，也是人类自身发展的重要课题。我深知，作为幼儿教师肩负着对幼儿实施创新教育的重任，需要按照科学的教育规律，培养孩子们的创新素质，提高其创造能力，使其成为创新型的人才，也使自己成为创新型的教师。

今年3月22日，园里接到了要接待全国“园本教研”研讨活动的观摩任务。园里非常信任地把这个任务交给了我。当时自己感觉压力很大，既为能接受这么大的挑战而感到高兴，也因怕做不成功而感到紧张。

“我眼中的琉璃厂”这一主题活动，我们大班已经连续开展三年了，因此，要想搞出新意真是很难。但作为一名对自己有高标准严要求的教师，就要有挑战自我的勇气，必须根据本班幼儿的特点，充分挖掘传统主题中新的生命点。我首先想到的是要从孩子身上挖掘兴趣点，参观琉璃厂回来后，我惊喜地发现，除了和去年一样，许多孩子对文房四宝和刻章感兴趣之外，还有相当一部分孩子对传统剪纸产生了兴趣。于是，我和孩子们一同收集剪纸以及和剪纸有关的材料，在欣赏各种剪纸作品的同时，研究剪纸的特点，比较各种剪纸的不同之处，并鼓励幼儿大胆猜想和尝试剪纸的制作方法。经过不断探索和实践，孩子们创作出了许多形态各异、制作方法不同的剪纸作品，到主题活动的最后有许多孩子连高难度的双喜字都会剪了。此外，在学画水墨画的过程中，我大胆迁移了幼儿数学探究中利用流程图的这一做法，引导幼儿自主地根据教师所提供的绘画分解示意图学画水墨画，一改过去每幅画必须教师示范和教授的传统教法，教师只要引导孩子掌握使用水、墨和毛笔的方法，再利用水墨画的分解示意图，孩子就能学会画各种水墨画。到目前为止，我们班孩子利用这种方法已经学会了猫、鼠、葡萄、竹子等的画法。不但如此，有的孩子熟练掌握方法后已经开始有自己的创作了，如高佳怡创作了《机器猫》、武晓晨创作了《葡萄架下喂小鸡》等作品，虽然有些稚嫩，但是非常生动。

总之，这些创造性工作的开展，不仅丰富了自己的教育经验，而且提高了自己的创新能力。

3. 积极参与课题研究，提高自己的教科研能力

今年，虽然我园新的科研课题还在准备阶段，但是也进行了大量的理论和专业的学习，对以往的论文进行了丰富和修改。我感觉这既是一个总结也是一个提升的过程。在参加我园课题的同时我还参与了区教研室刘亚明老师《对幼儿色彩感受力的研究》的科研课题的研究。作为其核心组的成员，我积极协助刘老师查阅资料，设计有关色彩的调查问卷，策划新的教育活动。在这个过程中，我深深体会到，积极参与课题研究，不仅能提高自己的教科研能力，还可以促进自身其他方面能力的提高，如写作能力、归纳和概括能力以及语言表达能力等。

（三）工作态度

本学年，我与张霞、郭清华老师组成了全新的搭档。张霞老师热情直爽，总是积极主动、任劳任怨地配合我们的教育教学工作。班上的观摩任务较多，总是免不了加班加点，张老师从没有过怨言，让我深受感动；郭老师虽然年纪轻轻，但经验丰富、个人能力强，才思敏捷，并且在主题和环境创设上很有自己的想法，给了我很大的启发，在此我也要特别地感谢她！这一学年中无论是在工作上，还是在生活上，我们三个人的关系融洽，配合起来也越来越默契了。

（四）收获与不足

1. 收获

（1）本学年度，我参与了北京市“快乐与发展”课程教材的编写，还参与编写了《多

元智能系列丛书》，其中《2岁》一书是我自己独立编写的。

(2) 有关奖励：2006年9月我被评为北京市优秀教师，2006年10月获“宣武区青年教师十佳师德标兵”荣誉称号，2007年4月被评为宣武区第一届科研青年骨干教师。

2. 不足

(1) 自己在充分发挥党员和优秀教师的模范带头作用这一点上还做得远远不够，应该努力改造自己的世界观，提高自己的素质与修养，严于律己，宽以待人，努力做一名全心全意为人民服务的好党员、好老师。

(2) 应该不断加强学习，提高自己的理论素养。随着时代的发展，社会对于教育的要求越来越高，因此，教师就不能故步自封，应该学习学习再学习。作为一名成熟期的教师，更应该加强学习，不断提高自己的理论水平和专业素质，为年轻教师做出榜样。

新世纪呼唤高素养的幼儿教师，高素养也集中体现在教师的创新精神上，我深知自己还有差距，因此还要在今后的教育实践中不断地丰富自己，在教育教学中推陈出新，形成自己的特色，早日成为一名高尚的、在幼教领域有所成就的、研究型幼儿教师。

宣武实验幼儿园　胡贵平

专家点评

宣武区实验幼儿园胡贵平老师做的学年度个人工作总结，基本是按照上级主管部门要求的总结方式进行的，包括政治思想、业务水平、工作态度、收获与不足等内容。这是一篇比较全面规范、带有自评和接受考核意义的总结，从中能看到一名骨干教师的责任和智慧。

优点：

1. 在政治思想上对自己的要求是具体生动、务本求实的，是把一名新党员的认识和要求与本职工作、教育对象紧密联系的体现。其党员的模范形象更多体现在带班过程、教科研活动、家长工作和班长工作的带头作用中。

2. 对自己业务水平的诠释既抓住了本班工作的重点和所依据的特点，又在重点工作中突出了对常规工作的突破。

(1) 幼小衔接依据了本班幼儿的特点和发展需要，有针对性地做到了规则性游戏的选择与创新，以及相关家长资源的合理有效利用；

(2) 探讨并创新实践了主题活动与学科领域的有机结合，使“我眼中的琉璃厂”的主题活动不仅有学科活动的基础，并且在不同的学科领域间进行了有效迁移；

(3) 对参与课题研究的切身体会突出了“使力长力”。这三点不仅对自己业务水平的提高有一个很有说服力的说明，并且对其他老师有比较深刻的启示。

3. 工作态度突出了作为班长对搭档的欣赏与感激，这也是和谐班级工作开展的重要技巧，对推动班级工作有很重要的作用。

建议：

1. 在“收获与不足”这一节的总结中，谈收获时提取的是比较单一的成果，希望进一步对在工作过程中的典型体会和认识进行总结。

2. 一个人的进取离不开对自己不足的不断认识与修正。总结自己工作中的不足，应尽量所指具体，并伴有反思。

专 题 总 结

班 长 总 结

本学期，我接手的是小一班，在帮带青年教师、发挥班长的凝聚力上有一些体会，现在我就简单回顾一下，与大家分享。

（一）认真做好班长工作，有很强的责任意识

班级是幼儿园最基本的单位，班长是幼儿园最基层的管理者，班长在幼儿园里发挥着举足轻重的作用。作为班长，首先要明确自己的职责，能时时刻刻想到自己是一名班长，是班集体的核心和带头人。作为班长，只有多思考、勤动脑，才能使班级少走弯路。每年开学，我都提前做好准备，有目的地做好计划，不盲目做事。如在设计主题活动、创设环境时，我都事先想好了做什么、怎样做，这样就避免了因事先没有考虑好而耽误时间。在视导和督导过程中，带领班上老师高质量开展一日活动，思路清晰，工作忙而不乱。

现在人们对幼教工作的要求很高，教师的工作压力很大。面对繁杂的日常工作，我们不要不知所措，无从下手。要静下心来，学会理出头绪，找出最先应该干的事情，然后，按照轻重缓急一件一件地去做，做到忙中有序。这样，就不会觉得“满脑子都是工作”了，相反，当完成了某一项工作时，一定会感到无比轻松与快乐。

在手足口病的高发季节，我和班上老师高度重视手足口病的传播预防工作，对幼儿进行了讲卫生防疾病的健康教育，并向家长发放了宣传材料。韩老师负责每日了解幼儿出勤情况，上报幼儿人数；泉老师负责卫生消毒工作；我负责向家长进行卫生防病知识的宣传及班内全面的卫生防病工作。带班老师每日对幼儿进行晨、午检，加强洗手环节的指导，利用多媒体手段对幼儿进行卫生防病的健康教育。这样分工明确，各负其责，杜绝了传染病的发生。

（二）落实帮带计划，促使青年教师尽快成长

领导把新教师交给我带，就是对我的信任。工作中，我对青年教师努力做到一个“体”字，即成为她的知心人。我要求青年教师要努力做到三个“多一点”：对家庭生活多一点关心，对个人学习多一点关注，对业务提高多一点指导。与此同时，我力争在青年教师的成长过程中扮演好三个角色：既是合作伙伴，又是师长和朋友。在日常工作中，我积极营造关注青年教师成长的良好氛围，让她感受到班级的温暖，从而增强对集体的认同感和归属感。

在帮带过程中，我时刻规范自己的言行，强化严谨的工作作风，落实帮带计划，做到有记录，有分析，还要有措施。在带新教师的过程中，我能够认真负责，把自己长期工作

总结出的经验都毫无保留地传授给她，引导她注重抓住生活中的教育契机，对幼儿进行教育，在早餐后、午点时、户外活动等环节中，体现“教育融入生活”的原则，做到“教者有意，学者无心”。

我经常给她写帮带记录，包括实录、分析和反思，细化到她的带班语言、精神面貌。帮带记录，可以帮助青年教师总结工作中经验，也记录着青年教师的成长足迹。出现问题我们总能敞开心扉，及时沟通，使她能够尽快独立带班。

我十分珍惜大家在一起工作的缘分，有时工作多，压力大，我注意在班上营造宽松、和谐的氛围，用幽默的语言化解紧张的情绪。我非常关心青年教师的工作与生活，大到怎么带班工作，小到与人交往要注意什么，适合穿什么衣服等。下班之后，我会带着她一起跳跳绳，放松一下紧张的情绪。当她遇到困难的时候，我会给她发上一条短信，及时安慰，让她别泄气；当她面临任务的时候，我会鼓励她勇于接受挑战，并和她一起面对。此外，我还敢于放手，为青年教师创造锻炼的机会，如观摩活动、新年联欢、六一活动等，我更多的是做幕后工作，给她以支持，为她搭建平台，促使她尽快成长起来。

总之，对青年教师在日常工作和生活中的表现，我发现问题及时交换意见，实事求是地指出其工作中的不足，多提建设性意见。任务与担子并存，压力与成功同在。虽然压力折磨人，但却激人奋进；虽然制度约束人，却又充满关怀。如果我们能为青年教师创造一个良好的工作环境、营造一个良好的群体，切实落实帮带计划，从情感入手，发挥老教师的带头作用，坚持以动态、发展的眼光看待新教师，她们一定会茁壮成长起来的。

（三）了解每位教师的潜质，发挥每位教师的特长

了解每位教师的优势，发挥每位教师的特长，只有在这个基础上，班长才可以在发挥每位教师的积极主动性的同时，帮助自己和各位教师共同成长。如，泉老师手巧，我就请她参与环境创设、制作音乐角的小裙子；韩老师年轻活泼，向家长开放半日时，我就请她主持一部分内容，而且她计算机水平高，就让她承担更新网站的任务；我自己则承担了多次的观摩活动。在六一活动中，泉老师负责制作跳舞用的纸花，韩莉负责主持节目，我负责和其他班长设计整个活动内容。这样，每位教师都有了施展自己才能的空间，干工作有了积极性，每位教师都获得了成长。

（四）与其他班组团结合作，发挥班长的凝聚力

作为班长，不但要把自己班内的工作做好，还要能较好地和其他班组协调起来，这样，就会像串糖葫芦一样，盘活全园工作。如，在今年的小班趣味运动中，我和其他几位班长，共同联手、分工合作，使这次的运动会圆满成功。我觉得一个积极向上的态度，喜欢做、愿意做，把要我做变成我要做，这是做事情的首要条件。其次，要有严谨细致的工作作风，这是老教师、老班长身上的优势。再次，还要有团结向上的集体，班长团结、班组和谐，步调一致，只有这样全园工作才能取得成功。

我们班组在一起已经三年了，既是工作伙伴又是生活中的朋友，虽然工作很忙，任务很多，但是感觉很快乐，很和谐。我也从他们身上学到了很多东西，即使以后不在一起了，我们还要珍惜这种缘分，让这份亲情与友情继续保持下去。良好的工作，同时也得到了家长的认可。今年，又收到了家长送来的锦旗和表扬信。这激励着我们更加努力地工作。

（五）不足之处：缺乏创新精神

这两年，我深深地感到青年教师的进步非常快，实在是让我这个老教师有了紧迫感。青年教师起点高，各方面的技能比我强，思维活跃、开阔，精力充沛。而我工作时间长了，容易固守原来的经验，创造性地开展工作已经有些吃力了，这需要我向青年教师学习，弥补不足，不断挖潜自身的潜质。只有这样，才能使自己跟上时代的步伐。

在今后的工作中，作为老班长，我要继续严于律己，多向其他老师学习，更新自己的观念，发挥带头作用和正确导向作用，带动班级教师创出新特色，实现共同进步。

宣武回民幼儿园　张伟

常规工作总结：变枯燥为有趣——趣味游戏常规培养法

常规活动是幼儿一日生活中最基本的组成部分，良好的常规习惯是开展其他活动的基础与保障。但对于幼儿园新教师来说，常规培养却是相当头疼的问题。尤其是学期初新幼儿的常规培养更是让新教师犯难。尽管老师可能已经很用心，也会采用一些诸如奖励的小招数，可孩子就是不听，怎么都达不到规定的要求，做事无序，想干什么就干什么，想怎么干就怎么干。不过，时间一长，细心的老师会发现，常规培养其实是有方法可循的。我们知道，幼儿教育要顺应孩子的发展需求和年龄特点，要把对幼儿的要求转化为幼儿的内部需要才能达到预期的效果。那么，在常规培养中，我们就可以采用一些趣味性的游戏方法，在快乐的互动情境中，让孩子由被动变主动，快乐地掌握常规。

（一）在"假戏真做"中培养幼儿良好的坐姿习惯

刚入园的孩子，有着各种各样的生活习惯。光是坐姿就五花八门，有的幼儿喜欢翘着椅子坐、有的幼儿喜欢歪着身子坐、有的幼儿喜欢弯腰坐、有的喜欢回头看……在一次猜谜语活动后，我了解到班里许多孩子都很喜欢吃葡萄。根据幼儿喜欢"假戏真做"的特点，我在一次活动上对孩子们说："小朋友们都特别喜欢吃葡萄，今天你们当葡萄籽，小椅子当花盆。我来为小葡萄籽浇水，比一比看哪盆小葡萄长得最好。但是我只为种得好、种得直的葡萄浇水哦。"听到这，大部分孩子立马小脚并齐、身子坐直等着我去浇水，只有个别孩子还是扭着身子。于是，我开始"浇水"，走到坐得好的孩子旁边亲昵地拍一拍他们的肩膀，摸一摸他们的耳朵，被摸到的幼儿都美滋滋的，没被摸到的幼儿也马上坐好了。我接着说："浇过水的葡萄籽发芽了，长出了藤，结出了两个又圆又大的紫葡萄，快让小张老师看看，谁的紫葡萄又圆又亮。"刚说完，孩子们的眼睛就全都睁得大大的。连平时最淘气的大头也都乖乖地坐在那儿。可见，这种假戏真做顺应了幼儿的年龄特点，满足了幼儿情感的需求，能很好地引导幼儿养成良好的行为习惯。由此说，教师在引导幼儿完成既定目标时，需要运用智慧和方法，顺应幼儿的发展需要，才能更好地帮助幼儿成长。

（二）在愉快的氛围中培养幼儿良好的排队习惯

户外活动排队时，班级队伍总是站不直，孩子们喜欢推来挤去。针对这种情况，我利用小班幼儿爱模仿的特点，开展了一个儿歌游戏。我先念一首改编了的小儿歌：糖葫芦，细又长，一串一串真漂亮，哪串排得最好看，妈妈先去尝一尝。念完儿歌后，我就去摸一摸站好的孩子的头，假装舔一舔他说："这串葫芦宝宝可真好，串得又直味又甜。"由此一来，被表扬的孩子站得更直了，而没有站好的孩子也跟着赶紧站好了。这样常规培养不再是枯燥的训练，由于顺应了幼儿的年龄特点和发展需要，取得了良好的效果。

（三）在小小儿歌中练习叠衣服

冬天来了，由于穿的衣服较多，午睡时穿脱衣服成了孩子们的大难题。有的幼儿因为不会脱衣服、叠衣服，从吃午饭时就开始焦虑，甚至哭鼻子。于是，我利用过渡环节的时间和孩子们一起玩《小衣服做操》的游戏：小衣服，躺平了，两扇大门要关好，左臂弯一弯，右臂弯一弯，锻炼完了。看着自己的小衣服也像在做操一样，孩子们都兴奋地动手尝试。在这过程中，不但锻炼了孩子们的动手能力，学会了叠衣服，也培养了他们自我服务的意识。

（四）在快乐比赛中让孩子们多饮水

生活中大多数孩子都喜欢喝饮料，而一到喝水的时候，孩子们总是只喝一点就走。虽然每次喝水时，我和保育员都担当监督员的角色，但只要一不留心就会有孩子只接一点点水就偷偷地溜走。在一次偶然的机会中，我也想喝水，突然我灵机一动，对周围的孩子们举起了水杯，大声地与孩子们碰杯、干杯。孩子们一下子情绪高涨，不仅把杯中的水一饮而尽，而且还多次添水，玩干杯的游戏。看到有的孩子喝完了水，我马上说："毛毛的水喝完了，我可要加油了。"这样既表扬了毛毛，又暗示没有喝完的小朋友加快速度。在游戏式的活动中，既使孩子感受到了快乐，又使活动本身达到了事半功倍的效果。

虎坊路幼儿园　张杰

（三）如何写观察记录

园长常说：观察记录既要保证数量，又要保证质量。这让年轻教师很苦恼，数量还好说，可这质量以什么为标准呀？每当要交观察记录时，脑子里就开始放电影，希望能够回忆出值得一记的东西。终于记录完了，还要苦思冥想，怎样分析，怎样写对策。新教师写观察记录常会这样：

- 为完成任务而写。记观察记录是一项工作，每周都要交，所以不得不记。纯粹是为了完成任务而记，应付了事，偶尔也会从书上抄一篇，或是从网上下载一篇用用。
- 虚构、不真实。有时为了把观察记录写得好一些，可能会把事件夸大一些，或者是在措辞上描述得动听一些，虽然缺少真实性，但有时会得到表扬。
- 只观察没想法。有时可能会把看到的全都记录下来，可一到分析原因，寻找改进措施时就卡住了，索性不写。

- 无目的地观察。观察不就是看看孩子吗，每天都在看，随便记一个就行。
- 给孩子定性。常常认为自己最了解孩子，所以在观察记录中常常会用“某某是个什么样什么样的孩子”来评价孩子，喜欢把自己的想法强加在孩子身上。

1. 什么是观察记录

观察记录是在自然条件下观察被研究的对象，如实记录观察对象的行为表现，并进行深入分析，发现问题，改进教育行为的一种方法。

2. 为什么要写观察记录

观察了解幼儿是幼儿教师必备的教育技能，也是幼儿教师需要履行的一项工作职责。幼儿园的观察记录目的在于教育者通过观察发现存在的问题，逐步改进教育方法，最终促进幼儿全面健康地发展。它的核心价值是让教师在对每个儿童进行关注时，能更好地遵循新《纲要》的精神，提高教师观察的敏锐力，关注每个幼儿的不同特点，寻求有针对性的教育方法，真正把“因材施教”落到实处。

观察记录不仅能帮助教师更好更全面地了解孩子，为幼儿的发展提供有效的支持，同时它也能帮助教师记录自己的成长轨迹，不断完善提高自身的专业水平和专业能力。

3. 怎样写观察记录

观察记录的主要内容包括：观察时间、观察地点、观察对象、观察实录、观察分析和改进措施等。写观察记录的步骤是：

（1）现场观察；

（2）真实记录观察到的情境，包括观察对象的神态、语言、动作、表情、情绪等多方面的内容；

（3）分析利用观察资料（对现象及其背后的原因进行分析）；

（4）预设解决问题的对策和想法及实施方案。

观察记录的范围可以涉及幼儿一日生活各方面内容，如，幼儿自理能力、交往能力、游戏状态及水平、情绪、语言、动作、行为发展等。

4. 写观察记录应注意的问题

（1）真实

记录的内容一定是真实发生的事件，不要因为要完成记录的篇数，随意编造或根据孩子反映的情况瞎写，这样的记录没有任何意义。

（2）客观

客观体现在两个方面，一是记录时要客观描述幼儿行为、动作、语言、表情等真实情况，不要从自己角度给幼儿贴标签。如，某某是个淘气、攻击性强、不会与同伴相处的孩子，这种描述就带有浓厚的主观色彩，是不可取的。二是分析要客观，策略要具体、得当，表明针对问题的做法，而不仅仅是一些虚话、套话。如，不要只说“幼儿自理能力有待加强”等套话，要对具体用什么方法提高幼儿自理能力有思考和阐述。

(3) 深入

观察到各种现象后，要分析幼儿行为背后的原因，提出解决问题的策略，并在实施策略的过程中，进一步观察验证策略是否得当，从而使观察层层深入。分析问题切忌就事论事，要透过现象看本质，深入分析幼儿的特点、需要和问题，而不仅仅是表面化、形式化地记录和进行无关痛痒的分析。

(4) 有价值

观察首先要有目的，了解不同幼儿的特点，捕捉幼儿典型的行为，发现教育规律。通过长期深入观察某一方面的内容，得到详实的第一手资料，通过探索解决问题的有效策略的过程，更新教育观念，将“理解先于教育”落在实处，提高教师自身专业素质，逐渐形成自己的专长和研究课题。

附：个案观察记录、区域游戏观察记录样板

幼儿个案观察记录

<table>
<tr><td colspan="2">观察时间：2008 年 10 月 10 日</td><td>观察地点：活动室</td></tr>
<tr><td colspan="2">观察对象：笑嫣</td><td>观察者：实验幼儿园　孙丽芳</td></tr>
<tr><td>观察内容</td><td colspan="2">观察一：
玩小筐玩具的时候，孩子们都很开心，班里洋溢着欢快的气氛。笑嫣却坐在那里一动不动，她知道我在看着她，就冲我皱起了眉头，然后又冲着旁边正在玩玩具的李俊麃皱起了眉头。这时旁边的大姐姐石匀露看见了，便严肃地跟李俊麃说了一些什么，李俊麃想了想就摸了摸笑嫣并对她说对不起，笑嫣听了咧嘴一笑开始玩玩具了。
观察二：
该户外活动了，小朋友去完厕所就主动地排队等待着一起出去。这时笑嫣又皱着眉头看我，然后回头看了看后面的王子光。我知道一定是王子光小朋友在排队的时候碰到笑嫣了，王子光平时的动作就很大，也许碰笑嫣的那一下不算柔和，所以笑嫣生气了。于是我走过去提醒王子光要小心一些，不要碰着别的小朋友，还特别提到了笑嫣。在听了我的话之后，笑嫣笑了。
观察三：
午饭前我带孩子们复习学过的儿歌和歌曲，有些孩子不是很感兴趣，但是笑嫣一直在用洪亮、好听的声音附和着，还一边拍手一边做动作。
观察四：
午睡脱衣服的时候，她又皱起眉头望着我，站在那里一动也不动，原因是不会解扣子想让我帮忙。在我帮她解开扣子后，她立刻笑了。</td></tr>
</table>

（续）

观察分析	笑嫣每次皱眉头都是因为遇到了困难或者想得到某种满足，通过皱眉这个动作，传达给老师或小朋友一个信号，希望得到大家的帮助。可是用这种方式寻求帮助好不好呢？根据小班幼儿语言发展的特点，他们总是喜欢用动作、表情等非语言方式进行表达，但是仅仅用眼神交流会产生一些问题，失去主动与人沟通和锻炼语言表达能力的机会。鼓励小班幼儿敢于当众讲话，能清楚地进行自我表达是我们的教育目标之一，而且3～4岁是幼儿语言发展的关键期。 通过今天的观察，我觉得应该结合《幼儿园教育指导纲要》确立适合我们班幼儿语言发展的目标，努力把握一日生活之中的教育契机，多鼓励幼儿说话，教幼儿一些表达的方式，并及时给予鼓励。相信在这样的氛围里，幼儿的语言会发展得很快。今天的事情也再一次提醒我自己，作为年轻教师不能只满足于观察孩子，更要了解孩子，并结合教育目标，有意识地对幼儿实施有效的教育，这样才能促进幼儿更好更全面地发展。
指导策略	1. 每次在笑嫣皱眉头寻求帮助的时候，老师不急于帮助她解决困难，而是问她："你怎么了？为什么不高兴了？和老师说说好吗？"通过询问，鼓励她勇敢地用语言表达自己的意愿，同时协助她自己克服困难，让她逐渐体验到克服困难后成功的快感。 2. 给她讲《小嘴巴有本领》的故事，通过故事情景，让她知道遇到事情光皱眉头解决不了问题，要勇敢地用小嘴巴说出来，这样大家才能了解并帮助她。 3. 在说儿歌、唱歌时表扬她的声音好听，让她知道老师和小朋友都喜欢她的声音，从而激发她大胆表达的愿望。 4. 当她想表达又不知怎样表达的时候，教师要耐心地教给她具体的表达语言，让她一句一句地学说，学会了要及时夸奖她，帮助她树立自信心。 5. 和笑嫣的家长进行沟通，反馈笑嫣在园的表现，请家长配合班上的教育，在家中也有意识地培养孩子的语言表达能力，多鼓励孩子表达自己的想法。 6. 在日常生活中，教师有意识地多亲近笑嫣，和她一起玩耍，鼓励她多说话。当她在表达方面有进步的时候，教师要及时给予肯定，使她逐渐养成遇事想表达、愿意表达的良好习惯。

区域游戏观察记录

观察对象：李博涵　毛健欢

性别：男

年龄：6岁

观察时间：2008年12月

观察地点：大二班建筑区

活动内容：搭建"外星人基地"

观察背景：

近期我们班开展了"神奇的太空"主题活动，孩子们在了解一些太空知识的基础上，开始对外星人这个话题很感兴趣，在收集了一些资料后，他们自发地要在建筑区搭建一个"外星人基地"。

第一次观察：

今天在区域活动时，建筑区的幼儿自发地讨论如何搭建“外星人基地”。有的说：“外星人基地应该有发射中心。”有的说：“外星人基地应该有控制中心……”我也参与了他们的讨论：“外星人基地应该有居住小区呀，你们就先将基地分为控制中心、发射中心和居住小区三个区域来建构吧。”刚讨论完，幼儿就迫不及待地着手搭建了，不一会儿，就建出了发射中心和控制中心。但是在建居住小区时，他们却发生了争执。壮壮坚持“外星人基地”没有居住小区，外星人都是住在控制中心里的。毛毛却坚持我的方案，双方争得面红耳赤。最后，壮壮不顾同伴的反对，在控制中心里又围了几个小区域，当成外星人的房间，边围边说：“住在这里多方便呀！”毛毛跑来报告：“壮壮没有按照老师和大家讨论的方案去建居住小区。”

解释与分析：

孩子们在搭建的开始各抒己见，而且大家都提出了一些建议。这些表现与以前相比有很大的进步，孩子的提议没有对错之分，说的都很有道理。我的加入本来是想帮助他们统一意见，可是却引发了更大的矛盾。一名幼儿想服从老师的意见，另一名幼儿还是比较认同自己的想法。我的参与到底是有效的还是多余的呢？从这一观察过程中，我把关注点放在了自己的介入合理性上。

的确，为什么孩子一定要按照老师的意思搭建呢？难道这真的是一个在教师指导下向前推进的活动么？——虽然我在搭建前以同伴的身份平等地参与了幼儿的讨论，提出了自己的见解，而且幼儿也认同了我的方案并展开建构活动。但是建构前幼儿讨论热烈，各人提出了自己的设想，这时我是否需要介入？我的介入是否干扰了幼儿的活动？虽然我是以同伴身份参与讨论，但最后形成的方案是由我提出的，如果没有我的介入，幼儿就无法达成共识了吗？幼儿在活动中的表现清楚地说明，我的方案对每个幼儿的影响是不同的：有的认同，有的未必，最终导致了幼儿间的冲突。

可以说，我在帮助幼儿“达成共识”上的指导不仅是无效的，甚至还产生了一些负面的影响，比如可能干扰了幼儿在活动中的自主性，影响了幼儿合作行为的形成等。教师担当的角色不应是幼儿活动方案的决策者，而是资源的丰富者及活动的启发者和支持者。下次活动时我应全方位观察、了解幼儿的经验并倾听幼儿的建构设想，了解其面临的困难，把握介入指导的有利时机，引导幼儿讨论，协调幼儿与同伴间不同的意见，允许幼儿按照自己的已有经验和想法来安排自己的活动。

第二次观察：

第二天，壮壮和毛毛又来到建筑区进行外星人基地的搭建。这次他们还设计了火箭的升天轨道，可是他们的建筑除了发射台之外都是平面的。我就好奇地问他们：“这条轨道虽然好看，却是平面的，卫星怎么能冲上天空呢？”他们都对我的这个问题很有兴趣，开始动手改造起来。在改造的过程中，孩子们发现自己预想的太复杂了，没有办法搭起来。我就让一个孩子把想好的轨道画在了纸上，然后和他们一起商量需要的材料。孩子们想搭成螺旋式的，可是遇到了困难，他们皱着眉头说：“老师，还是不像，螺旋式的应该是越来越高的。”我说：“对呀，那有什么办法让这些圆形积木越来越高呢？”大家又叽叽喳喳地议论开了：“可以用一些隔板”、“可以用积木来垫高”……孩子们选择了几个大小不同的圆形隔板，并且用奶粉桶、薯片桶和线轴进行支撑，一个螺旋形的轨道马上就拼好了，孩子们发出胜利的欢呼声。

解释与分析：

这一次幼儿按照事先设计的方案，使“外星人基地”的建构初具规模，但忽视了卫星发射轨道的问题。我发现刚升入大班的孩子能够简单地把积木垒高，能搭出楼房围墙等一些地基是规则形状的物体，而对于螺旋式这样比较复杂的垒高没有什么经验。遇到这样的情况，我是满足于幼儿已有的建构水平，还是设置问题情境，激发幼儿向自己发出挑战呢？经过分析我选择了后者。

我试着对他们说：“这条轨道虽然好看，却是平面的，卫星怎么能冲上天空呢？”这一问题明显激起了幼儿重新建构的欲望。因为孩子也认为火箭的升天不应该在平面的轨道上进行。为了让搭建方法更加直观地展现在孩子面前，我让他们把想法画在纸上，然后再根据图纸想办法。孩子的思维一下子从抽象到具体，很快就想出了解决问题的好办法。在这个过程中，我并没有直接把怎样建构的答案告诉幼儿，而是通过不断设置问题情境，采用递进式的启发策略，一步一步地向幼儿发出挑战，帮助幼儿整合、提升建构经验，使建构活动不断向前推进。

观察后的想法：

从这个观察案例我清晰地认识到，区域活动的开展离不开教师的指导。教师只有通过观察去了解幼儿的游戏内容，并在幼儿游戏兴趣与需要的基础上来帮助他们，才可能避免以成人的需要和看法去干涉幼儿游戏的现象发生。到底什么时候介入以及如何介入呢？这大概是教师最难把握的。我认为当幼儿遇到了超出自己能力范围的困难时，这就是一个很好的介入时机。这个时候教师应该不直接给予解决问题的答案，而是提出开放性的问题，引领幼儿去寻找克服困难的方法和途径，并让幼儿按照自己的逻辑与方式进行有意义的探索。有效的指导策略，能帮助幼儿迁移、建构、提升经验，使活动向更加深入的方向发展，使幼儿探究、操作、解决问题的能力得到全面提高，还能让幼儿在这个过程中体验到成功的喜悦。

（四）如何写反思

苏联教育家苏霍姆林斯基曾说：“善于分析自己劳动的教师才能成为一名优秀的有经验的教师。”叶澜教授也曾指出：“一个教师写一辈子教案不一定成为名师，如果一个教师写三年反思有可能成为名师。”反思是教师工作的一个重要部分，但新教师的问题是，总说反思是提高教师专业能力的有效手段，可有些问题自己根本还没意识到呢，又怎么能反思得出来呢？园长每天都要求写反思，哪里有那么多可反思的内容呢？关于反思新教师是这样想的：

- 我一直认为反思就是能自己发现不足和问题，有一次看课的老师问我：你认为活动中最大的亮点是什么？我这才发现，原来好的经验和方法也可以成为反思的内容。
- 我写的反思每天都差不多，比如反思中的优点主要是完成教学目标、幼儿对活动

很感兴趣等，不足和问题主要是对幼儿个体的针对性指导不够等，自己都觉得反思没有什么意思，每天都写得大同小异的。

- 反思只是反思教学活动吗？仔细想想可能生活活动、游戏活动等一日生活中的内容都可以反思，有些当时挺有想法的，当时没记过后就忘了。
- 感觉写反思挺盲目的，不知道从哪里入手，也不知道怎么思考，写出来自然也就没深度。

1. 什么是反思

反思是一种“积极的、坚持不懈的和仔细的考虑”。作为幼儿教师日常工作中的一项重要内容，反思是对教育过程的审视与思考，以及对教学中的经验和教训的记录。它既是对教育活动效果的分析，又是教学实践的理论升华，也是对教学进行自我监督的重要手段。

2. 为什么要写反思

写好反思是幼儿教师的一项基本功。促使教师专业成长的因素不仅仅是他们的知识和方法，还包括他们在教育实践中表现出来的批判反思能力。这种“自我解读”能够给教师提供一面镜子，让教师积累“有益的教育经验，展现各自的教育智慧，使我们的幼儿教育更加卓有成效”。它是教师成长过程中的记录和反映，能帮助教师在实践后留下经验、观点，形成新的认识。

3. 怎样写反思

(1) 反思的写法

反思可以分为三个部分：叙述问题、分析问题和解决问题（效果与感悟）。

①叙述部分：要做到准确、真实、生动、可查，不带有教师前期主观判断，不轻易下结论。

②分析部分：即针对叙述中的现象，结合教育理论和指导策略，从多方面、多角度进行分析，如幼儿生理、心理等年龄特点、经验能力、家园环境、教师作用、教学过程设计与实施的科学合理性等。从个体原因到集体因素、教师教育因素逐级提高，步步深入，归纳诊断，得出结论。

③解决问题部分：即针对所叙述问题和分析结果，逐条对应，制定近期解决策略，并进一步展示效果，升华感悟。

(2) 反思的原则

反思是情感与理智的有机结合，应体现真实性、实践性、探究性和科学性。

①真实性：在个案反思和教学活动反思时都会描述事件经过，描述应尊重事实，客观描述，不擅自评判幼儿的表现。

②实践性：教师的反思建立在实践经历的基础上，不能妄自设想，凭空编撰。

③探究性：反思的内容要避免平铺直叙，应体现理性的思考，有探究解决问题的策略和设想。

④科学性：事实、数据、典型现象都是反思中的科学依据。反思中一个幼儿的一种表现应以一段时间连续的观察为依据，不能仅以一次表现就把幼儿定义为“常有攻击性行为”、“不爱学习”、“没有礼貌”等。教学活动反思应透过表象看本质，用科学理论来分析现象、解释现象。

(3) 反思的内容

幼儿教育的原则是“生活即教育”。幼儿在园生活中有多少事就有多少可教育的点，也就有多少可反思的内容。反思的内容有很多，主要可从以下几方面进行反思。

①日常活动中的个案反思：日常各环节教育过程中与个体幼儿互动的反思。可以通过教育随笔的形式完成。文章相对短小，内容的针对性强。

②教育教学活动反思：教师完成一次活动后，对整个活动过程的设计与实施进行回顾与总结，对自己在教育理念、教材选择、目标设定、教学策略的运用方面的经验、教训和体会，以及幼儿学习上的问题等记录在案的过程。记录方式可长可短，但要体现改进工作的设想，操作性要强。

③教育叙事案例反思：用叙事的形式，真实记录教育教学活动过程中的困惑和经验，从研究的角度分析原因，寻求适宜的策略，形成理性的思考。通过记录和分析的过程，改变和调整自己的行为。在潜移默化中完善自我，提升专业能力。当积累到一定时间后，可以形成研究的专题和课题。

无论哪种方式和内容的反思，教师都不可能面面俱到，必须有所侧重。

①反思成功：对教学活动中较顺畅、富有创造力的部分进行反思。如时尚的导入形式、形象幽默的教具、有情有味的结尾等。

②反思失败：多么成功的课堂也会有值得进一步改进和斟酌的地方，对出现的问题甚至失败进行及时反思非常重要。如未突破的难点、幼儿参与不积极、部分目标没有实现等。

③反思随机：教学活动中避免不了偶发事件的发生，反思随机也就是反思教师教育机智，是对教师在偶发情况下所产生的教育行为的反思。

④反思技能：即对围绕目标促进幼儿发展的教育过程中教师技能是否起到指导、提升作用的反思。

⑤反思幼儿：对幼儿在动手操作、探索、合作交流过程中出现的问题进行的反思。

⑥反思将来：根据活动中的种种表现初步制订有目的有计划性的教育方案的反思。

总之，可反思的内容有很多，哪方面的反思对教师来说都很重要。但一篇反思不可能面面俱到，教师可根据教学过程的具体内容和表现确定反思的重点。

附：个案反思、区域游戏反思、教学活动反思样板

个案反思样板

梳小辫的故事

给女孩子梳小辫是我非常愿意做的一件事情。每当我看到孩子们梳着我精心设计的漂亮发型的时候，我特别有成就感。

之所以我愿意给孩子们梳小辫，缘于我从小就非常喜欢给别人梳小辫，花样还特别多。因为女孩子都喜欢美，所以孩子们非常喜欢我给他们梳头。我愿意给孩子们梳小辫还有一个更重要的原因是，我可以利用梳小辫的机会和孩子们亲近和沟通。尤其是刚开

学的时候，新升班的孩子对老师和环境都很陌生，心里难免忐忑不安。利用给孩子们梳小辫的机会和她们轻松地聊天，可以很快消除孩子们对老师的陌生感和距离感，并且当她们看到自己变换的漂亮发型时，会非常满足，进而会使她们一直都保持愉悦的心情。这么多年来，我很为自己有梳小辫的专长而感到得意和骄傲。

不过，凡事都有个例外。去年，在我带的班里有一个叫小爽的女孩子，她梳着漂亮的长头发，从小爽天天变换的发卡就能看出小爽的妈妈对女儿头发的打扮是很精心的。但是有段时间，大概因为小爽妈妈工作很忙的缘故，小双的头发经常梳得很零乱，甚至是歪七扭八的。那天带下午班，我照例给孩子们梳头。我发现每当轮到小爽的时候，她总是向后让。最后终于轮到小爽了，我看到她原本就梳得不怎么好看的两个小辫，经过一个午觉后显得更乱了，我暗想这么懂事的孩子我一定给她梳一个最漂亮的发型。我刚要拆她的小辫，没想到小爽却向我提出了一个意想不到的要求，她说她的小辫可不可以不梳了。我感到很奇怪，心想这么乱的头发，怎么能不梳呢？小爽大概也觉得自己的要求不太合适，就没有再坚持。看着小爽，我突然想起开学这么长时间了，我居然没有给她梳过小辫，她的小辫总是找张老师梳。难怪！我猜想她可能怕我给她梳不好吧，于是我温柔地安慰小爽，告诉她我会给她好好地梳，小爽没接我的话，却又提出了一个要求，说要还梳成上午那样的两个小辫！天哪！上午的那个发型多难看呀，本来应该是左右对称的两个小辫被梳成了一上一下，还歪着，我心想今天是我第一次给小爽梳头，她大概还不了解我梳头的功力，我一定要抓住这个难得的机会，好好表现一下，让小爽看看，胡老师梳的小辫很好看，并且我有信心让她梳了第一次就想梳第二次！

于是我耐心地做小爽的工作，并且表示，我先给她梳梳看，如果她不喜欢，我再给她改回来，小爽听了点点头。我绞尽脑汁拿出了我的看家本领，给她梳了一个很复杂的有许多小辫的盘头。梳完以后，许多女孩子都围过来，羡慕地看着小爽，夸这个发型漂亮。我得意地让小爽去照镜子，可过了一会儿，居然听厕所传来“哇”的一声大哭，我赶紧进去一看。小爽对着镜子正哭呢，一边哭一边嚷着：“太难看了，我不要这样的！”看到孩子如此激烈的反应，我吓了一跳，赶紧把小爽领出来，一边给她擦眼泪一边安慰她：“没关系没关系，不喜欢，胡老师再给你重梳！”于是我手忙脚乱地把自己辛辛苦苦为小爽梳好的发型又改回了原来的样子，看到自己又恢复了原样，小爽这才停止了哭泣。

望着小爽，我百思不得其解，明明是一款得到大家交口称赞的漂亮发型，为什么小爽不喜欢呢？我忍不住问她为什么一定要梳原来的发型，小爽小声地说：“那是我妈妈昨天晚上给我梳的，好看。”原来如此！我恍然大悟，一下子想了起来前一段时间和小爽妈妈的一次谈话，她曾说过因为自己工作很忙，有的时候一上夜班就一个星期，连孩子的面都很难见着，更谈不上照顾小爽了。我马上问：“小爽，妈妈是不是又上夜班了？”小爽点点头，眼泪又流了下来。原来小爽是因为想妈妈了，所以连妈妈给她梳的小辫都舍不得拆掉。看着小爽难过的样子，我心里酸酸的，内心充满了歉意。我把小爽搂在怀里，对她说：“小爽说的没错，胡老师一心想给小爽梳一个漂亮的小辫，可是怎样梳都没有你妈妈梳的好看，下次梳小辫的时候，胡老师听你的，你说梳什么样的就梳什么样的。”听了我的话，小爽这才开心地笑了。

通过这件事，我不断反思自己的行为，我想自己在整件事情上太主观了。在没有准确了解孩子心理的情况下，就凭着自己的已有经验主观臆断，由于自己的疏忽，让孩子的心灵受到了伤害。作为一名成熟的老师，怎么没有好好考虑到孩子行为背后真正的心理动机呢？这件事对我的触动很大，一名优秀的教师确实应随时注意观察孩子的行为，注意了解他们细微的心理变化，遇事多问自己几个为什么。孩子就像指纹，没有完全相同的，千万不要自以为是，以为自己很了解孩子，更不要认为自己总是比孩子高明，有时候自我感觉良好，可是并非就能赢得孩子的认可。我们需要静下心来想一想，自己有没有真正进入孩子的心里。

经过这件事之后，每次我给孩子梳头的时候，都会先征求一下孩子的意见，把主动权交到孩子的手里。虽然有的时候孩子对发型丰富的想象力会使我感到一些困扰，但是我觉得我和孩子们之间的关系却更亲近了。

区域游戏活动的反思案例

乌龟我爱你

中班第一学期，班上有好几位小朋友带来了小乌龟，放在班里科学区饲养。看着大小不同、慢吞吞、憨态可掬的小乌龟，小朋友们的观察兴趣迅速高涨起来。

想到可以激发幼儿喜爱小动物的情感，学习简单的养殖方法，了解动物科学知识。于是我把家里的大乌龟也带过来了，园长也非常支持我们班的活动，也把自家的大乌龟送到我们班，和孩子们的小乌龟放在一起。看到这个情景，孩子们更加高兴了，还给乌龟们起了名字：刘老师的大龟特别爱爬行，一刻不停，像个运动员，祝它拿金牌，就叫“金牌”吧！园长的乌龟个子很大，只有老师敢动它，就叫“大王”！宝宝的小乌龟尾巴又细又长，就叫“长尾巴”。笑笑的乌龟个头最小了就叫“小小”。丞哲的乌龟很漂亮，纹路清楚，我们叫它“美美”。后来，班里的“乌龟研究组”也成立了，我用科学区域中的自然科学活动指导方法和一般步骤引导幼儿投入游戏。开始时愿意来这个组的幼儿很多，但大家只是看、说、笑、玩，活动结束时也没什么可表达交流的。

看到没有出现老师所期望的“研究”景象，我故意对孩子们说，乌龟不高兴了，因为小朋友没有把它当好朋友，都不了解乌龟的特点和喜好。于是，我和孩子们共同制定了观察的计划。第一周观察乌龟的形象，画出发现，共同总结乌龟的外形特征；第二周观察乌龟的行动和进餐，利用表格绘画记录，总结其饮食规律；第三周讨论养殖乌龟的方法，分工合作，把照顾小乌龟变成日常行为。

虽然是和孩子商量，但是主意基本都是我出的。

开始实施计划了。第一周幼儿抱着自己的乌龟仔细观察，在我的引导下数出乌龟的壳上有13块甲，每块甲都是6个角，知道乌龟也叫“13块6角”。但是这个发现并没有让孩子们多么激动，在表格里把发现画出来时特别困难，几乎都是老师帮助画的，交流

时也说不清这个发现。第二周按计划观察乌龟的行动和进餐，但乌龟行动特别慢，几乎不动，孩子们激动的情绪也淡了下来，看着乌龟总也不动，兴趣就减弱了，表格记录更成了无味的鸡肋。第三周时简直就无事可做了，“乌龟研究组”已经形同虚设！

活动眼看就要半途而废了，我非常着急。明明计划很详实，由浅入深，幼儿怎么会没有兴趣无法投入呢？

活动出现问题，节奏就要调整。既然是幼儿投入不够就应该重新分析孩子的年龄特点和中班区域活动规律。中班初期的孩子们还是表现出具体形象的思维特点：他们满足于抱着小乌龟说说、看看、摸摸、玩玩的感知过程，而让他们把看到、说到的发现用较抽象的绘画符号表现出来却是很难的。在语言交流中，幼儿也只能用极简单的形容词描述特征，归纳总结出的知识对这个年龄段的幼儿来说只是听过便忘。随着秋季到来天气渐凉，室温的逐渐下降造成乌龟不爱动，幼儿看不到生动的情景兴趣慢慢降低了，而要求中班幼儿做记录、画表格、统计、交流对他们来说更显得多此一举、枯燥无趣。我想指导中班活动区应该大量感知、体验，在老师的帮助下进行操作。而归纳总结、创造表达显然是大班活动内容，看来常带大班的我还是不知不觉地使用了指导大班区域活动的方法。

好的教育资源不能流失。我立刻调整指导方法，重新定出活动计划。

1. “乌龟的家”背景图：已知“13 块 6 角”的特征，要求幼儿每人画 1 块甲组成一只大乌龟作为“乌龟的家”背景（情感，美术，合作）。

2. 建造“乌龟的家”：在老师的帮助下找很大的鱼缸当乌龟的家，用塑料版做出娱乐室和卧室，搭出小楼梯。

3. 制作“乌龟运动场”：用纸箱子做成有跑道的田径场，把乌龟放到跑道上，比一比哪只乌龟爬得快。

4. “乌龟喜欢吃什么”：幼儿按自己猜想到的食物做试验，老师在墙饰上用简图分类表现出来，每天逐样喂小乌龟，它吃了哪种食物就在简图后贴上小笑脸。

5. “定食谱”：根据乌龟爱吃食物的试验结果，按荤素搭配、简单易备的原则设计一周食谱，小朋友记住食谱内容，并从家带来食物主动喂乌龟。

6. 定出“每日活动顺序”：准备工具，在老师的帮助下把乌龟送到大红盆里洗澡，准备餐盒和食物，让小乌龟进食；准备运动场，让小乌龟做运动。结束时请老师帮助把乌龟送回家。

新的游戏内容开始了，我为孩子们制作了 6 个“乌龟研究员”挂牌，规定每天 6 名小朋友到乌龟研究组游戏。孩子们为了获得这个机会都非常积极，来园早了，做事也不磨蹭了。我们按着计划一步步投入活动：创设了庞大、漂亮的乌龟的家；在大鱼缸里做了个小“复式楼”，一楼是小乌龟们游戏的地方，顺着小楼梯可以爬到二楼晒太阳或进卧室睡觉；在“乌龟运动场”上，孩子们一把小乌龟放到起跑线，小龟们立刻伸出短粗可爱的胖腿努力地向前爬。研究“乌龟喜欢吃什么”时，小朋友们展开想象，猜想到鸡蛋、土豆、白菜、龟饲料、牛肉、排骨、圆白菜、面条、面包、鱼、虾等，可以看出小朋友们所猜想的食物都是建立在自己对食品有所了解的基础上的。经过一种种食物的试验后，孩子们发现乌龟是杂食动物，以吃龟饲料为主。每天孩子们按照“每日活动顺序”熟练地游戏着，几乎不用老师帮助指导。随着幼儿自主游戏的开展，不断有新的知识被发现、被掌握。进入冬季，幼儿发现乌龟不怎么爱吃东西，也不爱运动了，我激励大家回家找答案。第二天大家纷纷带来了各自的答案，一起汇总后确定：小乌龟要冬眠了！为了让小乌龟自然冬眠，大家决定把乌龟的家搬到安静的地方，给大鱼缸覆上保鲜膜来保温保湿，既让它冬眠又不冻着……直到放寒假了，孩子们在“乌龟研究组”的活动仍有条不紊地进行着，游戏热情始终高涨。

等到冬天过去春天到来时，我想乌龟研究员们又要忙碌了，因为小朋友们已经和小乌龟有了深深的情感。他们不仅学会了养乌龟，而且获得了很多相关的动物知识，能自主游戏。

在这个过程中我和孩子们一起成长了。开始时我调动的是教师一方的知识经验，运用的是很熟练但不适合中班的指导方法，当我重新反思“指导幼儿活动区游戏”这句话时，我发现“幼儿”是主语，“指导”、“活动区”、“游戏”都要围绕幼儿进行，要尊重幼儿年龄特点，利用幼儿现有的情感、技能、知识充分调动其参与游戏的积极性，要从孩子的角度出发，把幼儿真正领到游戏的舞台上，让他们成为主角。

教学活动的反思案例

今天我当小动物

主题活动“动物是我们的朋友”进行到第三部分“创造”时，幼儿认识动物的视野越来越宽阔，由自己喜欢的常见动物扩展到了动物世界中千姿百态的珍贵动物，在“每日一讲”让幼儿介绍自己喜欢的动物时，幼儿提出“我们能不能把自己装扮成动物来表演呢”，我立刻支持孩子们的想法，大家分工合作共同准备，开一次“今天我当小动物”的化装表演。

全班幼儿积极响应并开始准备道具和表演台词了，但也有一些年龄稍小、能力较弱的幼儿还没有准备好，希望当“观众”先向其他小朋友学习一下。我尊重了大家的选择，组织了这次教学活动。

活动一开始大家就兴奋地进入了状态，演员们非常认真，用废旧物自制的服装道具装扮好自己，一个一个地向大家介绍自己是什么动物，有什么特点，生活在哪里，喜欢做什么，希望人类怎样来爱护自己等。不过，16个小演员还没表演完，底下的小观众就坐不住了，尤其到天宇表演大象“我们大象的鼻子一般都有一米八长”时，观众嘻嘻哈哈，议论纷纷，有的说“一米八多长啊”，有的说“我爸爸一米二”，有的说“我妈妈一米三”等等。台上的小演员也受到了影响，动作、台词都少了。我及时提出要求，请小观众仔细听、认真看，向小演员学习怎样表演。但这样的情况反复了三次，小观众们还是兴致不高，整个活动没有达到预想的效果。一贯上课成功的我对此进行了认真的反思。

（一）思效——对效果的反思

表演完全是在自然状态下进行，没有老师的指导和编排，不过幼儿对动物了解的

深度是老师意想不到的。说明在挑战性的情景、挑战性的问题、挑战性材料的支持下激励了孩子，他们为了演好自己要扮演的动物，主动地建构相关的动物经验，找自己怎么表演的方法。在这个过程中激励了孩子们的主动学习，也激励了孩子们之间的互相学习。“今天我当小动物”是一个大型的表演活动，演出之前，幼儿自己制定出计划、给小演员提要求，演员们精心准备了道具和台词，但幼儿在真正表演时却没有动作，声音偏小，紧张僵硬。演员和观众都没有进入角色，效果并不理想。

(二) 思师——对教师的反思

1. 完成目标情况

活动目标有三个，一是鼓励幼儿积极参与活动，大胆地按自己的意愿表现动物的特征；二是学习用多种方式（绘画、语言、动作、表演）表现、交流，分享探索过程中的发现；三是培养幼儿爱护动物，保护动物的情感。前两个目标达到了，但由于演员和观众没有完全进入状态，对情感、态度的激励不够，第三个目标没有完成。

2. 环境支持情况

教师满足了孩子的兴趣需要，利用了孩子很感兴趣的动物开展主题活动，给了孩子良好的精神支持，创设了一种良好的学习环境。在认识动物、了解动物、扮演小动物的过程中，孩子能够愉快、自主地去感知、体验，不仅使孩子始终处在一种自主学习的状态中，同时也体现出孩子之间的那种合作化的共同学习，共同分享，这实际上也是一种情绪的体验。在材料提供方面，教师为幼儿准备了丰富的材料，如孩子表演用的废旧材料：盒子、袋子、布等，为这一活动提供了很大的支持。丰富的材料激发了孩子的创作欲望，能够很好地满足孩子的活动需要。孩子利用这些材料认真地将自己装扮成自己喜欢的动物：小企鹅、大象、蛇、熊猫等等，并突出了每一种动物的特点。

3. 指导作用情况

教师没有充分发挥引导作用，看到情况有变化没能大胆地进行调整，单纯对观众提出要求并没有起到很好的作用。当教师发现第一个幼儿表演没有动作时，就可以及时引导幼儿“你能不能在表演的时候加上一些动作，学一学你表演的这只小动物是怎样走路的怎么做事的”等等。

4. 互动作用情况

应该思考一下教师、演员、观众这三者之间的关系，思考怎么才能让他们这三者互动起来。教师可以引导观众给演员提问题，这样扮演动物的孩子就会更有兴趣。另外，观众对演员的表演不理解，产生议论，教师没有抓住冲突点进行随机教育，错失了机会，对后面的表演影响更大。

(三) 思得——对师幼所得的反思

教师预设的活动与孩子的现实水平有差距。孩子们更多的是表演，还不能完全进入他所扮演的那个动物角色中，加上是第一次穿上服装，班中客人老师又多，孩子就受到了一些干扰。另外孩子的表演是要有基础的，这次体验活动也可算是一次预演，让孩子在预演的过程中体会到在演出中会有什么问题出现，如何解决问题。教师必须调整心态积极应对，引导幼儿发现表演中遇到了什么问题，一条一条地分析原因，找到措施，制

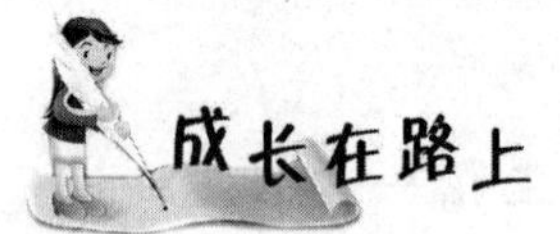

定新的计划，再逐条来完善。在整个主题的开展和这次活动中我们也看到了孩子们在发展，大班孩子会了许多新的学习方式，针对问题知道可以上网、查书、看光盘、看电视或寻求教师、爸爸妈妈以及家中其他成员的帮助，这对孩子的发展同样非常重要。

（四）思改——对调整更新的反思

1. 改变表演形式

可以增加这样一些活动。“每日一演”：请准备好了的幼儿表演，让大家给他提问题，这样的互动就会更有效，也更能吸引孩子关注到这一问题。“猜猜谁在演”：让演员不穿服装只做动作或猜谜语，大家来猜一猜他是谁，从而调动观众认真观看、积极思考的主动性。“演技 PK”：小演员之间比一比谁表演得有趣生动、惟妙惟肖，以此提高演员们的技巧，激励更多幼儿参与表演。“考考你”：可以让观众向表演者提问，可能会包括一些表演者不知道的问题，看能不能“考”倒小演员，这样更能激发起表演者的兴趣。

2. 丰富数学领域活动

活动中涉及到了许多数字，比如 2 000 米到 3 000 米的高山，树袋熊 30 公斤重，大象每天吃 200～300 公斤食物，大象的鼻子有 1 米 8 长……大班幼儿对数字和测量很感兴趣，在数学领域我们就可以引入测量，让幼儿认识多种多样的测量工具，学习自然测量法和工具测量法，感受重量、长度、高度上的数量变化。

3. 结合区域活动

表演形式和领域活动增加了，还可以结合区域活动进行，如开辟“测量区”、“动物表演秀”、“设计动物棋”、“制作动物拼图”、“创编动物模仿操”、“动物博士天天讲”、“魔术变身坊”、“工艺动物园”、“动物谜语馆”…… 运用多元智能理论，促使表达表现的方式不一样的孩子参与进来，帮助幼儿借助自己擅长的领域带动弱项领域发展。

4. 调动家长资源

主题活动必须调动家长资源，可在活动开始时请家长帮助查找资料获得信息，在活动中请家长帮助准备材料，制作道具，活动后再请家长参与表演支持活动。

安静而专注，才能保持对事物深沉的把握，才能有自己的见解和主张。本章的很多案例都是新教师的劳动成果，也许他们的作品还有些稚嫩，还不那么娴熟老练，但这正是新教师的特质所在，而且已经足够。因为，每位领导和老教师都曾经历起步时候的稚嫩，都了解起步时期的艰辛，他们理解新教师，对新教师的要求必然也是宽容的。那么，请相信自己，好好努力吧，我们祝福每位老师都能够很好地驾驭语言文字，能准确地表达自己的思想观点。期待着你们成功！

第六章 熟能生巧——融会贯通

主题活动正是一种从幼儿的真实生活出发，把多个领域、多方面的经验整合起来的活动方式。怎样引领主题发展的线索，如何将主题目标与五大领域目标有机结合，如何使主题转化为幼儿喜爱的区域游戏活动等等，这一系列的问题都需要教师在实践中不断总结经验，这样才能熟能生巧，达到融会贯通的境界。

（一）什么是主题活动

随着课程改革的深入，幼儿园越来越需要建构开放性、整体性、灵活性的新课程体系。主题活动完全符合这些特点，因而成为幼儿园课程中的主要活动之一。

主题活动是依据教育目标或教师兴趣、幼儿学习兴趣、实践能力和发展需要，师幼共同选择和建构活动内容，通过灵活多样的活动形式，共同学习、探索、发现和完善的过程。关于主题活动教师们的想法有：

● 我开展主题活动基本都是参考书上人家开展过的活动，有时幼儿也挺喜欢的，但是再如何深入开展，自己就不是很清楚了。

● 有点搞不清楚主题活动和分科教学有什么区别。

● 我看幼儿园的主题活动线索从环境创设中都能够体现出来，特别丰富，看着倒是清楚，但花那么多的时间精力用在环境创设上有必要吗?

● 开展主题活动到一定程度时，自己都觉得天天研究一种或一类东西没什么意思了，我想幼儿也会觉得没新鲜感的，索性换一个主题。

● 我知道幼儿园主题活动和区域活动应该是有机结合的，但是不知道怎么把主题活动的内容转化为幼儿的区域活动。

● 搞主题活动挺好的，我感兴趣的活动可以多上，不太会上的活动可以不上。但是孩子的发展可能出现缺失、不平衡的问题。

（二）为什么要开展主题活动

《幼儿园教育指导纲要》指出：幼儿园的教育内容是全面的、启蒙性的，可以相对划分为健康、语言、社会、艺术、科学等五个领域，也可作其他不同的划分。各领域的内容相互渗透，从不同的角度促进幼儿情感、态度、能力、知识、技能等方面的发展。

主题活动是目前幼儿园普遍运用的活动形式之一，源于它更符合幼儿的认知特点，以幼儿的发展为本，选择的空间大，内容更丰富等。它有效融合健康、语言、科学、社会、艺术五大领域教育活动，能够和区域游戏活动有机结合，同时促进幼儿情感、态度、能力、知识、技能全面发展。

1. 体现幼儿是活动的主人的观念

开展适宜的主题活动使幼儿从被动的接受式学习逐渐转换到主动探究式学习。在活动中更加突出幼儿的亲身实践、突出幼儿主动活动的过程。如，“十一”长假后幼儿对各种公园门票产生了浓厚的兴趣，主动收集全国各地各种各样的游览票、演出票等，找他们的相同点和不同点，既丰富了多方面的认知经验，认识了各个地方不同的风土人情，了解了设计门票的基本规律。随着活动的深入，幼儿逐步从认知阶段过渡到自己表现表达，如尝试为活动区制作参观票、游戏票等。当活动主题是幼儿感兴趣的内容时，幼儿会全身心投

入，调动自己的智慧去发现，去探索，从而获得多方面的经验。

2. 能增进师幼间的情感交流

在开展主题活动中，教师和幼儿成为同伴关系，一同合作，尝试探索，教师给予幼儿支持和引导，幼儿的表现也会激发教师许多灵感，在这个过程中师幼共同分享探索活动过程带来的喜悦。教师和幼儿真正形成相互尊重、相互学习的平等关系。

3. 可以提高教师专业能力

在开展主题活动过程中，教师需要观察了解幼儿的兴趣、爱好，倾听幼儿，记录幼儿的表现。这些都能够帮助教师更加关注幼儿的兴趣爱好、年龄特点，以选择适宜的活动。同时教师需要把握幼儿学习过程中的问题、困难，适当地给予帮助、指导、梳理、分享，提高与幼儿互动的质量。这些都可对促进教师多方面的专业能力的发展起到积极作用。

(三) 主题活动开展的四大原则

开展主题活动的过程中，经常会有这样的问题出现。1. 不关注幼儿表现，老师牵着幼儿走；2. 活动流于形式，教师不会帮助幼儿整合经验；3. 拓展的内容不够丰富，幼儿活动空间不够开阔；4. 处理不好主题活动中预设与生成活动之间的关系；5. 开展不同的主题活动侧重的学科领域内容不同，有缺失的内容不知道怎样融合到主题活动中去。要避免这些的问题的发生，老师们在开展主题活动时就必须牢牢把握四大原则：即操作性、层次性、互动性和适宜性。

1. 操作性

幼儿的经验是在活动中获得的。因此，在开展主题活动过程中要为幼儿提供可操作的材料，引发具有探索空间的活动。

2. 层次性

活动中尊重幼儿年龄、个性、能力和兴趣等多方面的差异，提供可让幼儿自主选择的活动和材料，满足不同幼儿的需求。

3. 互动性

实现环境与幼儿、教师与幼儿、教师与家庭社区的多方面互动，通过多方互动，将促进幼儿的发展落到实处。

4. 适宜性

活动内容方式的选择要针对幼儿的已有经验，要能促进幼儿的发展，切忌追求形式，“水过地皮湿”。

(四) 怎样开展主题活动

1. 主题活动的来源

幼儿园综合性主题活动一般来源于以下几个方面：

(1) 孩子的感兴趣的事物（如恐龙、汽车、小动物、食物、色彩等）

(2) 教师的特长、爱好和文化积累（如旅游、艺术、文学、历史、民族等）

(3) 节日及各项活动（如奥运会、世界杯、“三八”妇女节、新年、“六一”节、教师节等）

(4) 季节（如四季变化及相应动植物成长过程等）

(5) 幼儿发展阶段的任务（如上小学、如何使用学具等）

(6) 幼儿提出的问题（如书的来历、铅笔的制作过程等）

(7) 幼儿存在的问题（如攻击性行为、倾听习惯、动作慢、环保意识弱等）

(8) 突发事件（如冰雹、地震、小鸟为什么死、乌龟吃什么等）

(9) 幼儿园课题研究的内容（如自我保护、数学、美术、音乐等）

(10) 文学作品内容（如童话故事书《相反国》、《我的宝贝》等）

(11) 地域特殊环境（如爱北京、琉璃厂、神奇的贵州等）

家庭、社会、自然、文化等都是宝贵的教育资源，但不管什么内容的主题活动都应该遵循以下教育思想：

- 生活即教育思想（课程观）——幼儿园一日生活都是重要的教育内容。
- 主动建构思想（学习观）——孩子在主动活动中建构学习经验。
- 环境育人思想（教育观）——让孩子在与环境的互动过程中获得发展。
- 多元智能理论（儿童观）——因材施教促进幼儿全面发展。

2. 主题活动发展线索

(1) 一学年的主题活动线索

在设计主题活动时应该尊重幼儿年龄特点，关注幼儿发展水平，丰富主题活动内容。在主题活动中应做到与五大领域结合，寓教育于一日生活的各项环节之中。但不管多丰富的主题活动都不可能很全面地涵盖五大领域内容，必然会有所侧重。如：小班“我爱幼儿园”主题会侧重社会领域、健康领域，中班“汽车”主题会侧重科学领域、艺术领域、社会领域，大班“六一”主题活动会侧重艺术领域、语言领域，大班“我爱运动”主题会侧重健康领域、科学领域、艺术领域……因此，教师应该考虑到将侧重于不同领域的主题活动巧妙衔接、优势互补，以一学年为整体教育时间，根据幼儿年龄特点和学习规律制定主题目标，真正做到主题活动有机融合五大领域，促进幼儿全面发展。

以大班为例：

一般情况下第一学期应该进行三个主题，即两个较深入的主题活动和一个“新年”主题活动，第二学期进行三个主题，即两个较深入的主题活动和一个“六一”（或“告别幼儿园”）主题活动。因此，一学年应该最少进行四个深入、丰富的主题活动。根据幼儿情绪情感及心理发展特点，可以用“积极运动”、“积极生活”、“积极交往”、“积极学习”来表示。

①“积极运动”：幼儿升入大班后，在新的环境（人、事、物）中首先应该建立常规，以适应与中班相比较长时间的集体活动，适合开展以健康领域、社会领域为侧重的主题活动，如：“朋友”、“特别的我”、“升班真快乐”等。

②“积极生活”：幼儿身心愉悦、能够主动参与各项活动后，教师应引导其探索生活、环境中有趣的现象，激励幼儿投入集体活动中，可以开展侧重于科学、语言领域的主题活动，如：“动物”、“爱北京”、“身边的数学”等。

③“积极交往”：新年过后，进入第二学期，幼小衔接成为重点，培养各种能力、鼓

励幼儿富有个性、身心健康地发展，适合开展侧重于健康领域、科学领域的主题活动，如“书”、“我爱运动”、“相反国”等。

④“积极学习”：“五一”前进入第四个重要主题活动“上小学”，在情感、态度、能力已经打下良好基础的情况下，进入知识、技能的学习，适合开展科学、语言、社会领域主题活动。

另外，“新年”、“六一”主题活动以艺术领域为主，与四个大主题穿插进行，使五个领域平衡发展。

(2) 单个主题活动的线索

单个主题可以分为三阶段（部分）进行，即感知——操作——创造。

①感知阶段：包括对主题事物情感方面和知识方面的认识，即调动经验，激发兴趣，丰富认知。

②操作阶段：即动手操作，大胆尝试，获得经验，掌握方法。

③创造阶段：即总结经验，提高技能，运用知识，创造表达。

主题活动三阶段常用的活动形式：

①感知阶段：收集资料，调查问卷，讨论，采访，生活观察，问题猜想，经验调查等。

②操作阶段：分析资料，分类归纳，展示讨论结果，汇总采访内容，观察后的经验共享，验证猜想，总结方法，五领域探索活动等。

③创造阶段：制定计划，艺术领域创造表现，语言表达，共同学习，展示创造等。

(3) 确立主题活动线索的理论依据

①从“幼儿思维发展特点”获得依据

3 岁以前以直觉行动思维为主，整个幼儿期以具体形象思维为主，幼儿末期抽象逻辑性开始萌芽，以具体形象为理解事物的支持，只理解事物的表面现象，不能理解事物的内部含义。

由此得出，幼儿理解事物一定先要从大量的形象感知开始，积累下多种多样的具体形象后产生有序的思维活动。适用于感知阶段活动。

②从“幼儿记忆发展特点”获得依据

幼儿以无意记忆为主，有意记忆正在发展；以形象记忆为主，词语逻辑记忆正在发展；以机械记忆为主，但是意义记忆效果优于机械记忆。

由此得出，幼儿在生活中无意记忆很多事物，在老师引导下先从生活及环境和主题事物中获得形象认知，随着活动逐渐深入从机械记忆发展到意义记忆，带动语词逻辑记忆的发展。适用于操作阶段活动。

③从“幼儿想象的特点”获得依据

幼儿以无意想象为主，有意想象开始发展；再造想象为主，创造想象开始发展；想象有时和现实混淆。

由此得出，幼儿在活动中发展思维和想象，主要先将大量的认识在头脑中再现，在老师支持下展开有目标的想象，将认识进行提升和创造，但与现实有差距。适用于创造阶段活动。

④从“做中学科学教育”获得依据

“做中学”科学教育目标主要通过六步骤实现：观察、提问、设想、动手实验、表达、交流。六步骤合并为三阶段：

第一阶段：先多感知发现，产生疑问或兴趣，提出问题。

第二阶段：大胆猜想，付诸实践，尝试摆弄、操作、验证猜想，并记录过程。

第三阶段：提升并分享经验，总结归纳，交流表达经验，学习知识。

由此得出，整个六步骤合并为三阶段，让幼儿建构基础性的科学知识，获得初步的科学探究能力，促进幼儿全面发展。整个过程完全适用于感知、操作、创造三阶段活动。

⑤从“认识事物一般规律”获得依据

人们认识事物的一般规律：是什么，为什么，怎么。

由此得出，开展主题活动可以依据这样的顺序进行活动。如认识小学的过程，通过参观知道小学是什么样的？发现种种与幼儿园的不同，提出问题“为什么这样”，发现小朋友与小学生的差距，激发“怎么成为小学生”的行动。完全适用于感知、操作、创造三阶段活动。

⑥从“幼儿年龄特点及学习规律”获得依据

小班：生活，自理能力，情感体验，习惯养成。适宜游戏、生活中学习及日常运动中的感受体验。

中班：操作，探索，游戏，多种现象的简单归纳，游戏及学习习惯。目标化的活动区。

大班：合作，思维，学习能力，总结创造，表达表现，知识服务于生活。共同学习。

由此得出，整个幼儿园阶段可分为“竖式”三阶段和“横式”三阶段。“竖式”三阶段指小班重感知，中班重操作，大班重创造。“横式”三阶段指一个年龄段中活动目标由感知、操作、创造组成，但不同年龄班侧重点不同。完全适用于感知、操作、创造三阶段活动。

⑦从“艺术领域目标”获得依据

艺术领域目标可简单归纳为欣赏美、感受美和创造美。

由此得出，幼儿在大量的感知中进行欣赏，通过体验、学习获得具体感受和粗浅知识，在教师鼓励下进行创造活动。完全适用于感知、操作、创造三阶段活动。

⑧从“教师支持者、合作者、引导者角色作用”获得依据

教师根据本班幼儿的实际情况制定班级教育计划，灵活地实施教育，成为幼儿学习活动的支持者、合作者、引导者，使每个幼儿都能获得不同程度的发展。

由此得出，在确定教育计划中教师三个角色应并存同在，共同发挥作用。但在活动不同阶段教师角色所起到的作用不同。在活动初期，教师应支持幼儿的猜想、提问、激发兴趣，因此支持者角色更突出一些。活动中期，教师应发挥自身资源与幼儿共同实践、操作、记录探索过程，合作者角色更突出一些。活动后期，教师应帮助幼儿在表达、提升、运用知识、大胆创造的过程中有目标择取具体活动，科学合理地促进幼儿发展，引导者角色更突出一些。完全适用于感知、操作、创造三阶段活动。

综上所述，通过感知、操作、创造三阶段实现的探索式主题活动是符合幼儿年龄特

点、认知特点和学习特点的。

附：主题活动案例

“我爱运动”主题活动

（一）主题由来

北京奥运会、残奥会圆满结束了，运动健儿的骄人成绩和他们在比赛场上的英姿深深影响着每一个人。幼儿也常常兴奋地议论：“我看郭晶晶跳水了！真漂亮”、“我知道咱们举重得了好几块金牌”、“我喜欢刘翔”……幼儿不仅认识了很多夺金英雄，也知道了很多运动项目，还产生了模仿的愿望，爱运动的热情渐渐高涨。教师抓住这个教育契机，把喜欢运动员、为奥运会激动的情感，升华为发展运动技能、养成运动的习惯、激发创造性体育游戏，真正把“爱运动”作为影响幼儿一生伴随幼儿健康成长的重要条件。由此“我爱运动”一个鲜活的主题活动产生了。

（二）活动内容

主题活动分为三个部分：

第一阶段：感知——调动经验，激发兴趣，丰富认知。

活动一：51金冠军棋

幼儿期以具体形象思维为主，幼儿末期抽象逻辑思维才开始萌芽。因此幼儿的学习一定是建立在对具体事物的感知发现上的。当我把“我爱运动”主题活动的目标和意义介绍给家长时，立刻得到了肯定和支持。他们主动收集了08奥运“51金”图片，我和幼儿将图片张贴在墙上，为了让平面图片起到立体互动的作用，我们将图片按夺金顺序摆设成游戏棋，讨论出难度渐进的玩法：掷骰子走到哪，就说出该图片上运动员的名字、运动项目的名字、比赛方式、怎样锻炼，如何进行模仿练习、进行比赛等。“冠军棋”一直调动着孩子们参与游戏的兴趣，也使主题活动渐渐深入，贯穿主题活动始终。

活动二：我最喜欢的运动员

幼儿都有自己心中的运动员偶像，当我请大家说说自己最喜欢的运动员时，幼儿大多说的是郭晶晶、刘翔、林丹等这样漂亮、英俊的运动员，而对那些从事艰苦的、陌生的运动项目的运动员却知之甚少。于是我和孩子们商量，共同收集关于运动员的信息，如“佟文的最后25秒”、“张娟娟零的突破”、“6岁练举重的龙清泉”、“法国新偶像仲满”、“军人运动员肖钦”……当这些感人的故事和孩子们一起分享时，大家的眼中都闪烁着激动的光芒，对运动员鲜亮的成绩背后所付出的艰苦和更多的运动项目有了进一步了解。幼儿把这些情感表现成一幅幅生动有趣的画面。在看着主题墙进行分享交流时，幼儿的情感再一次升华了。

活动三：我可以……

在“我最喜欢的运动员”墙饰前，新的讨论结果产生了：“我要学乒乓球，长大了当马琳那样的奥运冠军”、“我会游泳了，我要学跳水，当跳水冠军”……我肯定幼儿应该有自己的梦想，并引发思考：想要实现自己的冠军梦，应该做哪些锻炼呢？通过热烈的讨论后，大家把为实现梦想应做的所有锻炼内容都画了出来，像连环画和分解图一样，有的小朋友为实现自己的“乒乓冠军梦”竟画了十个锻炼内容：跑步、举重、跳绳、跳高、跳远、射击、做操、压腿……可以看出，孩子们的梦想与自己的实际能力是有差距的，教师引导幼儿从梦想回到现实，增强计划性。

这是一次承上启下的活动。它发展了幼儿的自我意识，有利于激励幼儿将梦想付诸行动，促进合作，发展思维，也引领主题活动进入第二阶段——操作。

第二阶段：操作——实际操作，学习知识，掌握技能。

活动四：制订大二班运动计划

教师要引导幼儿正确分析自己，运用已有经验，综合运动知识，学会分类归纳，增强计划性，激励共同学习的情感和科学锻炼的行为。

我引导幼儿发现“梦想”中的问题：有些锻炼内容太难，是幼儿阶段做不了的，锻炼哪些具体的动作能为我们实现梦想打下基础呢？幼儿的户外活动经验被调动出来，说“可以做跑、跳、走、钻爬、投掷、平衡、球类的练习”。于是我们把这七项基本动作中的具体内容进行多样化的讨论，边说边用简图记录出来：脚尖走，半蹲走，倒退走，脚跟走，旋转走；侧跑，转圈跑，接力跑，绕圈跑，倒退跑；套圈，投飞盘，抛接球，投篮；走直线，走梅花桩，单脚站，走平衡木，闭眼走；侧钻，正钻，手膝爬，手脚爬，匍匐爬；跨跳，向上跳，夹包跳，双脚跳，单脚跳，向侧跳，跳绳；球、圈、小保龄、小飞镖等等。

全体幼儿每人认领一个动作，画出简图，与老师的项目名称组合在一起，把“大二班运动计划”生动地展现出来。接着大家讨论出实施计划的步骤：每周锻炼并在周五测查2～3个动作，全班小朋友都通过就在项目图上贴个（√），七个基本项目的所有动作都要练习，不能遗漏，还要把运动计划告诉家长，在家里也加强锻炼，同时注意养成良好的卫生和行为习惯。

每天户外运动前，幼儿都会看着“大二班运动计划”图商定当天的锻炼内容，使每天的户外锻炼更有目的性和针对性，幼儿有计划地向着自己的目标一步步迈进，真正成为运动的主人。

活动五：身体的秘密——外部器官

开始进行科学的体育锻炼了，在强健身体、发展动作的同时，幼儿也关注到身体的秘密。我们从外部器官和内脏两方面开始研究。

老师负责制作人体模型，小朋友则收集外部器官的知识资料。大家在一起进行汇总，每个幼儿介绍自己找来的某个外官的知识，分享经验，理解后把它画出来，贴在身体模型中相应的位置。如：耳朵由耳膜、耳道、听小鼓组成，声波振动鼓膜传到中耳，由听神经末梢传递到大脑，耳朵听声音能帮助残疾运动员辨别方向完成动作，小朋友要注意保护耳朵，不用手抠它，对别人说话时轻轻地；胳膊由骨头和肌肉组成，它非常有力量，能做射击、举重等动作，跑步时摆臂帮助加快速度，练体操时它能帮助掌握平衡，小朋友要加强对胳膊的锻炼，不推人不摔倒，保护胳膊不受伤；许多运动项目都要用到腿，它有力量，能支撑身体，所以要加强跑跳的练习，也要注意让腿休息，运动后学会放松；脚能完成很多运动项目，踢球更离不开它，脚上都是小骨头小肌肉，所以要特别注意保护，不踢硬东西，好好走路避免崴脚，穿合适的鞋让脚舒适地成长发育……

活动中，大家共享了许多外官的知识，还知道怎样在运动中发挥它们的作用，怎样在运动中保护它们。

活动六：身体的秘密——内脏

看不见的内脏对于幼儿来说有些神秘，但对于爱探索的大班幼儿来说不是难题。我们利用家长资源，请当医科大学老师的幼儿家长把详实的资料制作成图片集，讲给孩子们听，仿佛带着幼儿进行了一次对生命的“探索”，原以为深奥难懂的内脏知识一下子被孩子们理解了。幼儿还用作品简单有趣地表达了自己的认识：大脑的作用很神奇，能帮助记忆、帮助运动、帮助说话，一定要保护好大脑，不能碰自己和别人的头；心脏就像血液加工厂，为全身制造新鲜血液；肝脏是身体的排毒器，把细菌和废气排出去让身体更健康；胃能分解吃进去的食物，送到全身，让身体更有劲……伴随着幼儿的理解，一幅幅惟妙惟肖的绘画作品也逐步出炉，张贴在主题墙饰中，继续发挥教育作用，使环境成为不说话的老师。

活动七：运动中的自我保护

在多种运动游戏中，体验不同运动方式能灵活协调地控制身体，这是健康领域目标，而是否掌握必要的安全保健常识，有基本的自我保护能力也是评价幼儿发展的要点。我园历时五年的“培养幼儿自我保护的意识与能力”研究更是渗透于日常教育教学中。“我爱运动”主题活动必然会涉及运动中的自我保护。我班幼儿经过三年的在园学习已经积累了很多自我保护技巧，进一步需要的是在老师的引导下有序地将经验进行分类、归纳、整理、提升。于是我请幼儿按运动前、运动中、运动后的顺序说出具体的自我保护措施，并用简图记录。幼儿的结论有：运动前少喝水，脱掉厚衣服，检查鞋的安全，穿柔软的衣服等；运动中不做危险动作，学新动作要有老师看护，练习器械要在四周无人的地方，注意场地安全，不去边角处，按游戏规则玩，听清老师指令等；运动后不大口喝水，不用凉水冲头，不立刻坐下来休息，把器械放归原处，用深呼吸和慢动作帮助身体放松等。

图文表达后，我和幼儿共同把这些内容编成朗朗上口的儿歌，每天户外运动前边念儿歌边进行自我检查。

开开心心做运动，心里想好做什么。
听清老师指令语，各种规则要注意。
衣服脱在运动前，双脚鞋带要系好。
运动之前先小便，少量喝水不压胃。
衣服塞到裤子里，不带异物进操场。
从头到脚活动开，保证身体更灵活。

幼儿从游戏和学习中得到的知识又回馈到自己的生活中，使知识服务于自身生活。

活动八：一米有多长

“我爱运动”主题中大多以社会领域、健康领域、语言领域教学活动为主，在主题相关内容的拓展下应该注重多元智能的发展，以五领域的教育来实现，各个领域的教育在整个主题中相互渗透、有机结合。

当幼儿接触到“10 米跳板”、“110 米跨栏”等信息时，“米”这个字引起了幼儿的注意。我及时提出挑战性问题“一米有多长”，引发幼儿的探索学习。

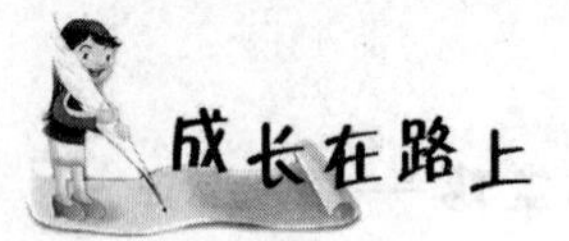

幼儿的猜想新奇有趣："一米是大人的一大步"、"一米有小朋友两个胳膊长"、"一米有桌子那么长"，但是小朋友和老师的质疑也不断涌来，孩子们陷入思考。我出示了一米尺，告诉幼儿这就是一米，幼儿发现大人的步子、自己的手臂都不能准确地描述出一米，我进一步激发幼儿："用什么东西能摆出一米长呢？"大家立刻动手试验，就地取材，用水彩笔盒、积木、书、笔、剪子、图画纸、玩具等在一米长的纸条上摆出来。在摆的过程中发现技巧：材料要沿着一米纸的一边摆直，材料间不能有缝隙，要选择一模一样的材料，最后不够的部分可用小物体或手指代替……幼儿边摆边用数字和简图记录，如：13把剪子+1瓶胶水；6个大长方积木；5个露露罐+1个小圆柱积木等。最后是总结交流，教师引导幼儿在交流时用清楚准确的语言描述自己的试验结果。

活动九：我们来称重

幼儿对举重项目中的"公斤"产生了好奇，"一公斤有多重"、"怎样知道自己有多重"、"怎样知道谁重谁轻"等问题提出后，幼儿说出看、摸、抱一抱的方法，但最后发现最准确的方法是用秤去称。小朋友们学会了看地秤，一个格代表一公斤，大家排队站上去称出自己的重量，画好重量卡，再用漂亮的数字重量卡互相比较。可人太多了，又怎么比得出来呢？我引导幼儿可以按重量组、中量组、轻量组分组去比，最后再进行大排队。于是小朋友自动分成10到20公斤组、20到30公斤组、30公斤以上组，很快按从重到轻的顺序排出三队，再把这三队连在一起，用报数的方法找到自己在班中小朋友重量的排位。孩子们快乐地比着、数着，一次动起来的数学课在笑声中结束。

活动十：多种方法量操场

会测量了，我激励幼儿：能不能量量我们的大操场？敢于接受挑战的孩子们两人一组，一人测量一人记数。我告诉孩子们：操场上的方格两块是一米。聪明的幼儿立刻两格两格地数着，最后得出结论：操场的长是22米宽19米。接着幼儿发现了高跷也可以当测量工具，于是一人摆一人数，还发明了两根高跷轮换摆和一根高跷定位挪动两种方法。操场上的孩子们都像测绘专家一样，这样的活动让他们充分体会到学习数学的快乐。

活动十一：身体量一量

"没有工具怎样测量呢？"问题刚提出来，大家立刻说出"可以用手"、"迈大步"、"两臂伸直"、"用脚量"等方法。我再次鼓励大家动起来，用身体工具量一量班里的窗台、玩具柜、教室的长和宽、洗手池、床、钢琴有多长。小朋友仍然两人一组量着数着，还发现了测小地方时可用小工具，如用手量玩具柜、水池子，而量教室的长宽等大地方时可用大工具——身体躺在地上一个身长一个身长地量……幼儿的方法大胆又科学。这次活动的经验还运用到家中，我鼓励孩子量量家里的物品并记录下结果带回来分享，这样将测量技巧巩固延伸，既使家长了解幼儿的学习情况，也发展了幼儿的讲述能力。

活动十二：会画"动起来的运动员"

在开始画运动员时，幼儿笔下的人物大多是直直地站着，栏框、弓箭、乒乓球拍、杠铃等器械都在人的四周"飘"着，怎么看都不像运动员。于是我做了一个关节处都用线连接的大人偶，让幼儿观察身体上哪里变化，人体就动起来了。大家立刻发现是关节弯曲了人体就动了。我带着幼儿做起了欢快的律动，互相观察，清楚地看到正因为关节的弯曲才有了下蹲、跑步、跳跃、挥拍、挺举等动作。这样，幼儿再绘画时就细心地画出了弯曲的

关节，运动员真的动了起来。

活动十三：动物中的运动冠军

感知动物的多样性是科学领域的目标，我们把它与主题结合起来，进行了“动物中的运动冠军”活动。幼儿进入到神奇的动物世界，知道了海陆空的动物运动员，认识了很多运动高手。

活动十四：欣赏《运动员进行曲》，唱《国歌》

艺术活动不仅限于美工，还包括音乐活动。运动场上常常响起的《运动员进行曲》和《国歌》受到幼儿的喜爱。在欣赏过程中，幼儿感受到乐曲的雄劲有力，跟着它的节奏把自己变成小运动员。在听国歌时，复杂的歌词并没有影响幼儿的学习，大家引吭高歌，仿佛自己就站在领奖台上看着国旗冉冉升起，幼儿在音乐活动中感受美、表现美，并创造着美。

第三阶段：创造——总结经验，运用知识，创造表达。

当幼儿的情感、态度、能力、知识不断丰富、发展的时候，主题活动也接近高潮。我大胆地激励幼儿“我们也开个运动会吧”，其实这是早就被孩子们计划在“冠军棋”里的事情，现在该实现了。

活动十五：运动会计划

我们开了筹备会，参考奥运会的过程和内容，做出大二班运动会计划，包括定运动会名，分运动队，起队名，选队长，定项目，画项目图，项目排序，规划场地，准备器械，制作金牌，练入场式，逐项进行锻炼，发邀请信等，最后还进行了彩排。幼儿的计划性迅速提高。

活动十六：起队名

幼儿商议道：“我们不能像运动员那样练专门的项目，小朋友应该把运动计划里的项目全学会!”于是我们不分项目只分队。幼儿运用在“动物中的运动冠军”活动中学到的知识，给自己队起了响亮的名字：旗鱼队、鲨鱼队、黑豹队、老虎队等，并设计绘制了队标。孩子们迫不及待地盼望着贴上队标走上运动场。

活动十七：竞选队长

竞争应该体现公平、积极、友好、欣赏。通过推荐和投票选举，大家选出了四位队长，全体幼儿真诚地为他们鼓掌。四位队长发表了稚嫩的感言，得到了大家的鼓励，激发了责任感和任务意识。

活动十八：定项目

幼儿的运动会应体现自然、童趣、发展基本动作、人人参与的精神。于是项目就从日常运动中来。大家把“大二班运动计划”中的基本动作设计成比赛项目，并邀请家长参与进来共同竞技，共包括跨栏、绕障碍跑、父子接力、母女绕圈跑、走小岛、父子套圈、侦察员、父子滚翻、全家打鸭子、人枪虎等10个项目。在制定过程中，幼儿考虑到了要七个基本动作全都有，并巧妙合理地使用场地和器械，穿插家长项目，最后安排的是集体的趣味游戏。整个制定过程充分调动了幼儿的积极性，发展了思维，提高了计划性。

活动十九：分组行动

让幼儿根据自己的能力选择工作组，即画项目图组、规划场地组，或者是制作金牌组，体现尊重个体差异，发展多元智能的活动宗旨。老师写好项目名称，由画项目图组幼儿两两一项绘画，幼儿的作品大气、有趣、简单、可爱，老师再写上玩法规则，项目图不仅美观也起到了指导作用。规划场地组和老师一起设计场地，学会合理安排空间，发展方位知觉。制作金牌组的小朋友分工合作，象流水线作业似的利用废旧纸版画圆、剪圆、剪金（银）、粘金（银）、打孔、穿绳，一块块“金镶玉”就制作好了。

活动二十：练习入场式

向家长发出邀请函，运动会就要开了。小朋友们随着熟悉的《运动员进行曲》练习入场式。在队列队形变换、找方位、定转向点、做基本体操、共同行进中，培养幼儿的团队合作意识和协同能力，也点燃了幼儿的运动热情，小小的操场仿佛变成了大大的“鸟巢”。

活动二十一：健康运动会

运动会终于召开了。

准备：画场地，包括运动员席、家长席、摄影区、比赛区、起点、终点。悬挂运动项目图，在家长帮助下贴队标，准备好奖状、金牌，并按项目顺序摆放器械。

开始：请家长进入场地后按场地规划区就坐、拍摄，遵守安全要求。

进行：包括入场式、绸带操、各项目比赛（提醒家长注意安全）。

结束：颁发“优秀运动员”、“优秀队长”金镶玉奖牌，集体合影，并请家长留言。

（三）活动反思：完善教育，促进幼儿全面发展

1. 家园互动促进和谐发展

充分利用儿童、家庭、社会的教育资源是教育的一般原则，在家庭、社会、自然、文化等大环境中蕴含着丰富的教育资源。因此，在主题初期，主题生成后，教师应与幼儿共同制订主题活动目标、活动网络图、三阶段主题活动和领域活动、区域活动，并将这些内容用家长园地和家长会的形式告诉家长，使家长了解班级教学内容和目标，能主动参与配合。在主题进行过程中，教师应该及时地将幼儿感知、操作、创造的表现用简单明了，图文并茂的形式展示出来，帮助家长真实了解幼儿的发展状态，从思想和行为上关注活动进程。在主题活动结束时，可以请家长到班组环境中，在教师的讲解下详细了解幼儿在日常生活、集体学习、户外活动、区域活动等环节中的表现，欣赏幼儿的作品，结合思想表现和艺术作品感受幼儿的成长。

如在“我爱运动”主题活动初期，家长参与收集资料；主题中期，家庭形成小运动团体，帮助幼儿完成测量、绘制简图等工作；主题后期，家长在运动会上亲情参与，真正融入幼儿园的教育环境中，以自身积极、健康、主动的言行举止为幼儿树立榜样。在这里，主题活动作为很好的教育媒介使幼儿园与家庭相互衔接，共同为幼儿的发展创造良好的条件。

2. 领域活动完善主题内容

一个主题不可能完全做到综合五领域内容，必然会以某领域为主，而按照《纲要》中对于“各领域的内容相互渗透，从不同的角度促进幼儿情感、态度、能力、知识、技能等方面的发展”要求看，大班初期也应开展以促情感、态度、能力发展为主的主题活动。在“我爱运动”主题就侧重于健康领域、社会领域，科学、艺术、语言三领域内容也有所涉及但比重不大，因此教师应有意识地进行随机教育，有意识地拓展。如当主题内容中大量

出现长度、重量、时间概念时，教师敏锐地把握住机会，开展“认识尺子”、“一米有多长”、“我们来称重”、“听歌记时”、“幼儿园地图”、“看图找目标”等活动，补充科学领域的活动内容。在艺术领域方面，幼儿用绘画表现感知，用手工表现操作，音乐活动明显不足，我就激励幼儿用奥运会项目创编奥运操，包括体操、举重、蛙泳、仰泳、乒乓球、射击、射箭、足球、篮球、自行车、太极，然后共同挑选音乐，打造成为我班体育活动基本操节，成为亮点。奥运歌曲的传唱也作为音乐活动的补充，随着季节、节日的来临，相关的音乐活动自然开展，并没有与主题生拉硬拽。而语言领域，将我园开展的“分享阅读”课程作为补充，引发幼儿对书籍、阅读和书写的兴趣，也使幼儿接触到优秀的儿童文学作品，使之感受语言的美。

3. 区域活动使主题活动更立体，满足幼儿个性发展需要

《快乐与发展课程》中指出：区域活动是满足幼儿不同兴趣和需要的最好途径。加德纳的多元智能理论揭示出每个人有不同的智力组合，都有自己的智力强项。区域活动不仅能为幼儿提供满足自己兴趣和需要的场所，还能为幼儿提供识别智力强项、发展强项的机会和条件。

结合“我爱运动”主题，我们创设了不同发展目标的区域活动环境。

“运动区”——作为主题活动中“运动计划”基本动作发展的补充，鼓励幼儿自编游戏，尝试一物多玩，练习小器械。

“建构区”——以“搭建运动场馆”命名，引导幼儿学习、运用和巩固数、量、形、比例、对称、力等相关概念，发展空间知觉。

“美劳区”——主题引导下丰富美劳内容，制作“站（动）起来的运动员”、“金牌”、“拉拉棒”，为建构区制作辅助材料，不断丰富美劳主题。

“益智区”——在原有棋牌、迷宫、数学、拼图的基础上，结合主题制作“奥运棋”、“国旗牌”、“运动棋”等。

“科学区”——主题中有关测量的领域学习延伸到活动区中，创设“测量工具大集合”，并以挑战性问题“怎样让重变轻”、“怎样让冷变热”、“磁铁的秘密”等引发幼儿体验猜想、验证、记录等过程和方法，解决实验活动中的问题。

“语言区”——投放“分享阅读”读本，使幼儿有条件巩固阅读技巧，丰富相关知识。

“表演区”——鼓励幼儿自编自演经典童话剧；创意表演“分享阅读”读本；创编奥运操。

活动区随主题发展和活动需要不断变化，不断为幼儿创设活动条件，促使幼儿自然而真实地学习。如学习乒乓球的小朋友就找到了用武之地，平时不爱说话的幼儿在语言活动中借助“读本”大胆清楚地讲述故事，对画画细致讲究的小朋友以“运动员的故事”为题创作连环画，体弱但爱动脑筋的幼儿在测量区找到了自信等，所有幼儿都得到了发展。

4. 根据年龄特点激励幼儿自主创新

幼儿园大班幼儿在学习过程中表现出的年龄特点有：

（1）活动的自主性、主动性提高；

（2）活动更有目的性、计划性；

（3）自我控制能力提高；

(4) 好学、好问，喜欢有挑战性的学习内容；

(5) 同伴间互动、合作多了，开始注意向同伴学习；

(6) 抽象逻辑思维开始萌芽。

因此，大班主题活动应激励幼儿主动参与，在活动中获得积极的情感体验。

“我爱运动”主题开始时就建立在幼儿观察生活、关注社会、有初步的主体意识的基础上，在家长的帮助和教师的引导下利用多种途径收集、整理信息，幼儿能从初期获得的认识上提升探究的意识和能力，结合具体的活动保证幼儿能够比较长时间地坚持探究活动，而多种形式、多种手段完成共同的任务和目标也有助于提高交往能力与技巧，增强集体意识。主题后期的“健康运动会”更是在充分感知和操作的基础上升华出来的集体创造活动。教师在把握活动主要教育价值的前提下注重活动内容的适宜性，尽可能实现幼儿的全面发展。

5. 主题后的延伸活动使幼儿始终成为学习的主体

运动会在和谐、快乐、健康、安全的氛围中圆满结束了，但我们的主题活动和健康教育并没有结束。运动会后，我引导幼儿分析自己在运动会中的表现，找出强项和弱项，把弱项作为自己新的锻炼目标，鼓励幼儿自主锻炼。有的幼儿说：“我 10 个项目中 9 个都挺好，只有套圈差一点儿，说明我的投掷不行。”有的说：“我走梅花桩时晃晃悠悠，掉下来了，我要多练练平衡。”有的女孩子说：“我发现女孩子跑得都慢，特别是跨栏，但我们女孩子平衡都好!”幼儿很会公正、客观、正确地评价自己和他人，也能准确地找到自己的弱项。我立刻引导幼儿把弱项作为自己新的运动目标，主动锻炼。于是幼儿把新目标画下来，全班作品合订成《我的新目标》。在户外运动时幼儿提出“我们自己安排锻炼”。幼儿高兴地拿出自己需要的器械（梅花桩、跨栏、垫子、高跷、跳绳、沙包等）开始练习各自的项目，锻炼跑、跳的幼儿还主动说“我们在操场周围跑步，练往返跑的小朋友在一边，练器械的小朋友在一边，这样谁都不影响才安全”。在后来的一周时间里，户外运动都是这样自主、生动地进行着。老师非常轻松，因为幼儿真正成为运动的主人。而这种爱运动会运动的情感将影响幼儿一生，为他们身心健康成长提供保障。

美国著名幼儿教育专家莉莲·凯茨曾说：“真正有意义的活动，不仅要能吸引幼儿的兴趣，还要能使幼儿持之以恒。”是的，一个好的主题活动就像一块磁铁，能够吸引着幼儿不断地去探索，同时也能激发教师的无限热情。当你也和幼儿一样，融入这些妙趣横生的主题活动中时，你会发现，主题活动真的能够让师幼共同研究、共同进步。

第七章 经验交流——开花结果

爱因斯坦曾说：真正的快乐，是对生活的乐观，对工作的愉快，对事业的兴奋。当你把精力和热情投入工作，把爱心和真情融入幼儿，把学习和思考纳入教学时，你就会享受到职业带给你的幸福。这种幸福无与伦比。

（一）我的第一次观摩活动

2007 年 3 月我代表全园青年教师参加了宣武区幼儿园青年教师教学展示活动。在活动中我组织的阅读活动《我有友情要出租》获得领导、专家、老师们的一致好评。回想这第一次做观摩活动的经历，我感慨颇多。活动后，我变得更加自信，看到了自己的优势，更明确了自己努力的方向，坚定了自己的幼教理想。

1. 在生活中捕捉教育契机，生成活动

《纲要》要求我们教师要善于发现幼儿生活中所蕴含的教育价值，把握时机，积极引导。为此，我始终坚持在观察幼儿、走近幼儿、了解幼儿、尊重幼儿的基础上，不放过任何一个有价值的教育契机。

在一次区角活动中，我发现班上有的小朋友老是自己在玩，起初我以为是他们喜欢安静，喜欢一个人玩。可后来当别的小朋友玩得很开心的时候，这些小朋友就会在旁边偷偷地看，只是不敢过去。这一场景使我想到，现在的孩子多是独生子女，比较以自我为中心，缺少主动结识新朋友的经验。他们有的不知道怎样去交朋友，有的不知道怎么和朋友和睦相处。其实这些孩子也渴望在集体中与同伴交往，只是不知道用什么方法，性格外向的有可能会去碰别人一下，惹别人一下，以为别人就会愿意跟他作朋友，而性格内向的孩子则表现出退缩远离集体的行为。那么，应该怎么帮助孩子们解决这个问题呢？

就在我十分困惑的时候，偶然看到《我有友情要出租》这本书。我觉得书中的大猩猩其实就代表着那些孤单寂寞，却不知如何交朋友的孩子们。在大猩猩身边一直都跟有很多小动物，但因为他们都没有主动勇敢地伸出友谊之手，而是胆小地躲在一旁，所以他们没有成为朋友。这一点与我们孩子们的问题与表现是非常贴近的。反复阅读之后，我发现故事情节的有趣、语言的生动，还有猩猩与咪咪的友情，这些方面都能很好地感染孩子。

由此，我决定以这个故事为切入点，开展一次以如何交朋友为主题的活动。

2. 根据幼儿的实际需要和发展情况，精心设计活动

针对我们班孩子的年龄特点和班级孩子发展的情况，我开始精心准备此次活动的具体内容。活动前我大小改了七次教案，备过无数次课，试过两次课。在这个过程中我切实感受到，备课确实是一个学习的过程，是一个不断提升自我的过程，大到内容选择，小到提问的字句斟酌都马虎不得。

记得第一次试课时，在活动中我问过孩子这样的一个问题：小动物们为什么不和大猩猩做朋友？有的小朋友马上说，因为它脏，因为他难看。可实际上，我是想让小朋友知道，大猩猩没有和小动物们成为朋友的原因是他没有主动勇敢地伸出交朋友的手，而是胆怯地躲在一旁。孩子们说出想法之后，我心里特别着急，心想他们怎么就说不到问题的关键点上呢？活动后我进行反思才发现，其实活动之所以不顺利不在于孩子，根本原因是我引导得不够，提问不准确。于是，我对提问字斟句酌地进行了修改，并进行了第二次试课，确保准确无误。不过，第二次试课后，新的问题又出现了。比如，孩子回答完问题

时，我只是一句你说得真好，就不再有追问，总给人一种话说到一半就不说了，话没有说完的感觉。于是，我又虚心向老教师请教，不断地完善。

3. 以饱满的精神状态开展活动，成功完成观摩

终于到了观摩课这一天。活动还没开始，屋里就已经站满了人，外面还有人陆陆续续在往里走。这是我第一次接待近百人的观摩课，虽然有些紧张，但我却不再害怕。我感觉自己在准备的过程中，成熟了许多。

课前充分的准备使得我的活动进行得非常顺利。活动中，我充满自信，精神饱满，而孩子们更是在我的带动下开心而投入。有一个小朋友看见小老鼠坐在犀牛身上，就说老鼠把犀牛当班车了，孩子稚拙有趣的回答引起老师们哄堂大笑。故事进行到大猩猩和小女孩离别的时候，有的孩子竟忍不住大声喊出来：咪咪我还给你带了饼干呢！你吃不吃呀？孩子的全心投入将活动推向了高潮。在孩子们猜想过后，我念出了猩猩站在山上对咪咪喊出的话，此时的我也有些控制不住情绪，声音微颤。我看到有的孩子眼圈已经红了，在场老师有的也湿润了双眼，我知道我的课感染了孩子，也感染了在场的老师。

活动后我们开了研讨会，我的课得到了在场老师的好评。记得有一位老师还说，在我身上看到了成熟期教师的影子。听到这话我心里特别高兴。我的第一次观摩活动成功了！

人生中有许多的第一次，而我刻骨铭心的第一次全部来源于教育事业，第一次的失败，第一次的感动，第一次喜出望外的成功，第一次在教师节收到孩子的鲜花，第一次得到家长的信任……，这所有的第一次都更坚定了我为教育事业而努力和拼搏的信念和决心。刚投入教育事业的我，在工作中有感动，有失望，有困难，也有迷茫。原本以为选择教师这一行业就如同进入了一片幽静而安逸的世界，但是两年工作下来，才真正体会到教师的不易与艰辛，于是我对这一行业进行了重新的诠释。教师真的像是一支在燃烧的蜡烛，奉献了自己照亮了别人。不过，我坚信只要用辛勤的汗水和全部爱心去浇灌每一棵稚嫩的小树，秋天里我定会品尝到丰收的喜悦。

（张　媛）

（二）成长可以更精彩——记一次创新美术课例

作为一名幼儿教师，应该怎么去做教育呢？我想这是每一位年轻教师都在思考的问题。年轻的时候，我们蹦蹦跳跳很可爱，可是年纪大的时候，孩子们看着会不会就不喜欢了？自己也跳不动了，那时候我们还能做些什么呢？或许还有不少教师跟我有相同的想法。其实当一名幼儿老师并不是要“小白兔，蹦蹦跳”才是亲切，才是吸引孩子。做到一个知识渊博、态度可亲、语调自然的老师是远远不够的，传统的东西不能丢，好的语言挂图要多收集，能给孩子做的就绝不自己动手。尽量让孩子自己去创造自己的世界，让他们的成长更精彩……

1. 用心聆听幼儿——灵感诞生

“郭老师，这药水是粉红的，可是喷在我口里，怎么会感觉到很凉很凉的味道呢？”

“哦，你觉得它应该是什么味道呢？”

“我觉得粉红色的药水应该是甜甜的、像草莓一样的味道，蓝色才是凉凉的味道。”

这是我在实习中，保健医生给孩子们晨检时，我与一个孩子的对话。每个孩子都有着自己的语言和自己的思想，使我一个刚刚参加工作的新老师震惊了！实习中，我才发现孩子的语言是那么的丰富和奇特。通过和孩子简短的交流，细细品味孩子的话，从颜色的味道，好像一下子揭示了色彩带给人们的感觉。从另一个角度来说，色彩也可以表现味道的不同。

我想：是否可以让孩子以绘画的方式来表现他们对色彩、对味道的感觉呢？

2. 全力调动已有经验——找到自信，明了方向

其实，在此之前，我和孩子们有过一次类似的纯属偶然的绘画体验。那本来是一次小班孩子线条练习的活动，凭借在学校所学的理论知识，我任由自己的想法设计了一个线条宝宝玩游戏的情节，在黑板上演示画了一条螺旋线。有个小朋友看到我画出的螺旋线，说："郭老师，是电话铃响了，是线条宝宝给我们打的电话！"我完全没有想到，孩子们居然能从螺旋线联想到电话的铃声！

于是，我没有按照自己备的教案继续进行下去，而是有意识地和他们玩起打电话的游戏。"喂，喂，你好呀，猜猜我是谁?"一边暗示旁边的老师敲击小鼓发出"咚咚咚"的声音。小朋友们兴奋起来："老师，是小鼓!""那谁能用线条宝宝画出小鼓的声音?"我想看看孩子的反应。孩子们迟疑着，看着我不做声。"谁来试试看?"我继续鼓励。一个小朋友上来了，在黑板上画了一个大圆，然后用笔在圆心粗粗地画了一个圆点。我带着大家为他鼓掌："真勇敢！第一个为我们画出了击鼓的声音!"老师的鼓声开始有了变化，又有一个小朋友跑上来画出一连串的小点："现在小鼓好像是在轻轻地唱歌……"好棒的孩子！我激动不已，真没想到孩子的想象力如此丰富。

就这样，我改变了原来的教学意图，和另一位老师演起了双簧，发出很多种孩子们熟悉的声音，鼓励孩子们画下来。结果，孩子们的表现让我们惊喜万分：他们用一长排整齐排列的短竖线表现妈妈切菜的声音；用点与短横线交替表现炒菜的声音；用细密的短斜线表现下雨（沙球）的声音；用波浪线表现刮风的声音……活动结束以后，孩子们还跑到声音角，敲敲打打，玩着各种声音游戏，画着不同的声音，还不断地跑来告诉我："郭老师，你看我画的声音!"此时的我感到万分激动，我没有想到我的一次简单的线条联系，能引出孩子们如此丰富的联想和表现。

3. 反复思考，深入探究——扫除障碍，明晰思路

回忆上次画声音的经验，我对孩子们画出味道充满信心，但同时，我也清醒地意识到：孩子画声音，是建立在与发出声音的物体形象基础之上的，比较容易表现；可画味道，则有点虚无缥缈的感觉，我自己都很难把握该如何画出那些味道，虽然孩子已有"粉红色表现甜味与蓝色表现凉味"的非常直观的感知，但关键在于，是否可以找到合适的支架，引导孩子用一定的绘画符号来表现出各种味道呢?

我自己先做了一个尝试，反复地品尝一些不同糖果的味道，想让自己试试能不能感觉出不同的味道，建构不同味道的符号表象。刚开始，我总觉得这些糖果的味道都差不多，甜中带酸。后来慢慢地品出其中的不同：比如说有一种酸很刺激，象长着尖角，在舌头上打个勾就没有了，剩下来那种柔柔的甜味在嘴里停留好久好久，那种感觉就象春天的茑萝，淡淡的，绿雾间夹着细小的尖角；还有一种酸是隐隐约约的，象那种浅浅的旋涡，和着星星点点的甜味，就象夜空中的星星一样；还有的就象橘子那种酸，很舒服的感觉……

这样反复多次，我似乎找到了那种画味道的感觉，也有了一些自己感觉到的、对味道的朦胧的意象。联想起洇染画的活动，看孩子们利用油水分离的原理，在水中洇染出灵动朦胧的水墨图像，我似乎找到了引导孩子们表现味道的方法。

4. 大胆实践，创新教学——一举成功

活动上，我首先和孩子玩“看图猜味道”的游戏。首先，我用土黄、粉红、大红、紫罗兰旋转着在黑板上画出了一组符号，用赭石、黑色、深咖啡画出另一组符号，告诉孩子，这两组符号，一组表现香味，一组表现臭味，请孩子来选择，哪一组符号是香的，哪一组符号是臭的。孩子们无一例外地认定：第一组是香的，第二组是臭的。除此之外，孩子们还告诉我，第一组符号还有点甜，像麦当劳餐厅草莓奶昔的味道，还像水果圣代的味道；第二组符号有点苦，就像烧焦的东西的味道……接着，我让孩子们闻气味瓶（酱油和糖），然后从两张小图片中比较找出表现甜和表现咸的图片，孩子们几乎是一下子就把两种味道的图片给区分开来了。

接着，我为孩子们提供了中国画颜料，以及和孩子们一起自制的各种气味瓶（酱油、香水、醋等等），鼓励孩子们闻闻各种气味，用洇染的办法画出自己感觉到的味道。孩子们一下子就兴奋起来了，不停地闻气味瓶，动手调各种颜色，一次次地洇染，然后跑到我的身边给我看他们画出的味道。

最后，我在小朋友画的反面写上味道的名称，集体玩“猜味道”的游戏。虽然，看画的时候似乎看不出什么来，可一说出味道的名称，就觉得孩子真的画出了那种味道。这真是一种完全不同的绘画体验，活动非常成功。孩子们带给了我太多的惊喜。我深深地体会到了孩子们无限的想象力和创造力。

5. 活动后的反思

对于幼儿美术活动，我最大的感受就是不能过分强调技能技巧。技巧固然重要，但它只是完成教育目标的手段。教师最需要做的是充分尊重幼儿的年龄特点，尊重幼儿的兴趣和需要，充分调动他们的感知，强化体验，引导他们认识世界，鼓励他们大胆地以自己的方式将感受表现表达出来。教师绝不能“拔苗助长”，使幼儿过早掌握“一技之长”。过分强调技巧的运用，忽视孩子自身的需要和兴趣的培养，孩子往往容易产生畏惧和厌恶心理，导致儿童的片面发展。

另外，活动的引导，也要以孩子喜欢的方式进行。游戏是孩子最喜欢的形式，所以，教师要善于运用游戏来感染和调动幼儿，让幼儿把自己所思所想表达出来。视觉艺术活动，离不开观察。引导幼儿观察时，首先是启发幼儿对生活及事物的热爱，启发幼儿通过观察抓住事物的特征，并把自己的感受和联想表现出来。帮助幼儿在事物与画面之间架起一座桥梁，建立起自己独特的造型符号。在此过程中教师要善于引导和鼓励幼儿用自己理解的形象进行表述。如老师讲了《太阳十兄弟》的故事后，引导幼儿想一想、说一说，你想象的太阳是什么样的？他们发出的光芒是什么样的？为什么是这样？鼓励幼儿把看到的、想到的变成物象说出来，然后再画出来，孩子与孩子的感受不同，创造的符号也千差万别，作品充满个性、栩栩如生，才是真正意义的“儿童画”。

孩子们一个个纯真的眼神，让我不禁反思，我是不是一个胸怀理想，充满激情和诗意的教师？我是不是一个自信、自强，不断挑战自我的教师？我是不是一个善于合作、具有人格魅力的教师？我是不是一个追求卓越、富有创新精神的教师？我是不是一个勤于学习、不断充实自我的教师？我是不是一个关注人类命运，具有社会责任感的教师？21世纪是机遇与挑战并存的时代，作为教育者的我们必须更新观念，与时代接轨，应在遵循幼儿认识规律的基础上，选择适宜的内容，创造宽松的精神环境和文化氛围，有效地激发幼儿的兴趣，陶冶幼儿的情操，培养幼儿初步感受美、表现美的能力，有效促进幼儿身心和谐发展，使美术活动真正成为孩子们的一种乐趣，一种荡漾着激情和人性的活动。这样，孩子的成长一定会更精彩！

法国作家雨果说过：比陆地更大的是海洋，比海洋更大的是天空，比天空更大的是人的胸怀，不是吗？当我们的心中充满了对孩子们的爱，我们的生命会发出绚丽的光彩！一个人的生命是有限的，而事业是常青的。我的价值在孩子们身上能得到最大程度地体现，我的心将时时刻刻、永永远远和孩子们连在一起。

（郭胜楠）

（三）如何指导不爱画、不会画、不敢画的孩子

在绘画活动中，孩子们的表现是千差万别的，有的幼儿画起画来挥毫泼墨、夸张大胆；有的幼儿畏首畏尾，画出的作品拘谨、小气；有的幼儿画起画来兴致勃勃，画面越添越丰富，有的则草草几笔了事；还有的幼儿用色鲜艳大胆给人以清新明朗的感觉，有的却偏偏喜欢使用黑色和棕色……幼儿在绘画活动中的种种表现，都与其自身性格、认知水平、情感变化、兴趣需要等心理因素密不可分。新《纲要》指出：“教育与发展之间，既要尊重幼儿的主体地位，又要发挥教师的主导作用。”面对这些幼儿，教师只有认真分析影响其绘画表现的心理因素，理解不同幼儿的绘画行为，找出适宜的指导方法，因人施教，才能令幼儿在快乐创作的同时真正得到发展。

1. 孩子不爱画怎么指导？——激发兴趣

兴趣是幼儿画画的内在动力，但兴趣却很容易受到各种因素的影响。选材合不合适、材料是否吸引幼儿、是否是幼儿能够独立操作的等等，甚至是同伴一句不经意的评价也会影响幼儿的绘画兴趣。

作为老师，我们首先要考虑选材是否适合不同年龄班的幼儿。例如，同样是画鱼，小班可以开展“粘贴小鱼”活动，重点在于添画小鱼吐的泡泡；中班可以画“我是鱼王”，重点突出对一条大鱼的装饰；大班则可以用丰富的画面表达奇妙的“海底世界”……如果背离了幼儿的年龄特点，小班的幼儿会因为画不出来而失去兴趣；中大班幼儿则会因为画着没趣而失去兴趣。

选好幼儿感兴趣的绘画题材后，教师在指导时也要注意因人而异地鼓励幼儿，使他们保持持久的兴趣。比如，小班幼儿还处于以自我为中心的阶段，对于教师的直接提醒，幼儿往往不肯接受，而间接的指导反而会收效显著。如在“给太阳公公穿糖葫芦”的活动中，小昕总在涂一个颜色，老师便走到他身边故作不经意地说：“大家看一看凡凡的糖葫芦，除了苹果味的，还有蓝莓味的、葡萄味的……真香呀！”小昕和别的幼儿听到了这样的鼓励也受到启发，主动换用各种颜色的笔，画出多种口味的糖葫芦。

2. 孩子不会画怎么办？——有针对性地指导

孩子愿意画，但是画出来的东西却乱七八糟，这是教师们最常遇到的难题。不会画主要表现为三种情况，第一，随手涂鸦，这主要是受孩子发展水平的制约；第二，认知不到位，画不出形；第三，画面不生动，这主要是因为情感激发不到位。教师应该具体情况具体分析，找出原因，对症下药。

(1) 乱涂乱画，信手涂鸦？——尊重年龄特点，逐步引导

孩子都要经历乱涂乱抹的涂鸦期，每个人画画都是从乱涂乱画开始的。在这种情况下，孩子的画面充满乱线，家长看不懂，老师也不明白。但这并不能说孩子不会画。其实，在我们看起来是一团乱线的东西，在孩子眼中也许是风、是草、是怪兽。对于画乱线、乱涂乱抹的孩子，我们要耐心等待，适时提出建议，切不可拔苗助长，磨灭幼儿丰富的想象空间。

例如，有的小朋友刚开始画画时，根本不按老师的示意作画，嘴里念念有词，往往几分钟就完成一幅作品。他们的画面上经常有许多乱线和黑点。偏偏对着这些乱线和黑点，他们能讲出企鹅爸爸、企鹅孩子、怪兽、火山……各种各样的离奇故事来。遇到这种情况，教师一定蹲下来，认真地聆听，了解他们的想法。然后，在他们最高兴时提出一些小建议，如，“要是企鹅爸爸再画大点儿就好了”，“有爸爸、孩子，还应该有一个最美丽的妈妈呀，要是你画出来的话，小企鹅一定会很高兴”。这样一来，孩子们的乱涂乱画现象就会减少，而且不时会出现令人惊诧的创意。

(2) 画不出形？——物象分析，游戏化引导

幼儿的认知水平决定着对感知到的事物进行形象加工的结果。孩子画不出形来，往往是没有很好地调动起多种感官参与认知活动，或者是由于粗心大意，常常对认知的事物停留在其表面，认知精度较差。在这种情况下，教师必须引导幼儿进行深入细致的物象分析，让幼儿有重点地、仔细地观察、体验，充分地描述观察到事物的特征。

比如，在画“淘气的小猫”时，要让幼儿分析出猫的身体有哪几部分，都是什么样的。当幼儿观察出来小猫的尾巴长长的时，再进一步提问他：猫尾巴像什么呢。只有一步一步深入到幼儿的思维中，把他们头脑中的形象、语言调动出来转化为具体的物象，才能令幼儿逐步做到说得出来画得出来。又比如，有的幼儿在画树时，常把树干画成简单的三角形，教师就可以带幼儿去户外观察一棵大树，摸一摸树干、看一看树枝的样子。有时幼儿会把大树根部画得很窄，教师就可以与幼儿玩一个游戏，如让他们扮成两脚并得很紧的大树干被“大风吹一吹”、被“小朋友摇一摇”，让幼儿体会一下“下窄上宽”的大树干是不是能站得稳。

在引导幼儿观察的同时，教师还要注意观察孩子。对观察能力较弱的幼儿，教师的引导语要更游戏化，更贴近幼儿的生活，便于幼儿理解；而对于观察力较强的幼儿，教师要提出更具体、更详细的观察要求，促进他们的观察能力进一步发展。孩子们在观察中学习、在游戏中体会事物的造型变化，表现在画纸上就会轻而易举了。

(3) 画面不生动、没有感情？——情景回放，激发情感

幼儿的情感世界是极其丰富与敏感的，可是为什么有的幼儿却画不出自己的情感体验呢？这主要是因为幼儿的记忆以无意记忆为主。当时发生的事，如果当时不让

幼儿记录下来，往往就会记不起来了。比如，上个星期吃的自助餐，这个星期孩子无论如何也画不出当时满嘴嚼着大虾的开心和满足。如果在经历后的第二天就画，效果则可能会好许多。当然，即便是第二天就画，教师也要注意激发幼儿回忆当时的情景，比如放一放当时的录像，看几个吃得最香的孩子的特写镜头……只有充分引发幼儿回忆起当时的场面，调动起来那情那景中的热烈情绪，才能令幼儿在画画时有生动而夸张的表现。人们常说“艺术来源于生活”。无论是场景的回放，还是教师煽情的导引，都是为了让幼儿充分体验生活中的情感情趣，激发幼儿大胆地运用美术手段表达出自己的情感来。

3. 孩子不敢画怎么指导?

在绘画活动中，教师肯定会遇到不敢画的孩子。有的孩子胆小不敢动笔，有的孩子自尊心很强，小心翼翼地作画，画的画都用手捂着……面对这些幼儿，教师要具体进行个案分析，找出其行为表现的原因，制定相应的指导策略。不过有一条总的原则就是，幼儿不敢画往往是自信不足的表现，教师一定要耐心引导，鼓励鼓励再鼓励。

(1) 胆小，不自信? ——抓住点滴进步，激发自信心

因胆小而不敢画的幼儿相对来说比较好指导，因为他并不是头脑空空，只是习惯了依赖成人的帮助。最好的办法就是抓住其一点一滴的进步不断表扬，步步深入帮他建立起自信心，让他感觉到自己的画老师很欣赏、很理解。在表扬的过程中老师一定要注意语言的运用，如指导幼儿画猫的过程中说：“你今天真敢画，眼睛再大一点就更神气了。呀！小老鼠都吓跑了。”……诙谐、夸张、指向性强的教师语言更能为这些幼儿所接受。

如，大班小朋友晨晨，他每画一笔就来拉老师的手，并说：“老师我不会。”这时，老师就可以带他先看看别的小朋友是怎么动笔的，然后告诉他开始怎么画，甚至可以帮他点一个点、画一个圆、划一条直线带动他一下。渐渐地，他就会越来越少说“我不会”这样的话，画面也逐渐丰富，出现不少点、线、面的奇特组合。另外，在欣赏胆小幼儿的作品时，老师要注意找出画中的闪光点用轻松、幽默的话语来进行鼓励，帮助幼儿找到自己的优势，树立起绘画的信心。在画“我爱我家”的主题意愿画时，晨晨画了一个线条简单的桌子，桌子正中把他最爱吃的年糕画成了一个的大绿点，依稀是一块粘着绿果脯的大年糕。教师抓住时机，立即对他这种简练概括的表现手法进行表扬，并进一步引导：“真想吃一口，能把咱俩吃年糕的样子画下来吗?”

(2) 自尊心强，担心画不好? ——尊重孩子，鼓励作画

幼儿园经常会开展观摩活动。客人老师来了，小朋友们都很高兴。拿起画笔快速地画了起来。可有个别平时表现好的孩子却怎么也不肯动笔。他们平时作画表现都不错，可有客人来了，却任凭老师怎么鼓励也不肯动笔。总是等客人老师要走了，他们才拿起画笔认真地作画。一般来说，这种孩子的自尊心很强，见到生人总担心自己画不好，于是不肯动笔。我们应该把这种情况区别于其他不会画的幼儿。不要唠唠叨叨的催促，而是尽量创设宽松的环境，让他们画自己平时最擅长画的，或最喜欢画的内容。总之，面对自尊心强、怕画不好的幼儿要从尊重其自尊心入手，给他们时间适应环境，让他们知道，老师相信他们今天也一定可以画得很棒。

幼儿绘画行为因人、因事而各不相同。作为老师要正确看待幼儿的各种表现，不要对幼儿提出过高要求。只有灵活巧妙、因势利导地激发幼儿兴趣，指导幼儿大胆表现，才能令其真正爱上绘画这一表达幼儿内心灵性的魔法棒。

（刘晓颖）

（四）高效开展主题活动之我见

“什么是主题活动”，“主题活动应该怎样开展”，刚刚步入工作岗位的青年教师们心中一定有这样的困惑吧？职初期的教师由于经验尚浅，对主题活动理解不到位，导致在开展主题活动中出现了重重阻碍。但阻碍不代表结束，有问题才有提高发展的空间。古语有言：“书痴者文必工，艺痴者技必良。”作为年轻教师只有用心钻研工作技能，勤思善学，才能够不断进步。

1. 根据幼儿年龄特点，开发幼儿感兴趣的主题活动

刚入职时，我对主题活动也曾有一种茫然的态度。总是不知道应该开展什么样的主题活动，抓不住主题的切入点，活动思路就更是模糊不清了。不过经过多方面的尝试之后，经验逐渐丰富，成效也逐渐显现出来。既然是幼儿园的主题活动，活动的群体是幼儿，发展的对象也是幼儿，那么主题活动也就可以在幼儿身上挖掘。幼儿需要什么？幼儿对什么感兴趣？这些都可以是我们主题活动的来源。在选定主题时，我们可以从幼儿的年龄特点入手，开展他们感兴趣的主题活动。

例如，引导刚入园一个月的小班幼儿开展主题活动时，可以先分析小班幼儿的年龄特点，挖掘幼儿的生活兴趣点。小班的幼儿生活主要以吃和玩为主，我便根据幼儿对“吃”感兴趣这一年龄特点创设主题。如《好吃的食物》的主题活动就比较符合小班幼儿年龄特点，适合在小班开展。大主题需要靠小活动来支撑，搭建了主题框架之后，就要根据发展线索，按步骤围绕框架充实内容。其中，认识不同种类的食物、了解食物的颜色形状、感知食物的味道等等，都可以成为我们主题活动开展过程中的主要线索。另外，活动的开展形式也要符合小班幼儿的年龄特点，可以通过“不同形状的食物”、“食物宝宝的花衣衣”、“健康食家族”、“果宝宝变魔术”、“味道”等形式多样的主题活动，将游戏化的活动贯穿到小班幼儿一日生活中，从而实现幼儿园小班发展目标。如此生活化的活动内容应该能得到小班孩子们的积极响应，效果肯定不错。

而大班幼儿爱学、好问，有极强的求知欲望，有强烈的表达抒发情感的需求。例如，“爱”这样的话题就是符合大班幼儿年龄特点，符合他们实际需要的主题。大班幼儿经常会有胆怯、不友善、不懂得关心身边的人等问题，有些幼儿愿意与同伴交往，却不会表达；有些幼儿有积极主动表达友善的愿望，却又不会使用正确的表达方法；有些幼儿对身边人给予的爱无动于衷，不懂得回报。根据这些问题，我们可以尝试创设“爱心总动员”的主题活动。通过主题活动的开展解决幼儿情感上的问题。我们可以将“爱”的主题拓展为三个方面：“感受认识爱”、“理解懂得爱”、“尝试表达爱”。在活动中，我们可以尝试开展丰富多彩的游戏活动支撑主题发展，如“猜猜谁是我妈妈”、“爱妈妈计划”、“我的妈妈像……”、“假如爱”、“爱心达人”、“情感类绘本阅读”、“爱心花卉”等活动。为了使主题能够深入到幼儿的生活中，我们还开展了“和爸爸一起为妈妈做菜”等家园互动的活动板块。这样丰富的主题活动深受大班幼儿的欢迎，而且能极大地促进幼儿的情感发展。

2. 积极采用艺术性的提问形式，深入拓展主题活动内容

我们都知道主题活动的开展过程中，教师的提问必不可少，非常关键。不同的提问形式带来的效果是不一样的。教师只有深入挖掘提问形式中的艺术性，才能激发幼儿无限的想象空间，促使主题活动有效进行。对于教师来说，怎样提问能够使语言简练，又能突出问题的递进关系呢？其实，教师只需要注意“提问三步骤”，即是什么，为什么，怎么样，依照这三个步骤设计教学活动，并按照这三个步骤提问就可以了。比如在模仿小树叶做律动的音乐教育活动中，可以尝试着根据这三个步骤设计提问：

第一，小朋友们，老师拿的是什么啊？它是从哪来的啊？

第二，他为什么会落在地上？

第三，风是怎么刮的啊？

教师巧妙通过这一层层递进式的提问，引导幼儿回忆风吹树叶的情景，感知落叶的动态。这样，孩子们就能在活动中充分地发挥自己的想象力，把小树叶飘落的动态活灵活现地表现出来。

3. 积极反思，结合区域游戏巩固主题活动成果

学习令人成长，思考使人进步。活动后的反思，对于我们年轻教师来说是必不可少的。

(1) 反思的方法及步骤

反思其实并不难，我们只要掌握一定的反思步骤，自然就能够反思到活动的重点。活动最主要的目的就是要完成目标，只有目标完成了才能算是一个优秀的活动。活动过后我们最先反思的应该是“目标的完成情况”。如果没有完成目标，有可能是目标制定有问题。我们第二步就是要反思“目标的定位是否准确”。如果目标制定没有问题，可就是没有达到预期的效果，那么就可能是活动过程中的问题了。所以我们第三步就要反思“活动中幼儿的反应，活动的形式是否适合幼儿，以及幼儿之间的个体差异”。

例如，在开展“花”的主题时，其中一次手工活动，老师制定了高于幼儿现有发展水平的目标，结果没能完成。幼儿完全不理解小花的结构，做出来的作品什么样子都有，根本分不清花蕊和花瓣。大部分幼儿也因为没有体验到成功的乐趣而感到十分沮丧。老师通过活动后的反思意识到手工活动确实是需要长时间的练习的，而一次活动很难立马提高幼儿的动手能力。于是针对小班幼儿年龄特点，老师又制作了一些发展幼儿小肌肉群的玩具投放在区角。如操作游戏“虫虫爱吃大苹果”、“种萝卜”、“叠拓画”、“小雪人”、“甜葡萄”等，玩具投放到游戏区后，孩子们就争先恐后地玩，动手能力也在游戏中逐渐得到提高。可见，反思是一种纠错形式，老师们可以在反思中发现问题，解决问题。

(2) 开展有针对性的区域活动，巩固主题活动成果

区域游戏是幼儿一日生活的重点，主题活动的开展离不开区域游戏的支持。在区域游戏中，结合主题活动线索开展有针对性的区域活动，从而能进一步完善主题，巩固主题活

动成果。

例如，在做食物主题时，老师可以充分发挥娃娃家的自然环境优势，将娃娃家设置成小餐厅，带领幼儿在小餐厅里制作三明治、糖葫芦、果酱、沙拉等食物，并鼓励幼儿与他人分享。在做中班动手主题时，可以和幼儿一起创设“美发屋”的活动区，幼儿在活动区内，可以扮演美发师、收银员、客人、店长等角色。教师还可以为幼儿提供彩纸做的假发、皮筋、卡子、账本、毛巾、洗发水等材料，丰富活动区。小班幼儿在建筑区游戏时，常常只是从搭高、围拢、推倒等游戏中产生愉悦感。但通过观察发现，在建筑区内为幼儿设置一定情境可以更好地提高幼儿游戏兴趣和搭建意识。于是，老师们在建筑区内用即时贴和一些废旧材料制作了部分辅材，设置了草坪、池塘、楼房等情境。在情境中引导幼儿在草坪上围拢搭建“小农场”，在池塘上架起“高架桥”，通过搭建“小餐厅”引导幼儿练习搭高。幼儿在老师精心设计的活动环境中游戏，搭建水平明显提高了，身心都得到了良好的发展。

主题活动是幼儿学习发展的重要形式，也是职初期教师工作中的最大困难。尝试是解决困难的最好措施，只有实践才能提升自身高效开展主题活动的能力。教师在独立设计完成主题活动的过程中，不但可以感受到幼儿的发展，更能感受到自身驾驭主题活动能力的飞跃性提高。

（郑　爽）

（五）浅谈表扬与批评的艺术

人们都说“好孩子是夸出来的”。赞扬和鼓励的确可以让幼儿充满自信，战胜困难。不过，适时、适度的批评教育也同样可取，不但可以帮助孩子认识到自己的错误，还可以让其他孩子引以为戒。刚入职的年轻老师，由于缺乏经验，常常只会用“你真好”、“你真棒”等概括性的词语对幼儿进行表扬。不过，一味地使用模糊性的语言来夸奖幼儿，其效果却并不理想。当然，批评过多也会产生一系列副作用。在幼儿教育过程中，只有正确地运用表扬与批评的艺术，对幼儿进行正面的指导，才能够取得更好的效果。

1. 表扬的艺术

(1) 表扬不当易使幼儿出现不良行为倾向

①为了得到表扬而做事

作为教师，我们的最初目的是想通过奖励礼物和表扬幼儿，巩固幼儿好的行为，帮助幼儿养成良好的习惯。但是，多数幼儿会为了得到老师的表扬，而刻意寻找各种各样的“机会”找老师邀功。他们会不停地告诉老师：“老师我漱口了”，“我帮某某小朋友穿衣服了”，“我把某某小朋友扶起来了”等等。即使漱口本来就是他们应做的事，而别的小朋友本来会穿衣服并不需要“帮助”。这样，幼儿变得功利，原本举手之劳的行为，现在却成了为了得到表扬而做的事。

②埋下骄傲的种子

只有针对孩子的具体表现和行为给予具体明确的表扬，才能让孩子知道自己到底哪方面做得好。而老师一句"你真棒"涵盖了孩子的一切表现。孩子在听到这样一句模糊的概念性语言后，就会自认为自己什么都很棒，逐渐变得骄傲起来。

③表扬声中更脆弱

听惯了赞美、表扬和鼓励的话的孩子，就像温室大棚里的花朵一样有着阳光、雨露的滋润，面对偶然的一次风吹雨打就可能凋零。我们班就有这样一个幼儿，她是父母心中的乖乖女、老师眼中的好娃娃，整天沐浴在家长、老师的声声赞扬之下。渐渐地，她开始不能够接受他人用不太温和的眼神看着她，不能够接受大家用平淡的态度接近她，更不能够接受在自己犯了错误以后别人批评她……不难发现，正是一贯的表扬把孩子推到了浪尖之上，时间一长，自然就失衡了。

④疲于表扬，开始变得无所谓

如果无论孩子们的表现如何，都能得到教师的表扬。久而久之，就会产生"审美疲劳"。而且孩子们是喜欢新鲜事物的，如果他们对表扬司空见惯，那么表扬不但不能达到较好的效果，反而会事倍功半。他们不在乎表扬了，进而也就不会再去在意老师的评价，老师的权威地位自然就会动摇。

(2) 表扬的正确方法

①表扬要具体明确，强化正确的行为

不要再用"你真棒"这样抽象的语言来赞扬孩子的行为了，如果孩子的表现真得很好，那么就要指出他好在哪里，如，"你今天绘画时很认真，颜色涂得也很均匀"，"你今天能够认真听老师的要求了，真有进步"。

②表扬后，要及时提出新的要求

真诚的赞扬是要帮助孩子巩固正确的行为，树立信心。这时就需要"趁热打铁"，及时地给他提出新的要求，引导幼儿朝正确的方向发展。如，"你折的小飞机真棒，如果你能把它教给其他小朋友，他们一定会感谢你的"，"你能认真地听老师的要求真好，要是能把你的想法跟大家说出来就更好了"。

③表扬需要循序渐进

"即使最丑的孩子身上，也有新鲜的东西，无穷的希望"，要寻找每个孩子身上的优点，特别是他自己没有发现的，哪怕是一个小小的优点和进步都要给予真诚的鼓励。当然，不要一次给予过多的表扬，因为只有积少成多，循序渐进地进行，才能让表扬在孩子身上发出灿烂的光芒。

2. 批评中的艺术

(1) 分清原因慎批评

①错误源于幼儿的年龄特点不该批

成人常常忽略孩子发展的规律和特点，从自己的角度去衡量孩子。很多年轻老师常抱怨"某某太笨了"，"我的嘴都磨干了，他们还是不会，可真够笨的"。其实，老师抱怨之前应该仔细想一下，这些要求是不是幼儿能听懂、能做到的，而且孩子的能力是靠一点一滴的经验积累和练习而得来的，不可能一蹴而就。这要求老师有足够的耐心，等待孩子成长。如果老师急于求成，在孩子没有经验积淀的情况下，就"拔苗助长"，不分清原因就说孩子不行，这往往会伤害他们稚嫩的心灵。而且，有些时候孩子犯错误是出于善意或好

奇心，只是由于缺乏经验和解决问题的方法，才产生种种“麻烦”。福特斯曾经说过：“先思而后言是批评的座右铭。”因此，在批评孩子之前要先分清原因，如果错误源于幼儿的善意和年龄特点就千万不要批评。

②原则性错误决不姑息

这里的“原则性错误”是指触及个人或他人生命安全的，或者是违法犯罪的行为。孩子的生命安全是幼儿园工作的重中之重。如孩子出现即将危害自己或他人生命安全的行为时，必须马上制止，并以较为严厉的批评告诉他，以后决不能再这样做。如“摸电插座”是孩子的好奇心所致，但是如果不及时制止、不批评，后果将不堪设想。一定程度上讲，批评的意义就在于让孩子在对这个世界还很懵懂的时候，学会辨别是非对错。由此，当“原则性错误”出现时，适度的批评是有必要的。

(2) 如何批评最有效

①准确指出幼儿的错误，避免重复犯错

很多时候孩子们会重复犯错。每次犯了错误时，他们都会很认真地表态：“我改了，下次再不这样了。”但是，不久他们又会出现相同或者类似的错误。其实，产生这种情况的原因也可能在于，很多时候教师解决问题时，只是治标不治本。教师常常是只针对问题的表面加以制止，再附加一句：“下次不能再这样了。”其实，很多时候孩子还是不明白自己到底哪里做错了，而且会产生各种错误的想法。孩子说：“我以后再也不说话了”，其实我们只是要求他在集体教育活动时安静地倾听；孩子说：“我以后再也不扔玩具了”，其实只需他不再总模仿别人的错误；孩子说：“我以后再也不听××小朋友的话了”，其实只需他能够分清对错再做事……因此，如果幼儿犯错误了，老师必须准确、具体地告诉幼儿，他到底是哪里做错了，该怎么做才是正确的。这样，才能有效帮助幼儿改正错误，避免重复犯错的情况发生。

②巧用语气来批评，不用讽刺和高音

当孩子犯错以后，较高的声音容易让他产生抵触的情绪，这种声音常常是成人发怒的信号，不但不能解决问题，反而容易让孩子产生逆反心理。孩子犯错后，成人语气和态度的转变可以让他明显地感觉到气氛的变化。很多时候，成人对孩子的错误先是一通怒批，以为这就算对孩子进行了教育，殊不知他们在无意识的情况下把教育变成了泄愤，把孩子当成了出气筒。“在讽刺中成长起来的孩子容易变得尖酸刻薄”，“讽刺”就像“高音量”一样令孩子感到厌恶，对孩子产生很多不良后果。因此，批评不是泄愤或挖苦嘲笑，需要适宜的用语和适度的音量，还需巧妙的运用语气来表现成人对此事的态度。否则不但不能让幼儿改正行为，还会导致幼儿形成说谎的坏习惯。

③延时满足让孩子冷静下来

孩子犯了错，延时满足也是一个不错的方法。教师可以让孩子暂时停止他正在进行的活动，静静地想一想。教师不必过多批评，只需要等他冷静下来讲清道理就可以了。

表扬帮助孩子树立自信，批评帮助孩子分清是非。表扬和批评都是教育中不可缺少的一部分。当然，教育的方法还有很多，我们只有适度和适宜地运用它们，才能发挥他们最大的教育功效。

（张秋丽）

（六）快乐是可以自己去寻找的——思考着、前进着、快乐着

转眼间，又是新的一年。从事幼教工作已经将近五年的时间了。五年前的我带着对幼教工作的憧憬，带着一丝稚气、信心百倍地走进宣武实验幼儿园的大门。当我真正走上工作岗位时才知道，一切都不如我想象中那样简单。还记得第一次面对孩子的手忙脚乱，还记得第一次上观摩课的紧张，还记得第一次面对家长的不知所措，还记得第一次因为委屈留下的眼泪，带着这么多的第一次一路走来，每往前走一步都留下了我成长的脚印。想起这一路走来的自己，因为思考着，所以前进着，因为一直前进着，所以快乐着。快乐是可以自己去寻找的，在寻找快乐的过程中，也让我慢慢了解，怎样才能做一名合格的幼儿教师。

1. 了解孩子，读懂孩子的心

曾经的我认为孩子的心很好懂。而现在我才渐渐明白，孩子的世界纷繁复杂，有鸟语、有花香、有绚丽的彩虹，只有你用心去体会，才能真正走进孩子的童心世界。曾经的我把教师与幼儿的关系简单看成是教师对于幼儿生活上的照顾和学习上的帮助。而现在我才渐渐懂得，教师与幼儿的关系是一种心与心的交流，心与心的沟通。也渐渐明白作为一名好的教师，不仅是要照顾好幼儿的一日生活，引导幼儿解决学习中的困难，我觉得最主要的还是要尊重幼儿，尊重幼儿的年龄特点和个体差异，满足幼儿在发展过程中的各种需要，使每名幼儿在幼儿园生活中获得快乐和自信。

“教师”两个很简单的字，写起来并不复杂，但当她面对幼儿的时候，却在幼儿心中担当着很多不同的角色。在生活中教师可能是幼儿的照料者、榜样、与社会沟通的中介者。在学习中，教师可能是幼儿的引导者、支持者、合作者……教师总是会在幼儿身边扮演着不同的角色。而更多的时候，我希望幼儿把我当成他们的大姐姐、大朋友，希望他们能够信任我。很多时候在发生问题时，作为教师要学会换位思考，站在幼儿的角度去想问题。我们会发现孩子们是天真的，是善良的，是可爱的。即使犯了错误，有时他们也会有自己的想法，我们应试着去倾听，去理解，并学着去帮助他们。当你真正得到幼儿的一颗童心时，你就真正走进了他们的童心世界。你会看到那里面的世界比现实中更美好，更加缤纷多彩。

记得有这样一件事，在离园前，我给班上的小朋友整理衣服，发现澳澳小朋友的鞋子穿反了。我记得中午起床检查衣服时我给他纠正过一次，户外活动前我又给他换过一次。这孩子特别聪明，手快、嘴快、脑子也快，怎么一个下午纠正了两次的鞋子还是反的呢？

我把他拉到身边，心平气和地问他：“你的鞋子反着穿舒服吗？”谁知道他居然回答我：“舒服。”我想，这孩子一向敢作敢当，从不撒谎，这么做一定有他的道理。于是，我好奇地问：“鞋子反着穿怎么会舒服呢？我就想不明白！”这时澳澳凑近我的耳朵神秘地说：“老师，因为鞋子太大了。”我一下子恍然大悟。鞋子大了，反着穿反而更便于活动。多么聪明的孩子啊！于是，我不再要求澳澳把鞋子换过来，而是对他说：“好孩子，你真聪明。不过，你可以回家跟爸爸妈妈说换个合适的鞋子，这样你就不用再穿反鞋了。”澳澳开心地点点头。

这件小事使我想到：作为一名教师要善于观察，善于分析，正确对待幼儿的反常举动。千万不要不问原因仅凭表面现象和主观判断批评幼儿。当我们试着站在孩子的角度去倾听、理解他们的想法时，我们会发现孩子的世界中每一个故事都丰富多彩，值得我们回味。

2. 尊重孩子，敢于创新

陶行知先生曾经说过："人类社会处处是创造天地，天天是创造之时，人人是创造之人。"一名创新型的教师要能够汲取幼儿教育各方面的新知识，在教育、教学中积极地加以运用，并不断地发现新的教育、教学方法，要有创新意识，并具备前瞻性的幼儿教育理念。而我也在朝着创新型教师的方向努力着。

记得那一年，我带的中班常规总是不太好，无论怎样巩固效果都不是很理想。我在想，有没有更适合幼儿的方式，既巩固了常规又让幼儿觉得每天做的是有趣的事呢。想来想去，最后我想到了可以让环境和幼儿说话，用会动的立体图示提示幼儿每天需要做的事情。想到这里，我决定试一试。第二天，我与幼儿一起完成了常规提示图。外观是我为幼儿设计的，常规图片是幼儿自己画的。当把常规提示图展示出来的时候孩子们特别兴奋。因为这些提示图都是孩子们自己参与制作的。他们每做一件事之前都要看看一起制作的常规提示图。因为有了环境与幼儿对话，使得本班的常规有了大大的改观，也让我深深体会到一名教师具备创新意识的重要性和对于幼儿发展的意义。有了这样的经历，在活动中，当反复提到创新时，更是让我深有体会。每一次的幼儿园参观，每一次的观摩课，每一次教师之间的交流，在感受别人不断创新的同时，我努力弥补着自己的不足，希望自己在工作岗位上可以不断创新。我知道了创新的目的不仅是使幼儿得到发展，教师也在不断创新中成长，在这种成长中体会着快乐。

3. 心态平和，勤于反思

反思是指教师在先进的教育理论指导下，借助于行动研究，不断地对自己的教育实践进行反思，积极探索与解决教育实践中的问题，努力提升教育实践的科学性、合理性，并使自己逐渐成长为专家型教师的过程。

曾经的我，对于反思的理解，只停留在幼儿教学上的反思，对于幼儿教育上的反思。不断地实践让我渐渐明白，作为一名教师，要学会全方面反思，会从不同视角反思自己。

(1) 自我

这里的自我，指的是自我反思，自己看待自己的实践。自己翻看自己的教学计划，回顾自己的教学经历，一方面可以充分利用和总结自己的个人经验，发现自己专业方面的困惑、问题，更重要的是能提高自己行为的自觉性和理智性，弥补自己的不足。

记得我在刚上班不久时上过这样一节教学活动，在幼儿收集完各种各样花边的基础上，请幼儿根据自己收集的花边装饰杯垫。那次也是本班幼儿升入中班以来第一次装饰活动。活动过程中我告诉幼儿花边的装饰要有规律，之后幼儿便开始装饰。但我却发现幼儿装饰的花边还是非常零散。明明刚刚强调了装饰的花边要有规律，为什么还会出现这样的情况呢。在课下，我马上根据问题进行反思，并借阅了关于中班幼儿年龄特点的有关书籍。原来，问题出在我没有把握好幼儿的年龄特点。对于刚升入中班的幼儿来说花边的装饰就是零散的。幼儿以前没有接触过关于花边的装饰。我应该一开始就给幼儿出示比较容易找到规律的装饰物，如正方形的、长方形的等，因为这些图形有棱有角，设计的花边感觉有头有尾。而圆形的装饰物呈现的是弧形，幼儿不容易找到规律。而且，幼儿的思维还处在具体形象阶段，光很直白地告诉他们有规律装饰，他们是无法理解的。需要教师很具体地为幼儿讲解花边的装饰方法与排序。通过反思我找到了原因，并马上进行了调整，在给幼儿讲完花边的装饰方法与排序后，又带领幼儿一起开展关于装饰帽子的活动，效果很好，既完成了设定的目标，又达到了预设的效果。对于那时刚上班不久的我来说，总是会遇到这样、那样的问题，而出现的问题恰恰是我们进步的开始。只有善于自我反思，从反思中不断地进行尝试，才能进步。

(2) 儿童

对一位教师来说，用儿童的眼睛、从儿童的眼睛中看待自己，看待自己的教育实践是一件很奇妙的事。这将帮助教师了解孩子的体验，而儿童在学习过程中的体验，可以通过观察孩子们的行为反应了解到。幼儿的行为表现和发展变化具有重要的评价意义，教师应视之为重要的改进工作的依据。

那是我前年带过的一个中班，一次美工活动中我带领幼儿一起绘画《果篮》，上课前一天我做好了充分的准备，我画了很多漂亮的水果，涂上颜色并把水果都剪了下来，还在图画纸上画了一个漂亮的果篮。第二天上课的时候，我出示了我画的水果和果篮，孩子们都非常喜欢。为了让孩子们知道如何画装满水果的果篮，我把剪好的水果一个一个贴在画好的果篮上为孩子们做演示，我希望孩子们从我的演示中知道，水果是一个挨着一个放在果篮里的。演示完毕后我充满自信地让幼儿开始画果篮。十分钟后，我发现，大多数幼儿的果篮并没有按照我的想法去画，水果和果篮都是分开的，果篮在下面，水果在上面，水果和水果也都是分开的，都飘在半空中，好像在空中跳舞。从孩子的画中我马上意识到并不是孩子们没有理解，因为大多数孩子都出现了同样的现象。我马上让孩子们停下画笔，我拿来了自然角的实物果篮和孩子们带来进行展示的水果，又一次演示了水果是一个一个挨着放在果篮里的。一边演示还一边告诉孩子们果篮里的水果像好朋友手拉手不分开。演示完后我试着让孩子们继续完成没有画完的果篮。这一次孩子们展示给我的是另一个答案。有的孩子不停往水果和水果之间的空隙中添加水果，还有的孩子意识到自己的水果都飘在空中所以重新画了果篮。一边画水果嘴里还一边说着像好朋友一样手拉手不分开。看着孩子们重新改过的作品，我才意识到刚才自己的问题。中班的孩子还停留在具体形象思维阶段。只有拿实物演示，孩子们才能真正明白，水果与果篮、水果与水果之间的关系。这一次活动，从头到尾并不是很完整，因为中途使孩子们停下了画笔。但反思到了自己的不足，使我获得了进步。

(3) 同事

与同事一起观察教育实践（自己的或同事的），或与他们就实践中的问题进行对话、讨论，是一种合作、互动式的“集体反思”。同事的实践可以作为一面批判的镜子，反射出自己行动的影像；而同事之间的交流使得个人的所有经验、观点成为一种共享的资源，一个大家“合资”建成的“资源银行”。在这里，每一个参与者都是一个投资者，一个为资源银行作出贡献的人，同时又是一个获益者，一个可以分享信息资源的人。青年教师培

训活动，使我从别的教师的半日活动中看到了值得我学习的地方。在与老师们的交流、分析、评价的过程中看到了自己的不足。交流与分享使得大家对问题的认识有一个更高的起点，使每个人的个体认知提升为集体认知。它可以启发、提示每个人从更多的角度考虑问题，促使大家各自检查、思考、重构和扩展自己的经验。

作为一名年轻的幼儿教师，更需要在不断的观察、尝试、反思中进步。而我也更加明确了教师反思的过程是一种自我学习、自我提高的过程。只有学会从不同视角反思自己才能更快地成长起来。

渐渐地，我懂得了学的另一种方式，学应该是一种体验，体验着与孩子之间的情感交流，体验着与同事之间的团结协作，体验着生活中的点点滴滴。因为有了这些体验，我学会了在生活中寻找更多的快乐。在我们的工作中，或许因为一个个性的孩子，或许因为一个不能理解我们的家长，或许因为琐碎繁忙的工作，我们会遇到这样、那样的困难，我们会有偶尔的烦躁。但当孩子们向我们投来信任的目光，当家长们认可我们的工作，当我们因为自己不断的努力得到点滴的成就时，我们也会体验到属于我们的那份快乐。在以后的日子里，我会继续这种体验，继续寻找工作中、学习中、生活中的快乐，因为只有这样，才能让我这颗稚嫩的心尽快成熟起来。

（安　静）

附录

本课题的相关资料分享

职初期幼儿教师队伍现状的调查报告

宣武实验幼儿园　陈冠楠
北京教育学院宣武分院二部　何桂香

摘要：通过调查问卷我们了解到：这个队伍的教师大多是中等师范学校刚刚毕业走向工作岗位，处于角色转换期，面临很多工作中的困难和心理上的压力。比如人际关系难处理，专业知识和经验缺乏，自我定位过高导致心理落差大，受领导重视程度不够，自我发现问题的能力欠缺等等。但是她们也有自身的优势：工作热情很高，精力充沛，有渴望学习提高的欲望，接受新事物快，思维灵活等，所以在工作中表现得有干劲，积极向上，渴望有展示才能的机会和能够得到领导及同行的认可。根据这些职初期教师的特点，笔者提出了一些建议，供幼儿园、培训学院等相关教育机构参考。

关键词：职初期　幼儿教师

（一）调查目的

为了更好地了解职初期教师现状，探讨职初期教师成长规律，提高对职初期教师培训和培养的科学性，使《职初期幼儿教师专业需求与主动发展策略研究》课题更加具有针对性和实效性，我们对宣武区工作五年内的幼儿教师进行了问卷调查。问卷内容设及职初期幼儿教师的学历、职业认同、知识结构、能力结构、问题与压力、进修状况等方面的内容。

（二）调查对象和调查方法

1. 调查对象

本次研究抽样调查了北京市宣武区的十所幼儿园中处于职初期的幼儿教师，共发出调查问卷 62 份，实际收回 58 份，回收率 93.5%。其中，有效问卷 58 份，有效率 100%。

2. 调查方法

问卷调查法和访谈法相结合。

（三）调查结果与分析

1. 职初期幼儿教师的文化程度

（1）有 90%的被试是工作 5 年以内的年轻教师，其中 32%的被试是工作 1 年以下的职初期教师。

(2) 74%的被试毕业于幼儿师范学院，26%的被试毕业于师范类专科学院，6%的被试毕业于师范类大学，4%的被试毕业于综合院校（见图1）。

(3) 62%的被试的最后学历为中专，34%的被试最后学历为大专，4%的被试最后学历为本科。

(4) 79%的被试所带年龄班为小班，11%的被试带的是中班，10%的被试带的是大班。调查显示：职初期幼儿教师最后学历较低，多数教师带的是小班幼儿。很大一部分的教师年纪较小，多是刚刚从中专院校毕业的师范生。在入职的初期基本处于没有进修或刚刚开始进修的阶段。由于年纪轻，经验少，在幼儿园中担任的工作任务多是小班教师。

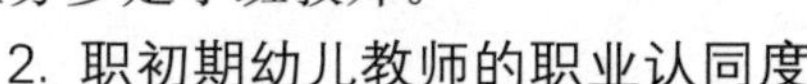

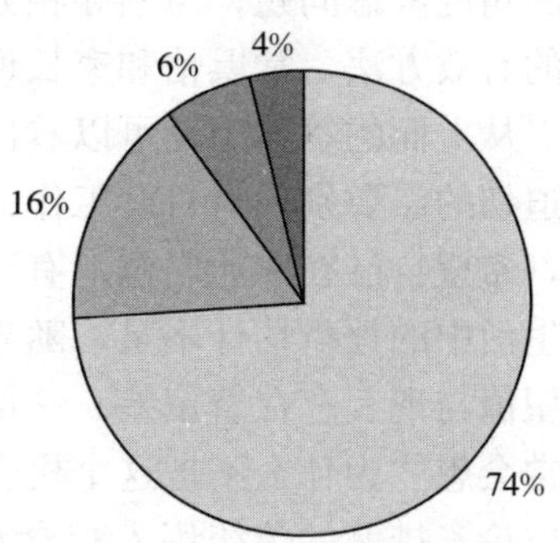

图1　职初期幼儿教师学历概况统计图

2. 职初期幼儿教师的职业认同度

(1) 从“在工作中遇到的最大困难是什么”一题中，43%教师选择的是人际关系处理不好（包括与家长的关系），37%的教师选择的是没有施展才能的机会（见表1）。

表1　职初期幼儿教师各种工作困难统计表

序　号	内　　容	比　例
A	不会带班	5%
B	人际关系处理不好（包括与家长的关系）	40%
C	自己说的话孩子听不懂	4%
D	怕幼儿出现安全问题	9%
E	组织不好幼儿的活动	11%
F	没有施展才能的机会	31%

(2) “你认为自己在幼儿园中的受重视程度”一题中，55%的教师选择的是“不太受重视”，30%的教师选择的是“一般”。

(3) “什么原因会让你对工作失去热情”一题中，42%的教师选择的是“别人对你努力后的不认可”，30%的教师选择的是“意外事故”。

(4) “在平时的工作中，你是如何对待别人评价的”一题中，高达69%的教师选择了“很在乎，希望得到别人的夸奖”，21%的教师选择了“比较在乎，坚持自己的意见和做事原则”，寥寥无几的教师选择了“无所谓”。

(5) “你看见领导后的反应”一题中，43%的教师选择了“无论在做什么都感到害怕”，17%的教师选择了“厌烦”，19%的教师选择了“和看见同事没什么两样”。

调查显示：职初期幼儿教师渴望有展示自己能力的机会，但不太会处理各种人际关系。

从上面的题目结果可以看出，职初期教师的人际关系是工作后遇到的主要问题。而人际关系又分为与同事之间的关系和教师与家长之间的关系。相比以前在学校里的同学关系，走上社会后的人际关系一下子变得复杂起来。和同事相处欠缺包容与理解，常站在自己的角度考虑问题；与领导相处常望而生畏；与家长相处因为经验少，欠缺与家长交流沟通的有效方法，常惧怕和家长说话，能躲就躲，因为年纪轻，也得不到家长的信任。

从上面的答案中还可以看出，职初期教师认为受重视程度不够，给予的机会过少，而且迫切的需要别人对自己工作的肯定。职初期教师大多刚从学校步入社会，满怀理想与抱负，希望自己在职业岗位上有所作为。由于对单位、工作和个人有着很高的期望值，对现实生活中的挫折估计不足，随着对工作的了解，发现远没有自己预想的那么美好，当初的期望值与现实存在着偏差。一部分教师变得敏感脆弱，非常注重别人的议论和评论，而且常常会想“为什么不把这个机会给我呢?”感觉自己的能量在单位中释放不出来。他们对单位论资排辈的传统用人观念和一些领导的决策作风往往产生诸多的不满，感觉缺乏认同感。

3. 职初期幼儿教师职业技能的获取情况

（1）“你希望指导教师对你运用什么方式进行指导”一题中，56％的教师选择了“榜样示范”，26％的教师选择了“直接提出问题”。

（2）“在教育教学中你认为自己最欠缺的是”一题中，40％的教师选择了“应对随机问题的实践经验，18％的教师选择了“发现问题的能力”，16％的教师选择了“整理和提升经验的能力”（见表 2）。

表 2　职初期幼儿教师职业技能不足统计表

序　号	内　　容	比　例
A	把握幼儿年龄特点	8％
B	发现问题的能力	18％
C	语言表达	5％
D	应对随机问题的实践经验	40％
E	制作与演示教具	0％
F	组织活动过程的能力	7％
G	评价活动	6％
H	整理和提升经验的能力	16％

（3）“初到工作岗位，你最希望得到哪方面的帮助使自己提高的更快”一题中，89％的教师认为她们需要“有经验的教师一对一的帮助”，这个答案出现的频率最高。

（4）“你是否需要参加对职初期教师的培训”一题中，无一例外的教师选择了“迫切需要”这个选项。

（5）“你感觉近期比较符合自己的目标是什么?”一题中，52％的教师选择了“希望自己和本园教师相比做得更好”，40％的教师选择了“希望自己经常有进步”。

调查显示：职初期幼儿教师专业知识和工作经验欠缺，渴望学习提高。

职初期教师在学校里学习了一定的理论知识，经过工作实践后，对教育教学有了初步的了解，逐渐发现以前在学校里学习的理论知识在实际工作中远远不够用，或者是有了理论知识不知道如何运用，实际的工作远比想象得复杂，面对复杂多变的教育情境，全新的工作环境，许多教师感到力不从心。如何帮助她们解决这些实际的问题，促进其专业发展，是有待解决的问题。

虽然存在的问题很多，但是职初期教师刚参加工作，对教育教学很有热情，而且年轻人精力旺盛，学习能力强，没有家庭负担，可以把所有的精力都放在工作上。通过调查还得知，她们迫切的希望能够在身边的榜样上学习到带班的经验，也希望通过有效的职后培训得到提高。所以应该给这些职初期教师更多的学习和提高的机会。

(四) 结论和建议

针对以上对于职初期教师现状的调查分析，我们得出这个队伍的教师大多是中等师范学校刚刚毕业，参加工作时间不长，面临很多工作中的困难和心理上的压力。比如人际关系难处理，专业知识和经验缺乏，自我定位过高导致心理落差大，受重视程度不够，自我发现问题的能力欠缺等。但是由于自身的特点，年纪轻，对工作热情高，有学习的欲望，渴望能够快速的进步，所以在工作中又表现得有干劲，积极向上。

根据这些职初期教师的特点，笔者提出以下几条建议，供幼儿园、培训学院等相关教育机构参考。有不妥之处还望共同探讨。

1. 实行导师制，为职初期教师在工作中树立“关键人物”

优秀资深教师帮助指导职初期教师，使职初期教师得到更快的进步和专业发展，这是毋庸置疑的。有调查显示，优秀教师和一般教师在他们最初几年的教学里，优秀教师比一般教师得到了更多的资深教师的教学指导和帮助。初到幼儿园的职初期教师，在最初的教学中由于自己实践经验的不足一般总要自觉或不自觉地选择某位教师，作为自己认同的对象和教学行为的基本参照。

有位幼儿园老师在谈到自己刚工作时的经历时说：“上班第一年，遇到带我的老师对特别重要，我对孩子的态度、与家长交流的方式很多都受她的影响。有的东西我都会去模仿，有的时候说话的语气都和她一样。”有研究表明，当一个人面临困难，或发现有经验的长辈可以作为自己的参照对象时，他就易于接受他的观念，模仿他的行为。实践也表明，在幼儿园“师带徒”的过程中，职初期教师不仅在教学技能、带班能力、日常保育等方面得到了迅速的提高，而且在专业意识、专业精神等方面也受到老教师的影响。从某种意义来说，这种做法比教师自己“摸着石头过河”更方便，对职初期教师的影响也更有效。这就是我们所说的“关键人物”对职初期教师的影响。

笔者认为，更为重要的是要让“关键人物”作为一种支持性作用的工具，来帮助职初期教师。因为他们最需要支持、理解、安慰和辅导，以及需要教学现场的支援与教学技能方面的协助。如果职初期教师在同事的帮助和领导的关心下，经过自己努力能够顺利地度过这一时期，就会对自己今后的教学工作充满信心，并激励自己迅速成长。

但是成功的、有经验的教师未必是优秀的带教者，能不能“带新”是水平问题，而愿不愿意“带新”却是态度问题。如何选择既能“带新”又乐于“带新”的指导教师，是幼

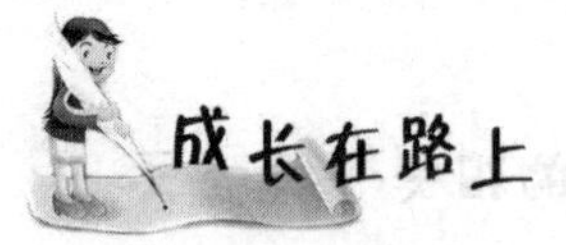

儿园应当重视的工作。优秀的带教者应当具有特定的角色期望、角色态度和角色技能。为此，有研究提出了带教人员的标准：广博的专业知识，丰富的执教经验，与职初期教师在同一领域，同一年级水平，年龄接近，个性相似，善于倾听，能及时发现问题，提出建议，但不是挑剔的批评者。她们扮演着向导、支持者、建议者和指导者的角色。有了合格的带教者，相信会有更多的职初期教师能够度过职初期这个难关。

2. 创设和谐的组织环境，培养职初期幼儿教师职业认同感

入职初期，多数教师人地两生，加之接触社会有限，人生阅历尚浅，短暂的兴奋之余会显得茫然无助。为促进职初期教师融入集体，增强归属感，幼儿园应当十分注重给予她们人文关怀。比如可以为他们讲解幼儿园的过去、现在与将来，讲述幼儿园的发展方向与目标任务，以及对他们的期望等，让他们感受到幼儿园的真切关怀，感受到自己已是园里的一员，看到自己的舞台，并尽快地融入幼儿园教师的群体之中。而且还可以提供多渠道沟通交流的机会，如共青团以及园领导面对面地与职初期教师沟通，帮助他们解决工作、生活上的困难，让他们感受到幼儿园大家庭的温暖，从而以更饱满的热情投入到工作中去。

幼儿园在给予职初期教师适当的关心、关爱和积极期待的同时，还要培养职初期教师的职业认同感。一个幼儿园的内部环境是否和谐，与教师对本园的认同度成正比。具有高度认同感的教师必将自己作为组织的一员引以为骄傲，愿意承担更多的工作，将服从工作要求和规范视为必须履行的义务，对园的认同度越高，则园内部的凝聚力越强，幼儿园的可持续发展也就更快。所以幼儿园在培养职初期教师对组织认同感方面应当做出持续不懈的努力。首先，教师在入职初期，其价值观或多或少都会有与幼儿园文化相冲突的地方，而这往往是其产生失落和沮丧的一个因素。因此必须加强幼儿园文化教育的力度，使幼儿园文化渗入职初期教师的行为与观念体系，以加速培养其对组织的认同感。其次，从某种意义上说，文化教育是一项长期的系统的工程，在对职初期教师进行教育的同时，更应该加强对幼儿园其他教师的教育，使其形成一个良好的文化氛围。总之，职初期教师刚参加工作，从相对简单的学生角色转变为较为复杂的社会职业角色，面临一些困难和挑战，产生一些矛盾和不适应，是一种较为普遍的现象，也在情理之中。用人单位应该高度重视，积极主动地进行沟通和疏导，帮助职初期教师顺利实现角色转换，从而为实现理想、走向成功打下坚实的基础。

3. 选择多元化职后培训方式，调动内因，促进职初期幼儿教师专业主动发展

幼儿教师的专业化发展需要长期的专业教育，教师除了职前的专业教育外，其职后培训是相当重要的。教师的专业发展是一个终身过程，教师职前培养的功效是有限的，只是教师专业发展的起步。作为一名已开始从教的职初期教师，职后培训更是其专业化的重要途径。教师的职后培训应有效地促进教师的专业成长，而不仅仅是文凭的提高。

针对职初期教师特殊的情况，她们的职后培训也应有针对性，培训应符合实际需要。现在的培训往往存在着只讲究形式而轻内容的弊病。这一阶段的培训应更倾向于实践性和操作性，便于职初期教师更好更快地投入教师角色，促进专业发展。多元化的培训方式是指培训中多种方式、多种方法的有机结合。运用引领与示范结合、学习与实践结合、激励

与减压结合、评价与反思结合等多种方式，不仅探索促进职初期教师专业化成长的指导性策略，更多关注调动其内部动力，完善自我成长的机制；不仅关注职初期教师教学能力的提高，更多关注教师心理上、精神上的需求（包括自我价值感、对职业的热爱、减少她们的焦虑、不安与压力）；不仅关注职初期教师一般成长的规律，更多关注个体差异，挖掘释放自身潜力；不仅关注职初教师年龄特点，而且能够“扬长避短”、张扬个性，提高指导的有效性。

在方法上强调体验式学习，因为成人的学习也是在体验中获得的，这种培训方式更能满足职初期幼儿教师的需求，更能科学有效地促进教师专业发展。

4. 为职初期教师提供交流展示的机会

职初期教师的基本教学经验，一般并不是在师范院校所学习的那些教学理论知识，而是他们心中具体的有助于平时工作的方式方法。所以为职初期教师提供展示交流的机会非常必要，它对于职初期教师积累教学经验、展示教学过程、探究教学方法的适宜性具有不可估量的价值。展示交流的内容包括公开课、研究课、评优活动等，它对职初期教师成长中起着重要作用，可以说是教师成长之路上的“关键事件”。一次观摩活动的成功会激起教师自我价值感的体现和他人的认同，更加激发教师对的自信和对职业的热爱。反之，也会使教师颓废，认为自己无能，不能胜任工作而产生其他想法。

对职初期教师来说，执教公开课，简直就是一次“洗礼”。上公开课，促进了教师研读教材。公开课的说课，也促进了教师阅读相关书籍和杂志，力求提升自己的理论水平。准备一节公开课时常能够使职初期教师的教学技能提高一个层次、跨上一个台阶。执教公开课的过程本身就是一个学习的过程。需要教师反复思考怎样“教”，研究孩子怎样“学”，在研究孩子年龄特点的基础上，选择适宜的活动方式，这种学习是有目的、有针对性的学习，活学活用，立竿见影。这种学习不是记住教学理论上的正确结论，而是形成内化了教师个人的教学风格。执教公开课的过程也是一个不断的反思和改进的过程。一遍遍的试讲不是简单的重复，而是不断发现问题，提出解决问题的设想，再回到实践中验证效果提升经验。可以说，这是一个“行动研究”的过程。在教师自我反思、同伴互助和专家引领的过程中，会使教师不断收获教育教学经验，体验成功的愉悦。

客观分析职初期幼儿教师的现状，虽然存在很多问题，但是也具有鲜明的优势特色。我们应当发挥其优势，帮助其有效地减少并解决这些职初期的困惑，使她们能够顺利度过这个重要阶段，迅速进入教师角色，并用适宜的方法促进职初期教师专业水平的提高。

附：职初期教师的现状调查问卷

职初期教师的现状调查问卷

各位教师，大家好：

首先感谢大家协助完成此调查问卷。职初期教师是指参加工作5年内的青年教师。职初期是教师发展的最关键时期，随着职初期教师队伍人数的不断增加和课程改革对教师要求的不断提高，促进职初期教师专业化成长，提高职初期教师业务素质和思想素质的任务成为摆在我们面前迫切需要解决的问题。本调查的目的在于了解职初期教师队伍的现状和职初期教师的需求，以提高培养的科学性和实效性。调查结果用于对职初期教师培养的课题研究。

请真实填写问卷，谢谢您的支持与合作。

"促进职初期教师专业主动发展的实践研究"课题组

填写要求：

1. 请在选中的答案字母上画圈
2. 多选题请将答案按你认为的重要程度排序（只写序号）
3. 带有★标志的题为多选题，其他为单选题

调查问卷：

1. 工作年限

A. 1 年以下 B. 1 年 C. 2 年 D. 3 年 E. 5 年内

2. 毕业学校

A. 幼儿师范 B. 师范大学（专科） C. 师范大学（本科） D. 综合院校

3. 最后学历

A. 研究生 B. 本科 C. 专科 D. 中专

4. 现在所带年龄班

A. 小班 B. 中班 C. 大班 D. 亲子班 E. 专职教师

5. 所在幼儿园

A. 市级示范园 B. 区级示范园 C. 一级一类园 D. 一级二类园 E. 二级二类园 F. 部门园

（1～5 题是对被试基本情况的调查。）

6. 如果有机会离开幼教行业你会选择

A. 马上离开 B. 看机会好坏 C. 无论机会好坏都不准备离开

7. 你对自己从事的工作

A. 非常有兴趣 B. 比较有兴趣 C. 不太感兴趣 D. 很不感兴趣

8. 你为什么会选择这个职业

A. 喜欢孩子 B. 能得到艺术熏陶 C. 户口原因 D. 工作稳定 E. 教师环境单纯 F. 受人尊重 G. 听从教师家长的建议 H. 出于无奈，成绩不理想 I. 其他________

（6～8 题是调查被试对幼儿教育工作的喜爱程度。）

9. 你是否愿意参加对职初期教师的业务培训

A. 迫切需要 B. 愿意 C. 可有可无 D. 没意义、不愿意参加

（了解被试主观上对参加教师培训的态度）

★10. 走入工作岗位，你最先面临的困难是什么
A. 不会带班 B. 人际关系处理不好 C. 没有施展才能的机会
D. 怕做家长工作 E. 自己说的话孩子听不懂 F. 园领导不重视自己
G. 怕幼儿出现安全问题 H. 组织不好幼儿的活动 I. 对角色转化不适应
J. 其他________
（请按重要程度排序： ）

★11. 初到工作岗位，你最希望得到哪方面的帮助使自己提高得更快
A. 继续教育 B. 有经验的教师一对一的帮助 C. 外出学习 D. 园内提供机会
E. 定向辅导、培养专长 F. 园长的直接指导 G. 其他________
（请按重要程度排序： ）

★12. 你认为哪种教研方式最能有效的帮助你解决工作上的问题（可多选）
A. 理论学习 B. 针对性的看评活动 C. 看自己的活动提出具体改进的方法 D. 多看别人的活动并参与评价 E. 集体备课 F. 其他________

13. 新参加工作时你觉得自己最欠缺的是什么
A. 人际关系 B. 实践经验 C. 家长工作 D. 理论水平 E. 带班能力 F. 其他______
（请按重要程度排序： ）

（10～13 题从基本的困难出发，探询我们教师培训的出发点以及培训的内容设定。了解被试所需，使培训的目的性更加明确，实用性更强，体现培训的价值。）

14. 你认为自己在幼儿园
A. 非常受重视 B. 比较受重视 C. 一般 D. 不太受重视 E. 极不受重视

（了解被试在幼儿园受重视的程度，第一分析出教师对幼儿园领导的满意程度，第二分析出园领导对新教师的态度。）

15. 什么原因会让你对工作失去热情
A. 意外事故 B. 别人对你努力后的不认可 C. 幼儿人数过多 D. 家庭原因
E 其他________

（了解被试在工作中最大的心理压力。是什么原因打击了被试的工作动力，这个方面往往是其对先进工作中不满意的地方。）

16. 你认为自己的工作压力
A. 很大 B. 比较大 C. 一般 D. 不太大 E. 很轻松

17. 你认为影响你自身成长的因素是（可多选）

A. 幼儿园人文环境 B. 幼儿园硬件设施不能满足自身发展需要 C. 学习机会少 D. 不受重视 E. 没时间再进修 F. 其他________

（16～17 题考察被试近期比较渴望的成长因素，侧面了解新教师在工作中感觉对自己帮助最大的是哪中方式。我们可以从中看出被试是否认同再学习再进修的方式。）

18. 你认为自己的优势比较突出的是（可多选）

A. 年轻精力旺盛 B. 能力强 C. 有个性 D. 长得漂亮 E. 有特长 F. 不服输有韧劲 G. 其他________________________________

19. 你认为自己的劣势比较突出的是（可多选）

A. 不会交往 B. 经验少 C. 没主意 D. 不受重视 E. 怕受挫折

F. 其他________________________________

（18～19 题了解被试自己对自己的定位）

20. 在平时的工作中，你是如何对待别人评价的

A. 很在乎，希望得到别人的夸奖 B. 比较在乎，但坚持自己的意见和做事原则

C. 不太在乎 D. 无所谓 E. 很不在乎 F. 其他________________________________

（了解被试心态，通过测试结果分析新教师是否需要心理问题的调节。）

★21. 你希望指导教师对你运用什么方式进行指导（可多选）

A. 榜样示范 B. 多鼓励优点 C. 直接提出问题 D. 婉转提出问题

E. 向领导反映你的缺点 F. 告诉你怎样 G. 做提出建设性意见让你自己去尝试

H. 其他________________________________

（了解对被试最能接受和最有效的指导方式。）

22. 你看见领导后的反应是

A. 亲切问候 B. 能躲就躲 C. 无论在做什么都感到害怕 D. 和看见同事没什么两样

E. 厌烦 F. 其他________________________________

（通过选项分析出被试与领导之间的关系，并且由此可进行延伸讨论，行为上的反映是由什么心理支配的。）

★23. 从结构上看，你认为自己欠缺的是

A. 学科专业知识 B. 教育心理知识 C. 现代科学知识 D. 人文社科知识

E. 计算机、英语 F. 其他______________________________

（请按重要程度排序： ）

★24. 从能力上看，你认为自己最欠缺的是

A. 组织能力 B. 交往能力 C. 动手能力 D. 发现问题的能力 E. 研究问题的能力 F. 创新能力 G. 写作能力 H. 自控能力 I. 语言表达能力 J. 适应能力

K. 其他______________________________

（请按重要程度排序： ）

（23～24 题考察被试对自己现阶段知识缺乏和能力缺乏的认识，从而补充新教师培训的内容，增强培训的实用性。）

★25. 在教学实践中你认为自己最欠缺的能力是

A. 幼儿年龄特点的把握 B. 驾驭活动的能力 C. 设计教学策略的能力 D. 语言清晰表达的能力 E. 驾驭随机出现问题的能力 F. 制作与演示教具的能力 G. 组织活动过程的能力 H. 导入的技能 I. 提问的技能 J. 评价活动的技能 K. 整理和提升经验的能力 L. 其他

（请按重要程度排序： ）

（了解被试的不足，补充培训内容。）

26. 你最喜欢哪种继续教育的方式？

A. 系统讲座 B. 针对实际问题研讨 C. 专题讲座 D. 有经验的教师指导

E. 其他______________________________

（了解被试在学习方式的所需，到底喜欢什么方式，提高学习的兴趣和积极性。）

★27. 当前你最需要解决的问题是

A. 减轻工作压力 B. 提高待遇 C. 改善工作条件 D. 职务晋升 E. 解决住房问题 F. 提高教育教学能力 G. 其他______________________________

（请按重要程度排序： ）

（考察被试对现今工作的不满之处，了解其心理问题。）

★28. 在基本生活条件得到保障的情况下，你认为哪种因素能更好地激励你在事业上奋发向上

A. 提供进修与外出学习的机会 B. 领导的信任与关心 C. 较好的福利待遇

D. 较多的自主支配时间 E. 承担更多的工作责任 F. 工作成绩得到认可

G. 同事团结协作 H. 职务职称晋升 I. 提供更多展示才华的机会

J. 社会的赞赏与尊重　K. 其他________________________________
（请按重要程度排序：　　　　　　　　　　　　　　　　　　　）

（了解新教师对工作的渴望到底希望以什么方式体现，即当前最需要的激励方式。）

29. 你感觉近期比较符合自己的目标是
A. 渴望工作出色成为骨干教师（同市区教师相比）　B. 希望自己做得好（与本园老师相比）　C. 希望自己经常有进步　D. 工作过得去即可　E. 无所谓

（对自己工作水平的定位，了解被试所需。）

30. 你心中的优秀教师是什么样子的呢？（请简要回答）

（了解被试工作一段时间后，对优秀教师的认识情况。从被试回答中总结心目中优秀教师的原型，分析当前新教师的努力的方向。）

课题结题报告：

促进幼儿园职初期教师
专业需求与主动发展的策略研究

北京教育学院宣武分院二部　何桂香

（一）问题的提出

教师专业发展已成为国际教师教育改革的趋势。当前幼儿教师专业成长也是学前教育界研究的热点问题之一。特别是教师成长的时间、速度和能力发展的不均衡，已经成为显现的问题。

近几年，各类型幼儿园教师都出现新老接替的问题。经调查分析，我区多数幼儿园新教师人数比例已从五年前的二十分之一提高到现在的二分之一甚至达到三分之二的比例。职初期教师的培养问题已经成为摆在我们面前的主要问题。

我们这里所说的职初期教师是指从学校毕业工作 3 年内的新教师。

职初期教师是教师队伍中的新生力量，是教师专业发展中的最关键环节。同时这一时期，她们处于充满热情和活力，时间、精力都非常旺盛的时期，她们执著，善于表现，富有个性，她们思维灵活、敏捷，对新事物接受能力强。如果抓住这段时间很好的促进其发展，对于她们以后整个的职业生涯都有着积极的作用。相反若让这段时间荒废虚度，也是今后发展中不可弥补的损失。研究表明：支持性、鼓励性和援助性的环境能够帮助教师追求有益的和积极的职业进步。反之，环境的冲突和压力，会对职业生涯周期产生负面影响。

研究表明：职初期教师最初几年教学情况如何，能达到什么教学水平，对其后来的专业成长有重要影响，甚至要持续数年。这一阶段的教师最需要支持、理解、信心、安慰和辅导，以及需要教学现场的支援与教学技能方面的协助。如果职初期教师在同事的帮助、学校领导的关心下，经过自己的努力能够顺利地度过这一时期，就会对自己的教学工作充满信心，实现专业的迅速成长。

刚刚走上工作岗位的职初期教师，最先遇到的问题是，由于毫无经验，工作中的实际问题不会解决，遇到问题后因为惧怕别人怀疑自己的能力，不知道该如何求助。同时，职初期教师因为基本上是独生子女，容易浮躁、心高气傲，心理承受能力、与人交往的能力相对薄弱，又由于工作上缺乏经验，最初工作的几年会感到无所适从，理想与现实产生落差。

从学生到教师的角色转化过程的成败对教师未来的专业化具有决定性的作用。职初期教师迫切需要从有经验的教师那里得到实际而有效的指导。从解决职初期教师的困难，了解职初期教师的需求入手，促进其专业主动发展是帮助职初期教师顺利度过从学生到教师的角色转换，明确专业发展方向，引领职业认同，协调与周围同事的关系，促进有效的教学，发展有效解决问题的能力，使其成长为德才兼备的幼儿教师的过程。而在现实工作中，各幼儿园都存在着把时间精力更多投入到对骨干教师的培养上，认为新教师还要经过历练的过程，因而对她们关注较少，等到新教师年龄逐渐成为中坚力量时，又抱怨这些教师成长慢，专业能力不强等，再进行培养为时已晚，这些教师已失去对工作的热情和自信，生活的重心也慢慢转向家庭。

我们的研究强调理论指导下的实践性研究，既注重解决实际问题，又注重经验的总结、理论的提升、规律的探索和教师的专业发展。在理论与实践中架起桥梁，以培养实践性智慧为目的，以调动内部动机为手段，以解决实际问题为轴心，以研究活动为操作平台，在教师自主实践反思、同伴互动与骨干引领的互动中生成实践性智慧。

此项研究的突破体现在：不仅探索促进职初期教师专业化成长的指导性策略，更多关注调动其内部动力，完善自我成长的机制；不仅关注职初期教师教学能力的提高，更多关注教师心理上、精神上的需求（包括自我价值感、对职业的热爱、减少她们的焦虑、不安与压力）；不仅关注职初期教师一般成长的规律，更多关注个体差异，挖掘释放自身潜力；不仅关注职初期教师年龄特点，而且能够“扬长避短”、张扬个性，提高指导的有效性。

当前虽然在理论上非常重视教师队伍建设与教师发展问题，但落实在行动上，起到实效作用的相关研究还不多，特别是对职初期教师的重视与培养还很不够。

在教师专业化成长过程中，教师的主观因素起着重要的作用。我国目前师资培训中存在的问题是窒息了教师的积极性，忽略了教师的内部需求。对于如何挖掘教师的内动力，有效促进教师主动发展还停留在呼唤状态。现有的培训活动、培训机构并不少，但实效性并不强，部分培训的内容教师只是参加后拿到学分，并不能指导实践工作，更缺乏对职初期教师有针对性的指导。

我区由学前教研室组织在调研和了解新教师需求的基础上，专门组织职初期教师教研组，将工作三年内的教师组织在一起，针对新教师自身的特点，运用体验性学习的方式，在真实的教育情境中帮助提高新教师教育教学基本功，同时在活动过程中尊重教师个性，注重发挥教师的主体作用，注重教师自我教育和自主活动，为职初期教师搭建了一个平台，通过研究专业引领与教师主动发展的结合，来研究如何挖掘职初期教师的内在动力，促进其专业主动发展的策略。

我们研究的思路是：

一条主线：依据职初期教师内部需求引领职初期教师的专业主动发展；

两条路实施：精神上鼓励、实践中支持；

三个解决：解决共性问题、解决典型问题、解决个性问题；

四个走进：走近名师、走进示范园、走进教学实践、走进童心世界；

通过引领、帮带、互助、合作的方式促进教师的发展。

我们的研究目标是：

探询职初期教师发展规律，优化职初期教师发展进程。

（二）研究的目的、意义

1. 理论意义

教师专业化是世界教师教育发展的趋势和潮流，也是我国教师教育改革的需要和方向。特别是职初期教师是教师发展的关键时期，研究这一阶段的教师专业主动发展可以丰富相关理论。

2. 现实意义

教师的成长是一个持续发展的动态过程，策略得当会调动教师成长的内部动机，扩大教师视野，扬长避短，加快教师专业发展的进程，形成教师发展的稳定梯队，为壮大德才兼备的教师队伍增强后续力量。

（三）研究的主要内容

教师的专业发展必须在教育实践中才能实现。本课题研究的主要内容从关注职初期教师自身特点和内部需求出发，通过行动研究，从解决教师的实际问题入手，探寻促进职初期教师专业化成长的有效方法和影响职初期教师成长的相关因素。

1. 结合职初期教师自身的特点，激发青年教师的工作热情，自主能动的发展，帮助青年教师树立自信，使教师的社会价值和自身价值得以实现。

2. 结合具体活动，在学习和实践的过程中，帮助青年教师了解幼儿的年龄特点，提高独立设计、组织教育教学活动过程的能力。

3. 结合幼儿特点，提高自身对实践的反思能力，根据具体情境，策略性的应用教学策略的能力。

我们的观点是：

1. 激发职初期教师积极工作的内在动力，是促进教师成长的保障。

2. 为职初期教师搭建展示的平台，是促进教师成长的条件。

3. 引领职初期教师的专业进步，是迅速提高职初期教师教育能力的关键。

（四）研究方法和手段

通过调查问卷法了解职初期教师现状和需求，有针对性地解决教师的实际困难；

通过案例研究法帮助教师分析活动的组织与指导、活动设计中的启发性提问以及活动后如何反思提高教师的教育能力；

通过行动研究法在真实的教育情境中，帮助教师获取有益的教育教学经验，激发教师积极工作的内动力；

通过文献研究法学习相关理论，补充理论上的不足，寻找研究的突破点。在实施的过程中采用以下几种手段：

1. 引领与示范结合——运用身边优秀教师资源，为职初期教师做示范活动，发挥特级教师、骨干教师的示范、辐射作用，同时培养团队中的骨干教师，起到带动作用。

2. 学习与实践结合——针对职初期教师自身的特点，分阶段选择不同的学习内容，并在实践中验证。如学习各年龄班的年龄特点，在活动中验证教师是否顺应幼儿的年龄特点开展活动。

3. 激励与减压结合——在研究中调动教师积极工作的内在动机，激发教师自信，运用丰富多样的活动减轻教师压力，帮助教师调整心态，迎接机遇与挑战。

4. 评价与反思结合——引导职初期教师能够客观评价活动，学习活动中的有益经验，分析活动中有哪些研究的问题，如何改进，提出设想和方案，通过反思实践的过程，提高自身专业素质。

（五）具体的操作策略

1. 心理需求探询法

通过问卷调查、问题沙龙、教你一招等多种方式，了解教师的问题及需求。研究内容与研究过程和职初期教师心气相同，正是教师需要的和有待解决的难点问题，教师乐于接受。如：我们通过调查的方法，先收集职初期教师工作中的问题，再进行集中和筛选，将问题按程度分为急需解决的问题和有待解决的问题，对于教师急需解决的问题共同商议解决的对策，提供策略。有些问题则通过实践观摩的形式让老师获得更多的经验。如职初期教师刚带班最头疼的问题是不会对幼儿进行常规培养，而幼儿的常规习惯是保证活动进行的基础。尤其是小班，有时老师说的话，孩子都听不懂怎么办。于是在刚开学的第一周我们就组织教师实地观摩小中大不同的年龄班在开学初有经验的老师如何组织活动，过渡环节老师又有哪些招数，活动后请老师介绍自己的经验。教师的思路一下打开了，原来教师对幼儿的要求要巧妙地转化为幼儿自身的需求，运用形象化的语言幼儿才能够接受。老师们把学到的方法照猫画虎地运用到自己的工作中，方法果然灵验。问题通过看、学、评的过程一个一个地解决，教师的工作自信逐渐树立起来，再遇到问题也知道自己想办法尝试解决了。

为了调整教师心态，帮助教师减轻工作的压力，我们开展心情驿站的交流活动。心情驿站成为教师情感交流、倾诉减压的场所。有的老师遇到不开心的事大家帮助开解，遇到自己解决不了的事大家帮助支招，遇到挫折大家帮助鼓劲儿。因为都是同龄人，少了说教，多了真诚，彼此的意见很容易接受。职初期老师感觉这里像个家，在这里教师可以无拘无束的畅谈自己的感悟、收获、成长的故事、身边的人、事、物等，因为大家年龄相仿，有许多共同的语言，这种交流不仅增加了彼此的感情，相互激励、调节不愉快的情绪，而且为职初期教师解决实践工作中的困难出谋划策，这种困难不仅是业务方面，也有与人交往和心理调节方面，在和谐的氛围中，增强新教师对职业的认同与热爱。情感交流多了，教研的凝聚力也提高了，由满足交流的需求的小场所，形成了的积极向上的良好团队。

2. 多元方式体验法

通过互动式研讨、合作化学习、优秀教学案例分析、读书会、教学观摩评析等多种方式体验积极主动工作的乐趣，帮助职初期教师丰富教育教学经验。

就拿读书会来说，教师自身素质的提高离不开学习，它是教师更新观念、扩大信息量的一种手段。我们将读书分为几种形式，有任务式读书、交流式读书和开放式读书，定期交流读书的收获，养成爱读书的好习惯。任务式读书是针对职初期教师的特点布置必须学

习的书籍，如对《快乐与发展课程》中年龄特点与教育对策的学习提出任务，引导教师学习新课程的教育理念，找自身的差距。学习后分享交流收获，通过学习交流的过程加深职初期教师对幼儿年龄特点的把握，学习相应的教育对策。交流式读书是大家将自己看到的好书制作成 PPT，定期交流分享读书的收获，让更多的人获益；开放式读书鼓励职初期教师全面广博地读书，获取多方面的信息，开阔了教师的眼界和思路，体验读书的乐趣。

针对教师看完活动不会评议，不知道从哪些方面进行评价的问题。运用教学评优中的优秀教育活动录像和优秀案例的学习，研讨交流幼儿在学习过程中遇到什么困难，教师是用什么方式解决的，活动中幼儿得到哪些发展，你学到了什么。帮助教师细致分析活动过程。同时运用讲座的形式，结合具体活动，讲解如何看课、评课，提高教师分析综合能力。这种一事一议的具体化操作过程，在教师实践工作中起到实效的作用。通过研讨评价活动的过程，提升教师在真实的情境中把握教育教学的能力，从中吸收借鉴有益的教育经验，用于教育教学实践。

3. 评优互动展示法

为职初期教师成长搭建平台，我们专门组织对职初期教师的评优活动，虽然年轻教师经验不足，有这样那样的问题，但我们更看重过程，从准备到试讲再到实践，职初期教师必定会有所思有所悟。这种状态迁移到日常工作中会对教师提高有很大的帮助。同时通过看活动、说活动、评活动的互动过程，帮助教师挖掘自身优势，获得自信，通过分析问题、找出问题的原因，提出解决的对策，在研讨的过程中互相促进，共同提高。

日常教研活动时，我们每次观摩活动有一个重点研讨的内容。通过看课、说课、评课的过程帮助职初期教师积累教育经验。做活动的教师要介绍活动的目标、思路、进行自我评析，看活动的老师在充分挖掘优点的基础上，不仅指出问题，更多的是提出如何改进的意见。有些活动经过重新设计和调整再在活动中验证。经过互动和实践的过程，老师们再设计活动时，改变过去只顾自己想活动方案，按方案进行的问题，能够考虑活动是否满足幼儿的需要，是否顺应幼儿的年龄特点，幼儿喜欢用什么方式进行，活动促进幼儿哪些方面的发展。能够站在孩子的角度考虑问题了。实践的过程提高教师反思教学的能力。通过实践、反思、再实践的过程提升了教师的教育教学能力。在看评职初期教师活动时每次安排一名有经验的骨干教师做示范性的活动，在活动中职初期教师能够学到很多方法和经验，如：遇到没有预想到的问题的解决和处理方法等，有些经验不是“纸上谈兵”能够学到的，在真实的教育情景中，教师直观的感受对于积累自身经验起到一定作用。

经过一段时间的学习，我们从职初期教师中选出进步快的老师，将她们的收获和体会进行交流分享，经过经验的提升、理性的分析，专家的现场点评，帮助教师提升经验，为促进教师专业发展服务。

4. 成长过程记录法

为了帮助教师积累经验，记录成长历程，每个教师建立了成长档案，自选主题记录典型的教育事件。我们将教师成长档案定期交流展示。职初期教师的点滴进步、收获、体验和反思经验逐渐丰厚起来，我们也通过典型个案的分析，探询教师成长发展的共同规律。

5. 选择资源示范法

充分运用本区人和物的资源，增强教育研究的实效性。

在活动过程中我们发挥特级教师、骨干教师引领作用、运用市区示范园的优质资源、强化团队的互助合作化学习，在研究中提升专业化水平。

如请特级教师通过回答职初期教师遇到的人际关系的问题，讲解如何面对领导、同事、家长和个别儿童的策略，请骨干教师依据自己的教学经验从教育活动、教育环境和区域游戏不同的角度讲如何通过反思促进工作，幼儿的发展服务，针对职初期教师目标定位不明确的问题，请骨干教师用具体实例讲解如何制定目标等。请骨干教师为青年教师上各个学科的示范活动，帮助新教师把握年龄特点和学科特点。同时对活动中启发性提问设计、游戏中教师如何指导评价等教师感到困难的问题进行讲解。再通过实践观摩活动进行验证，使理论和实践之间架起一座桥梁，便于教师理解和操作。

我们建立职初期教师的公共邮箱，运用网络资源，提供相关理论与教学实例，资源共享，开阔职初期教师眼界，提供交流平台。通过论坛，帮助职初期教师解决工作中的实际困难。

6. 人尽其才历练法

职初期教师相比较其他阶段的教师更需要激励和认可。对于她们的成绩都需要及时给以肯定和鼓励。如活动中发言思路清楚，语言表达清晰等看似一般的优点都及时给以鼓励，并向园长及时反馈。学期末评选最佳，使每个老师都明确自己的长处，树立教师自信。职初期教师虽然经验不足，但她们渴望更多的学习与展示的机会。我们也为教师更多提供学习交流展示的机会，承担任务，在实践中积累经验。每年推出几名教师做展示活动，使教师的社会价值和自我价值得以实现。

研究过程中我们注重发挥职初期教师各自优势，承担任务，提供锻炼机会。如核心组教师承担观摩活动，不同特长的教师展示自己的才艺，高学历的教师承担文献研究和调查问卷等，发挥教师所长，在实践中提升能力。

（六）几点体会

1. 职初期教师更渴望提高专业能力，渴望得到社会认可，表现出明显的内在激励特征。在关注教师能力的提高的同时，更应需要关注教师的情感体验，尊重新教师的自身特点、尊重教师人格，尊重教师的经验，尊重教师的个体价值。

2. “在教学中研究”，通过研讨和解决实际问题是推动教学过程最优化的形式，教师在使幼儿受益、教育质量提升的同时自身也获得了切实有效的发展。

3. 教科研人员要与教师成为研究的共同体，通过从不同的角度分析问题，互相碰撞的过程，得到相得益彰的效果。

4. 新教师更需要具体针对性的知道。更应关注活动中的细节，通过解决细小的问题，提高活动的质量，促进幼儿的全面发展。

5. 在教师发展过程中关键事件和关键人物起着非常重要的作用。

后　记

本书第一、四、五章由何桂香编著，第二、三章由张文杰编著，第五章如何写反思部分和第六章由刘婷编著，第七章由张志、黎春花编审。

感谢北京早期教育研究所所长梁雅珠、宣武学前教研室主任郎明琪一直以来对课题组的支持、帮助与针对性的指导，感谢宣武教委幼教科科长陈培燕为课题顺利开展提供锻炼与展示的平台，感谢参与课题研究的所有幼儿园和老师的积极参与、献计献策，感谢家人对我工作的支持，谢谢你们。有了你们的关爱，我会更加努力工作。

本书引用了一些儿歌、歌曲等作品，由于无法与所有作者取得联系，在此一并表示感谢。

鸣谢：

宣武实验幼儿园　　宣武回民幼儿园
槐柏幼儿园　　北京市第四幼儿园
三教寺幼儿园　　虎坊路幼儿园
长椿街幼儿园　　和平门幼儿园
名苑幼儿园　　三义里第一幼儿园
三义里第二幼儿园　　马连道幼儿园
小百合幼儿园

参考文献

1. 张远增．可持续发展教育．天津：天津教育出版社，2004
2. 刘捷．专业化：挑战21世纪的教师．北京：教育科学出版社，2002
3. 黄浦全．新课程中的教师角色与教师培训．北京：人民教育出版社，2003
4. 胡青．教师自我发展能力培养与提升．北京：华龄出版社，2005
5. 郑慧琦，胡兴宏．教师成为研究者．上海：上海教育出版社，2004
6. 幼儿园快乐与发展课程编写组．幼儿园快乐与发展课程教师指导用书．北京：北京师范大学出版社，2009
7. 梁雅珠．幼教行为指引手册．北京：中国经济出版社，2002